新・フェミニズム批評の会 創立三〇周年記念論集〈パンデミック〉とフェミニズム◎目次

Ⅲ 21世紀・ポストヒューマニズムの可能性

Ⅳ 循環する自然／いのち／セクシュアリティ

Ⅴ 映像に見る〈パンデミック〉と現代

Ⅵ フェミニズムの〝力〟

はしがき

近年、世界では、経済格差の拡大だけでなく、自然環境の破壊による急激な気候変動が、大規模な災害や新たな感染症を拡大させている。発生からすでに三年近くになる新型コロナウイルスの〈パンデミック〉も、いまだ終息の兆しが見えない。その影響は、高齢者や子ども、障碍者など社会的弱者に不平等な形で押し付けられ、とりわけ多くの女性たちを苦境に陥れている。失業者の増大や生活不安によって生まれた排外主義は、ジェンダー・階級・人種間の憎悪をあおる米国でのトランプ現象となり、今年二月に突如始まったロシアによるウクライナ侵攻は、核兵器の使用まで言及するなど、力によるあからさまな民主主義の破壊となって、いま世界を大きく分断し、私たちの生活そのものを危機的な閉塞状況に追い込んでいる。

本書は、「新・フェミニズム批評の会」創立三〇周年にあたり、この閉塞状況のなかにあってフェミニズムに何が出来るのか、その可能性を探るものとして、三〇余人の会員による論をまとめたものである。

「新・フェミニズム批評の会」は、一九九一（平成三）年三月、日本文学協会の一部会として発足した。同年三月、城西大学国際文化教育センター主催の「第二回環太平洋女性学会議」（国立女性教育会館）に参加した数名のメンバーが、〈環太平洋〉という文字通り国籍・人種・民族・宗教をこえた画期的な会議のその熱気が冷めやらぬなか、日本文学にもフェミニズム批評を導入したいという熱い思いを語り合ったことから始まったものである。折しも、エレイン・ショーウォーター編『新フェミニズム批評』（岩波書店、一九九〇年）が青山誠子訳によって一〇年遅れで刊行された直後であり、このタイトルと差別化を図るためにも、名称を「新・フェミニズム批評の会」とした。フェミニズム文学批評とは何か、果たしてそれは存在しうるのか、常に自らの存在理由を自問し、試行錯誤し続ける意味も込めて、〈新〉を強調したのだった。

本会では、巻末に掲げたように、研究の成果として、『樋口一葉を読みなおす』（一九九四）をはじめ、『青鞜』を読む』（一九九八）、『明治女性文学論』（二〇〇七）、『大正女性文学論』（二〇一〇）と、男性中心の近代文学史や文学研究を問い直す論集を刊行してきた。発足二〇周年の二〇一一年には、『青鞜』創刊百年に当たることもあり、記念のシンポジウムを企画しようとしていた矢先、東日本大震災と原発事故に遭遇した。急遽、シンポジウムのテーマを「〈3・11フクシマ〉以後のフェミニズム」に切り替え、林京子氏を招いて講演会とシンポジウムを開催（同年一二月一〇日、日本女子大学）、脱原発を訴える「声明」を発表するとともに、その成果を『〈3・11フクシマ〉以後のフェミニズム――脱原発と新しい世界へ』（二〇一二）として刊行した。その後『昭和前期女性文学論』（二〇一六）、『昭和後期女性文学論』（二〇二〇）を刊行、現在、『現代女性文学論』の刊行を予定している。

いま、猛威を振るう新型コロナウイルスによって、私たちがいかに身体的に無防備で脆弱な存在であり、社会的・経済的に不公正で不平等な状況に置かれているか、さらには感染拡大をコントロールするためとはいえ、〈管理〉され〈操作〉される存在であるかを思い知らされた。この無力感は、二〇一一年の東日本大震災を思い起こさせる。一〇年前、私たちは、いったい何ができるかと問いかけ、懸命に〈ことば〉を立ち上げて先の論集を編んだのだが、今再び、創立三〇周年記念論集として、この『〈パンデミック〉とフェミニズム』を刊行することを決意したのである。

本書は、以下の七章で構成した。

まず「Ⅰ〈パンデミック〉と女性／感染症と文学」では、今日、コロナ禍で一気に可視化された女性の窮状やその背景に迫り、コロナ禍の中で書かれた日記や、感染症を描いた過去の文学作品のなかに、〈パンデミック〉が人々に与えた具体的な影響や、海外での女性指導者たちのパンデミック政策の有効性を論じている。

次に「Ⅱ〈交差性《インターセクショナリティ》〉から探る新たな読み」では、階級、ジェンダー、性的指向・性自認、人種、民族、年齢、国籍、障碍の有無など、さまざまな要因が重層的に相互規定しながら、いかに差別や抑圧、搾取や収奪、監理や支配を可能とし強化してきたか、その構造を明らかにし、テクストの新たな読みを探った。

また「Ⅲ　21世紀・ポストヒューマニズムの可能性」では、今日進行する戦争やテロリズム、環境危機や感染症など人類の絶滅までも予感させる二一世紀に、科学技術や生殖医療の進歩によって獲得された身体をはじめ、デジタル空間が生み出す人間の変種や、自然との共生を手がかりに未来社会を新たに生き抜く存在などを描いた〈ポストヒューマン〉の実験的作品を取りあげ、未来の人間の可能性を探っている。

一方「Ⅳ　循環する自然／いのち／セクシュアリティ」は、地球環境を破壊してきた人間活動や思想に対して、自然や身体に親和的であろうとする視点から、〈産む性〉としての女性身体やセクシュアリティに関わる論考を中心とした。男性が担う〈育児〉を描いた異色の作品などの分析を含め、いのちと向き合う章とした。

さらに「Ⅴ　映像に見る〈パンデミック〉と現代」では、日本での外国人技能実習生の過酷な実態、一〇年前、すでに予言されていた〈ウイルス〉の脅威、恐怖に打ち克つため未来を託された利他的な人間像など、各国の映像作品を通じて現代に広がる様々な危機とそれを乗り越えるための手がかりを探った。

そして「Ⅵ　フェミニズムの〝力〟」は、「新・フェミニズム批評の会」の具体的な活動や交流を通して培ったフェミニズムの思想や経験を力に、地域や職場など自身の足元で闘って来た実践の記録である。教育現場で感じるデジタル世代の若者たちの感性、職場でのパワハラやセクハラ問題、大学教育の改革・再編での苛酷な業務実態、留学生として日本で学んだフェミニズムを母国に生かす取り組み、「女性学」という言葉さえなかった時代に多くのフェミニストたちとの出会いの場を提供した経験など、生きられたフェミニズムの歴史の証言ともいえる。

最後の「Ⅶ　高良留美子氏　追悼」は、二〇二一年一二月一二日に逝去された本会会員の高良氏を追悼する章とした。高良氏もこの論集に執筆を希望されていたが、原稿を頂くことは叶わなかった。高良氏は冒頭で述べた「第二回環太平洋女性学会議」に参加した一人で、常にシスターフッドの精神で会員に接し、会の精神的支柱ともいうべき人だった。ここでは、高良氏の詩四篇と、最後に活字化された論考を掲載し、歿後発見された未発表論文について紹介した。

本書は、〈パンデミック〉以前には不可視状態にあった社会の構造的な脆弱性を浮かびあがらせ、フェミニズムの視点からジェンダー平等の重要性を論じて、二一世紀を生きるための手がかりを提示しようとするものである。私たちは、これからもフェミニズムを〝力〟として、人間存在の平等と尊厳をめぐる問いに向き合い続けていきたい。

読者の方々からのご批判、ご叱正を仰ぎ、今後の研究活動の糧とさせていただければ幸いです。

最後になりましたが、本会発足直後からこれまで三〇年近くにわたって本会の出版に際し労をおとりくださり、支えてくださった翰林書房の今井肇氏、今井静江氏に心より感謝を申し上げます。

二〇二二年九月

『新・フェミニズム批評の会 創立三〇周年記念論集〈パンデミック〉とフェミニズム』編集委員会

岩淵宏子・岩見照代・岡野幸江・小林富久子・中島佐和子・松田秀子・渡邊澄子

Ⅰ

〈パンデミック〉と女性／感染症と文学

コロナ禍と女性
——可視化された女性の窮状

松田秀子

はじめに

二〇二〇年四月、国連のグテーレス事務総長は新型コロナウイルスの感染拡大をめぐり、各国政府に対し、回復へ向けた努力の中核に女性と少女を置くよう呼びかけた。世界の女性の六〇％近くが非正規や零細、自営など貧困に陥るリスクが高いこと、学校閉鎖や高齢者の介護負担による女性の無償のケア負担も大幅に増えていること、女性に対する暴力の恐るべき増加につながっていること等を挙げ、ジェンダー平等と女性の権利は、このパンデミックを共に切り抜け復興するために必要不可欠だと述べた。

日本でも二〇二〇年初頭から始まったコロナ禍の下、次々に女性の窮状が明らかになった。

以下、私が関わっている生活困窮者支援の現場から見えてきたことにも触れながら、なぜ女性に困難が集中したのかを考えてみたい。

1　雇用・労働問題

コロナ禍の拡大によって多くの労働者が解雇・雇い止めに遭い、二〇二一年一一月末現在では一二万人を超えた。この問題が、製造業で働く男性の問題が中心だったリーマンショック時と違うのは、エッセンシャルワークといわれる飲食、小売、宿泊、観光業等で働く女性を直撃したことである。その多くは非正規労働者で、休業要請を受けても、雇用調整助成金も支払われないケースも多かった。

従来、女性非正規労働者は雇用の調整弁とされてきたが、男性の賃金水準低下の中で女性の収入の家計への貢献が増加し、夫が女性のセーフティネットになっているという構造にも変化が起きている。特にシングルマザーなど、非正規雇用の割合の高い「家計自立型」女性労働者への影響は深刻であった。もともとひとり親世帯の平均年間就労収入は、日本の世帯年収平均の半分以下という極めて低い状態に置かれていたのである。二〇二〇年三月二日に出された全国の学校・保育園の休業要請とも相俟って多くの母親が仕事を休まざるを得ない状況になり、収入減に加え、その後の女性の就業にも困難を来した。

さらに、令和2年版「自殺対策白書」（厚生労働省）によれば、減少を続けていた自殺者数が一一年ぶりに前年を上回った。二〇二〇年一年間で男性の自殺者が一一年連続で減少した一方、女性は二年ぶりに増加に転じている。特に顕著だったのは「被雇用者・勤め人」女性の自殺者数で、二〇一九年までの五年間の平均と比べて三割近く増加したという。新型コロナウイルスの感染拡大による労働環境の悪化がこうした事態まで招いている。また、二〇二一年の自殺者数は前年に比べ若干の減少はあったものの、女性の自殺者数は二年連続の増加という状況が続いている（「令和3年中における自殺の状況」厚生労働省）。

2　ステイホームと増大するケア負担、そしてDV

コロナ禍の影響下で働き方の見直しも進んだ。感染予防の観点からテレワークが推奨され、自宅で仕事をすることも一般化した。しかし、学校・保育園の休業下では多くの人がテレワークをしながらの子どもの世話が負担と答えていた。

危機になると、伝統的な男女の役割分担のパターンに回帰する傾向にあるとのことだが、もともと性別役割分業意識が高く、家事・育児・介護等の多くが女性に担わされてきた日本では、コロナ禍という危機が女性のケア負担をより増加させることになった。

また、二〇二〇年四月には国連の機関が、新型コロナウイルス感染症による危機下において女性に対する暴力が急増していることに関し、各国への重点的な対応を要請する声明を相次いで発出した。日本でも、外出自粛や休業などが行われている中、生活不安・ストレスにより、配偶者等からの暴力（ＤＶ）の増加や、モラハラを受けたという事例も多数報告されている。一方で、子どもを持つ女性の中には、離婚しても経済的に自立できる社会の仕組みがないため、ＤＶにも耐えざるを得ないと考える人もいるのである。

3　特別定額給付金をめぐって

日本の「世帯主主義」政策の問題点があらわになったのが特別定額給付金の問題である。二〇二〇年四月、政府は緊急経済対策の現金給付を、当初、収入が減少した世帯へ三〇万円と発表したが批判を受け、日本国民一律一〇万円の個人給付へと変更を余儀なくされた。しかし、世帯主への一括支給とした結果、単身女性世帯や母子世帯を除けば現状ではほぼ男性に届けられることとなり、ＤＶで家を出ている女性に支給されないという問題が生じた。この点は後に改善されたが、家庭内でＤＶ被害や経済的モラハラを受けている当事者には届かないままであった。国連女性機関も二〇二〇年三月に「現金給付をするなら世帯単位ではなく個人を対象に」という提言を行っていたが、日本では世帯単位を見直そうという動きは今なお皆無である。「家族制度」温存のため、家庭基盤充実政策をとり続ける政府の姿勢の現れであろう。

さらに、この特別定額給付金は路上生活者等、最も困窮している人々に支給されないという問題点があった。二〇二〇年四月二七日に、住民基本台帳に記録されている人が対象であったため、住民票がない人、住民登録していてもそこに住んでいない人には通知が届かなかった。中には、登録先の区役所に出向いて手続きをして給付金を得た人もいたが、大半の人は諦めてしまったのが現実である。何らかの形で本人確認をするなどして、本当に困っている人に支給される手立てではないのだろうか。

4　「夜の街」と風俗問題を考える

小池百合子・都知事によって繰り返された「夜の街」という言葉は、私たちの中にある、水商売への「悪いイメージ」（＝差別意識）を利用しつつ、スケープゴートにされた感が拭えない。当初、ホストクラブやキャバクラの関係者の感染情報が広がり、全国の歓楽街に「危ない」というイメージ（＝風評被害）がついてしまったが、その後感染症対策をとっている店も多くなっている。新たな分断を作り出してはならない。

ニッポン放送のラジオ番組「オールナイトニッポン」での岡村隆史発言（二〇二〇年四月二三日）は、社会構造を問うことなしに、困窮した女性が風俗で働くことを期待するという内容で、売買春容認という批判を浴びた。一方、困窮した女性のセーフティネットが風俗業になっている現実をどうするのかという議論も巻き起こした。「新型コロナウイルス感染症による小学校休業等対応支援金」も、当初は「性風俗業」や「接待を伴う飲食業」関係者を排除しようとしていた。当事者団体の要請により支給されることになったが、明らかな行政による差別であろう。

私が出会った人々の中にも風俗で働く女性がいた。性感染症に罹り働けなくなった女性は、支援団体の努力にもかかわらず、雇い主の甘言に乗り、きちんとした医療に繋がることなく仕事に戻っていった。別の女性からは、精神的な病気で仕事を休んでいるうちに勤め先がなくなり、家賃が払えなくなったとの相談を受け、法テラス東京等が毎月開催している「なんでも総合相談会」を紹介した。

また、風俗で働く女性たちの多くの報酬の支払い方法は、日当制である。〈個人事業主〉の彼女たちは、労働基準法に守られることもない。このように、風俗は本当の意味でのセーフティネットなどではなく、ちょっとしたきっかけでますます困難な状況に陥ってしまう危険性を孕んでいることがわかる。彼女たちの選択を否定することなしに、継続的な支援を行うことが要請される。

5　困窮者支援の現場から

「はじめに」でも触れたが、私はここ数年、池袋でホームレス状態等生活困窮者の支援を行っているNPO法人TENOHASIの活動に携わっている。おにぎり配付や炊き出し（コロナ禍の影響で現在は弁当配付）、電話等での相談を通じて、支援をしている。コロナ禍が拡大する中で食料を求めて列に並ぶ人数は増え続け、女性の数も少ないとはいえ増加し続け、生活相談の件数も徐々に増えている。

　派遣を切られた、日雇いの仕事がコロナで入らなくなったなどの相談とともに、東京都が緊急事態宣言に伴い、二〇二〇年四月にネットカフェ等に休業要請を行ったことで、女性の利用者からも数多くの相談が寄せられた。ネットカフェが閉まり、事務所に宿泊したところ虐待を受けたというケースでは、弁護士に繋ぐことができた。日払いの仕事をしながら長くネットカフェ生活をしてきた女性が、数週間車中泊でしのいできたというケースもあった。東京都は緊急事態宣言・まん延防止等重点措置中は、住まいがない人に無償でビジネスホテルを提供していたので、そちらに案内することもできたが、度重なる要請にもかかわらず、食事・現金が支給されないという問題点があった。その後、生活保護に繋がったケースもあったが、施設の問題や、拒否感、居場所を知られたくないなどから生活保護を忌避する場合もあった。

　営業が再開されてからは、ネットカフェを利用しながら仕事をしたいが料金が払えないという相談もあった。女性の場合、セキュリティを考えると、どうしても男性よりも利用料が高くなってしまう。また、男性であれば住居、仕事がない人の社会復帰のための支援事業＝自立支援センターを利用し、無料で宿泊、食事、医療等の提供を受け、就労して得た収入を積み立て、その資金をもとに六ヶ月以内にアパート等での自立生活を目指すことができる。しかし、この事業はもともと路上生活者対策として取り組まれたもので、女性を念頭に置いていない。住まいを失い、ネットカフェなどで過ごしながら、働いて自立した生活を望む女性が多くいるのに、それに対応した施設がないのが現状である。ここにも女性を自立した存在と見なさず、保護の対象としてしか扱わない行政のあり方が見て取れる。

長引くコロナ禍の下で、私たちが出会った女性の中には一〇代の少女や、子ども連れ、ＤＶで逃げてきた人や、一人であるいはカップルで路上生活を送っている人もいた。無銭飲食で保護された女性の窮状を見かねて、警察から支援の要請を受けることもあった。統合失調症等の精神疾患を抱えている場合も多く、日々支援の難しさも感じている。

一方で、支援の輪が広がっていることに希望を見出すことができる。二〇二一年春に始まった「女性による女性のための相談会」（同実行委員会主催）は、二一年夏に続き二一～二二年の年末年始で四回目を迎えた。この相談会の特徴はスタッフが全て女性で、大久保公園に設置されたテントも相談者が外部の視線にさらされない形に工夫され、中央にはカフェスペースも設けられた。労働、生活、家庭／家族、心と体の健康、妊娠・出産などの相談を受け付けるだけでなく、生野菜や果物などの食料や、生理用品を含む生活必需品なども配付した。年末年始の相談会を訪れた女性は、四日間でのべ三八〇人以上にのぼり、多くの女性から次の開催を求める声が寄せられ、二二年七月にも開催された。

「相談会」の報告によると、何らかの疾患を抱えている相談者も多く、困窮し医者に行けないなどの医療相談が多かった。また、ＤＶや失業など、一人の女性が複数の問題を抱えている事例が目立ったという。そもそも、女性は自分の抱えている問題を問題として見ず、家族等周囲の問題解決を優先しがちである。それぞれの境遇や思いを受け止める姿勢と環境、雰囲気、人が、困難を抱える女性の自立とその支援には大事だとの指摘もあった。当座の支援と共に、継続的に悩みを相談できる相手や居場所が求められている。

おわりに

以上女性の窮状に焦点をあてて見てきたが、もちろんコロナ禍で困難に直面したのは女性だけではない。感染の不安を抱えながら医療に従事した医師や看護師の苦労、介護や保育に携わった人々の賃金の低さも浮き彫りになった。そうした医療従事者やエッセンシャルワーカーとその家族に対するタクシー乗車拒否や登園拒否、感染者に対する非難や攻撃、外国人差別（さいたま市で朝鮮幼稚園へのマスク不配布という行政による民族差別）もあったことを忘れてはならない。

学生もコロナ禍で大きな影響を受けた。勤務先の時短営業の影響を受け、アルバイトがなくなったうえ、親の収入減と相俟って、休学や退学を考えた学生も多数いた。企業の業績悪化に伴う内定取り消しも女性の方が多く、就職活動に絡むセクシャルハラスメントも見られた。

このように、差別・偏見・格差が拡大しているなかで、女性たちを襲ったさまざまな困難や制度上の綻び、そして背景にある構造的な問題までが、一層あらわになった。その現状を直視し、これまでの男性中心社会からの転換を図ることが急務である。

［付記］　二〇二二年五月一九日、「困難な問題を抱える女性への支援に関する法律」が成立し、二〇二四年四月一日に施行されることとなった。第一二条で「婦人保護施設」を「女性自立支援施設」と名称変更し、困難な問題を抱える女性の意向を踏まえながら、入所・保護、医学的・心理学的な援助、自立の促進のための生活支援を行い、あわせて退所した者についての相談等を行うとあるが、どのように具体化されていくのか、内容をしっかり見極めていきたい。

コロナ禍と日記

——植本一子『個人的な三月』『個人的な三ヶ月』

有元伸子

二〇二〇年春から続くコロナ禍によって、私たちの社会も生活も認識も一変した。このような大きな災厄が起きたときに、人々は先行する関連した文学を参照する。カミュの『ペスト』がベストセラーとなり、スペイン風邪を扱った大正期の作品が再読された。続いて、このたびのパンデミックに材をとった作品が創作され、さらにそれらを小括する記事や評論も登場している。そこで多く指摘されてきたのが、コロナ禍における日記本のブームである。

都市封鎖された武漢で何が起きていたのか、中国の作家・方方がネットで配信した日記が刊行され広く読まれたが（『武漢日記　封鎖下60日の魂の記録』飯塚容・渡辺新一訳、河出書房新社、二〇二〇・九）、日本でも、文芸誌『新潮』（二〇二一・三）が「創る人52人の「２０２０コロナ禍」日記リレー」の特集を組んで、作家たちが一週間ずつ書いた日記をリレーした（二一年六月に『パンデミック日記』として新潮社より刊行）。同特集はオリンピック開催年を記念して企画されたが、期せずしてコロナ禍の一年を記録することとなった。『仕事本　わたしたちの緊急事態日記』（左右社、二〇・六）では、医者やタクシー運転手などのさまざまな職種の人々が二〇年四月の仕事の状況を日記形式で語る。アンソロジーばかりではなく、桜庭一樹『東京ディストピア日記』（河出書房新社、二一・四）、綿矢りさ『あの頃何してた？』（新潮社、二一・九）など、個人によるコロナ禍日記の刊行も相次ぐ。

コロナ禍の日記本ブームについては、「日々の不安や焦燥を共有したい人々の感情に響き、読者層が広がっている」ことや、日記の持つ「感情の整理」と「記録」の側面が指摘されている（鈴中直美記者「共感呼ぶコロナ禍日記／未

知の災厄下　感情代弁」『中国新聞』二一・七・九）。日々移り変わっていく状況のなかで、あのころに何があったか・何を感じていたのかを記録し、思い起こさせてくれるのが日記の持つ特性なのだという。木村朗子も、東日本大震災後の日記を踏まえつつ、「予測可能な未来が見通せず現在の連続を生きている災禍のなかでは、日々を生きる日並みの記こそがもっとも適した文学形式となる」と述べる（「コロナ禍文学概観」『文藝』二〇二一秋）。読み手にとっても「ステイ・ホーム」が呼びかけられ直接に交流できない世界で、日記は他の人々がどうしているかを知る大きな手がかりとなるのだ。

*

さて、コロナ禍に刊行された日記のうち、本稿で取り上げるのは、植本《うえもと》一子《いちこ》の日記である。

植本一子は、一九八四年広島県生まれの写真家、文筆家である。二〇〇三年にキャノン写真新世紀優秀賞を受賞。幅広い写真を撮るとともに、下北沢に自然光による写真スタジオを作り、一般家庭の記念撮影をライフワークとしている。平行してパートナーであるラッパーのＥＣＤ（石田義則）と二人の娘との生活、経済的な不安、家事育児の負担への苦しみや実母との葛藤を、『働けＥＣＤ　わたしの育児混沌記』（ミュージック・マガジン、二〇一一）、『かなわない』（タバブックス、二〇一六）、『降伏の記録』（河出書房新社、二〇一七）などに文章化してきた。一八年に石田が闘病ののち癌で他界。友人や仲間の手を借りながら娘たちを育て、一九年には河出書房新社から、死後の石田への思いや家族の生活を文章化した『台風一過』と、石田の死に至る家族の姿を記録した写真集『うれしい生活』を刊行した。つまり、植本は、コロナ禍以前から、自身や家族の生活や感覚を主に「日記」の形式によって表出してきた表現者であり、パンデミックにおいて日記の筆をとった書き手たちとはやや異なった位置にあるといえよう。

それゆえにか、植本は、コロナ禍においておそらく最も早く、二〇二〇年四月に、同年二月末から三月末までの日記『個人的な三月　コロナジャーナル』を自費出版の形で出版した。さらに、翌二一年五月には、二一年一月～三月の日記『個人的な三ヶ月　にぎやかな季節』を同じく自費出版で刊行。ほかに、前述した『新潮』のリレー日記や、『コロナ禍日記』（タバブックス、二〇・八）などのオムニバスの日記にも寄稿しており、コロナ禍において精力的に日記形式で表現し続けてきた。植本の日記は、特に若い世代に受け入れられ、『個人的な三月』は初版が数日で売り切れて、翌月には増刷をしている。

では、植本のコロナ禍日記にはどのような特質があるのだろうか。

一つには、自由度が高い自費出版の形をとったことで、自分の手の届く範囲の届けたい人に届けるといった姿勢を貫いていることである。二〇年春には緊急事態宣言が出されて外出の「自粛」が求められ、書店・劇場・映画館などが軒並み苦境に陥った。二月二七日、イベントの中止・延期要請を人ごとのように見ていた植本が、翌週の大阪での個展のトークイベント中止を苦渋のうちに決断せざるをえなくなる。「この気持ちを、全部文章に書こう。今の世の中の雰囲気も、私の気持ちも、全部書き残そう。そうだ、私には文章がある。そう考えるともう手は動き出していた」（2月27日）。日常が脅かされ、未来がどうなるか不明ななかにあって記録することによる昇華を宣言した後に、「久しぶりに私家版の日記を出した時には、一番最初にbbbで手売りしよう。そのときには吉川さんと、あのときはね、って笑って話したい」と記す。「bbb」とは大阪の独立系の書店blackbird booksのことで、その展示スペースで植本は写真の個展を開く予定であった。植本の日記本の執筆・刊行は、当初から、書きたいという記録と表現の欲求と同時に、コロナ禍で打撃を受けた書店と自分自身との経済の救済も目的の一つだったのだ。

なぜ自費出版だったのか。植本は、それまでの日記本は出版社から刊行していたが、『個人的な三月』については、「緊急事態宣言で大変な本屋さんを救済するために一刻も早く作ろう」と企画した、それは過去に出版社から本を出したことによって「自分の規模」がわかり、「これなら自分でできる」と思ったからだと述べる（植本一子・僕のマリ「何時に起きて、誰と会って、何を食べた？　写真家と文筆家。2人が日記を書いて、売る理由。」『BRUTUS』二〇二一・一〇・一五）。

同じ対談では、上京して触れた「ＺＩＮＥカルチャー」の延長線上に今もいる気がするとも述べている。「ＺＩＮＥ」とは個人が作る小冊子のことであり、大手の出版社からの刊行物に比べて自由度が高い。『個人的な三月』は、

CDケースくらいの大きさの変形版で、表紙は黄色いケント紙に黒い文字だけの、いかにも緊急出版したという体の造本である。一方、『個人的な三ヶ月』の方は、同じブックデザイナーの手になるものの、背の糸綴じが見えるコデックス装で、表紙には食後のまったりとした様子で重なり合って横になった植本の二人の娘の写真がおかれ、そこに表紙を三分の一ほど覆うカバーがあしらわれる個性的な造本である。作家自身が自発的に企画し、時間も手間もかけて丁寧に作られた本が、作家によって配本され大手や独立系の書店の店頭や通販で販売され、時に作者自身が直接販売（手売り）もする。読者の手に渡る経路が単線で利益率も高く、読者の側には規格化されていない本を持つ特別感がもたらされるのである。

　植本のコロナ禍日記の特色の二つめは、コロナ禍におけるニュースや事象は副次的に扱われ、主として語られるのは〈家族〉〈家庭〉のあり方をめぐる自身の生活や思いだという点である。桜庭一樹や綿矢りさの日記に比して、コロナのニュース自体やそれへの書き手の感想の比率は多くはない。自費出版ではあるが、植本は、以前に出した本の編集者に原稿チェックを受けている。「日記なんて主観でしかなく、何かまずいことを書いていないかを見てもらうため」（『個人的な三ヶ月』1月19日）だというが、そこで編集者から、コロナのことは自然に滲むから、もっと生活のことを軸に書くようにアドバイスを受けた。それまでは新聞を読んでもコロナのことばかり注視していたという。

　もちろんコロナ禍による仕事のキャンセルやマスクをめぐる騒動なども触れられるが、主として書かれるのは、娘との生活や石田の死後に新たにできたかなり年下のパートナーの「ミツ」との関係であり、友人たちとの交流である。例えば、「私」は、何かの拍子に抱きついてこようとした上の娘（小6）をとっさに突き飛ばしてしまった自分に落ち込み、泣きはらして浴室から出てきた娘に手紙を書いて謝り、翌日も改めて謝り、どうして突き飛ばそうとしたのか自省しても言語化できずにカウンセリングに行くべきかと思う（1月9日）。

　最も描かれるのは、「ミツ」との関係の変化である。コロナ禍で会社をやめて専門学校に入ることを決め、「私」との結婚や家族という関係を求めるようになったミツ。「私」とミツが交わす会話や、結婚を忌避する「私」の思いが、日記にはここまで書くのかと思えるほど詳細に描かれていく（2月11日）。「私」は、結婚・事実婚・同棲・家族といった言葉や形式にとらわれない、何か新しい関係を構築していきたいという感覚は譲れないと思う。一方で「僕にはこの家の中で人権がない、〔…〕それはフェアじゃない」と難じる「ミツ」の思いもくみ取りたいと迷い、交際の最初のころに「ミツ」に結婚願望がないところがよいと思っていた自分の打算に思い当たる。年上である「私」はミツにとって頼れる人間であることもできるはずなのに、やはり女性であるからには男性に頼りたいという気持ちがあるのではないかと、自身に内在する性役割規範に気づいて驚く。――

稿者自身は、娘はすでに社会人になって家を出ており、つれあいとの家事・育児をめぐる葛藤もある程度解決済みで、植本の日記に描かれる内容は過去にたどった道ではある。それでも、植本の日記に描かれる、ジェンダーをめぐるひりつくような言動や感覚は共感できる。感染拡大によって外出自粛が求められ、リモートワークが推進され、学校が休校になるなかで、ＤＶや虐待など家庭内の問題の噴出が社会問題化した。外部との接点が相対的に希薄になることによって、家庭や親密な関係といった内部にコロナ以前から潜在していた課題が、より増幅してあぶり出されていくのだが、それは暴力の形をとるばかりではない。植本の日記には、コロナ禍によってより顕在化した「家族」とジェンダーをめぐる問題が描かれるのである。

植本の日記が提起する三つめは、他者をどのように表象するかという問題である。同じ出来事に立ち会うときに、書き手自身の主観と、そこに書かれた他者の認識とは当然ながら異なる。日記において自身の周囲の人々について書くことは、書かれた者との間の葛藤を往々にしてはらまざるをえない。

『個人的な三ヶ月』の「あとがき」は、「ミツは存在しない」と題されて、書く者と書かれる者とのはらみもつ葛藤に焦点があてられる。植本は、日記に出てくる人の発言は、必ず本人に該当個所を読んでもらい、ときには修正してもらうという。これまでも「最重要人物」であるミツには書き終わると毎回読んでもらい、「その儀式が自分の中でひとつのゴール」であった、しかし今回はミツに「読まないよ、読めない」と断られたという。一部分（おそらくは前述した2月11日の結婚をめぐる口論の箇所）を読んだミツは、「こんなにも自分の言いたいことが伝わらないとは思いもしなかった」と感想を述べ、「これを読んだまわりの人から、自分がこんな人間だと思われるのがキツイ」とも言った。

私は、頼りにしているミツに読んでもらえないことはもちろん、そんな思いをさせていることを申し訳なく思った。

「本の中に書いてある自分は、自分ではない」とミツは言う。だからこそ、読んだら全部直したくなる、正したくなる。でもそれはしたくないから、僕は読まないよ、と。私の表現、書くことを尊重した、最善の方法が読まないということだったのだ。だからこの本の中に本当の彼は存在しない。これは私の主観で書いた、我々の関係の記録だ。

ここには、日比嘉高『プライヴァシーの誕生　モデル小説のトラブル史』（新曜社、二〇二〇）で扱われていた、書く者の表現と書かれた者の〈私的領域〉の対立の問題がはからずも露呈しているのである。

二〇二一年六月六日、ＮＨＫの全国放送で三〇分の番組「〈目撃！にっぽん〉〝家族〟の記録～写真家・植本一子心を刻む～」が放映された（制作はＮＨＫ広島）。植本の日記『個人的な三ヶ月』刊行の一週間後に、まさに同書に書かれた二〇二一年一月～三月の三ヶ月間の植本、娘たち、ミツの姿や発言が、テレビカメラによって撮影されている。

番組ホームページには、鈴木俊太郎ディレクターによって、「植本さんが目指すのが日本の家族制度が形作ってきた「家族」とは異なる、新しい家族の形です。知人や友人など、周囲の仲間を巻き込んで子育てをしたり、仕事を進める、大きな意味での〝家族〟を形成し、生き生き過ごす姿に魅力を感じ、ことしのはじめから、その世界にお邪魔することにしました」とその狙いが描かれる。テレビ番組は「新しい家族の形を模索する植本」というテーマのもとに作られ、日記では記述者（見る主体）であった植本も、番組の登場人物の一人として客体化される。

　番組では、植本の日記には書かれない「ミツ」の本名や年齢も紹介され、彼のインタビューも流された。もちろん一定の意図のもとに編集されたものではあるにせよ、植本が表現したのではない・植本の日記には記述されないミツの姿と言葉に視聴者は触れることができる。

　上の娘の小学校の卒業式の日（3月25日）、植本の日記では、誰と式に参列するべきかといった迷いが記されていた。番組では、式が終わってグラウンドに出てきた卒業生たちが、それぞれの家族や友人たちと写真を撮る光景が映される。植本も娘二人を並ばせて写真を撮るが、その輪からミツはあいまいに離れている。そのとき植本が「飯村くん（ミツの本名）も入って」と呼びかけ、ミツは「あ、おれも入っていいの？」と笑顔になって娘たちのもとに駆け寄る。ミツと娘二人の三人がなじんだようなぎこちないような表情で並んだ卒業式の日の写真は、まさに新しい形の人間関係を象徴するものとして強く印象に残った。

　植本にとっても、テレビ番組に自身が撮られた体験は大きかったようだ。友人たちとの公開書簡集（植本一子・蟶田竜太・ミヤギフトシ『THREE OF US　緊急事態宣言の未読既読』自費出版、二〇二一・一〇）において、「何を放送されるかわからないってことが不安で、心の負担になってた」が、「結果、ちゃんと丁寧に作られていて、本当にホッとした」（二〇二一・六・六）と書いている。同書には、パートナーとの関係を書くことを、編集者に「えぐる」と表現されたことにひっかかり、「もうえぐることはしたくない。それが私の書く文章の持ち味だったとしても、相手をえぐって、同時に自分をえぐって、いいことって果たしてあったんだろうか」と縷述する箇所がある（二〇二一・五・五）。同書の結末部では、「人から見られること、読まれることに疲れてしまった」ため、「しばらく表立って書くことを止めよう」と思い、連載やニュースレターを全部やめたことを伝える（二〇二一・六・二八）。コロナ禍を、「私自身は――、こうして文章を書くことでなんとか精神を保っている」（『個人的な三ヶ月』1月12日）と述べていた植本が、自分自身が他者に映され（対象化され）、自身の表現物の批評を耳にすることにより、書くことへの思いが変化し恐れを抱くに至ったのだ。

ただ、植本の持ち味は、対象との距離のとり方にある。二〇一九年一二月から二〇年二月まで、広島市現代美術館において、美術展『アカルイカテイ』展が開催された（緊急事態宣言の発出により、最後の二日間は閉館）。植本や出光真子ら一二名のアーティストによる絵画・写真・陶芸などの、「家庭」をテーマとした企画展であった。学芸員の竹口浩司は、同展の図録（広島市現代美術館、二〇二〇・一）における解説文「明るい家庭、どこにいく?」のなかで、植本の文章と写真のもつ「独特の浮遊感」を指摘する。さらに、「植本にとって文章も写真も自己表現のメディアとしてある。しかしそれは、自己の内的世界を外に向けて開示するというよりも、自己を取り巻き、自己を生かしてくれているたくさんの関係を記録し、その記録を外に開くことでまた新たな関係を呼びこむための場のようなものとしてある。内と外が分かれてあるのではなく、行き交う関係がすべてを等しくつないでくれる。／作品と読者／鑑賞者との新たな関係を生みだすための余白に開かれた文章／写真、そんな風に言えるかもしれない」と見る。同感である。竹口の語る、植本の独特の内と外とをつなぐ表現のありようは、「日記」というジャンルに新たな可能性を見いだしうるのではないだろうか。

同展のチラシには、娘二人とミツが公園のブランコで遊んでいる植本の写真が採用された。「この三人はどういう関係?と考える人も多かったと聞いた。私たちにとっては普通の風景でも、わからない人からすれば違和感であり、謎なのだ。そんな仕掛けがこの写真にできるのか、とあのときは驚いた。／家族と言われているものについて、考えるきっかけを作れたら、と思う。面白くなりそうで楽しい」（『個人的な三ヶ月』2月11日）と植本は記す。『個人的な三ヶ月』には、植本が撮影した写真が十数枚挿入されている。自宅や外でくつろぐ娘たち、猫、町の光景。娘たちと混じって小さく写るミツ。カバー裏に置かれた最後の一葉は、台所でコーヒーにお湯を注ぐミツの姿。一瞬を切り取った写真に写る人は、いずれも自然体で、見る者に開かれて、その場に自分自身も立ち会っているかのような感覚を抱かせる。日記に書かれた人たちが確かに存在し、気負いなく、けれど懸命に生きていることが可視化されてつながっていく。植本の写真と日記のリアリティはそこにあるのだろう。

「今日も日記を書こうと思った。私がこうして少しずつ乗り越えていることが、読んだ誰かに伝わることで、もしかしたらその人の力になれるかもしれない。私のつらさやしんどさも、誰かのためになる瞬間があるのかもしれない」（『個人的な三ヶ月』2月14日）と記していた植本が、再び日記において他者を表現する距離感を取り戻すことを望みたい。

＊

近代の日記については、西川祐子『日記をつづるということ　国民教育装置とその逸脱』（吉川弘文館、二〇〇九）や、田中祐介編『日記文化から近代日本を問う』（笠間書院、二〇一七）が大きな成果を出している。「自己表象の文学」・「私」を語る文学」に関する研究でも、「日記」と「日記体小説」についての考察がなされている。さらに、近年、日記や書簡など一人称で書かれた文書は、〈エゴ・ドキュメント〉として歴史学の分野で検討が進展している。長谷川貴彦編『エゴ・ドキュメントの歴史学』（岩波書店、二〇二〇）や、『ＲＥＫＩＨＡＫＵ　３（特集　日記がひらく歴史のトビラ）』（国立歴史民俗博物館、二〇二一・六）に示された、近世の遊女日記の検討やマーシャル諸島で亡くなった日本兵の日記の読解などは読み手の身を震わせるほどの力があり、日記研究の可能性を如実に知った。

　植本一子の日記は、ジェンダーの観点からさらに検討ができそうであり、写真と文章の相関も課題である。日記に関する先行研究を援用しての検討は、他日を期したい。

パンデミックと文学
——宮本百合子『伸子』にみるスペイン風邪と恋

岩淵宏子

二〇二〇年から二〇二二年の現在に至るまで、コロナウイルスによるパンデミックが世界中を震撼させている。過去のパンデミックを振り返ると、一九一八（大正七）年から一九二〇（大正九）年に、やはり世界中にスペイン風邪が蔓延し、日本でも多くの罹患者や死者が出たことはよく知られている。

宮本百合子の代表作『伸子』にも、「ほとんど世界じゅうに瀰漫して悪性の感冒が流行」とあり、主人公伸子の父佐々と伸子がアメリカで罹患したことが描かれている。同小説は作者自身のアメリカ遊学中の恋愛と結婚から離婚に至る経緯を題材とした自伝的作品であり、百合子親子は実際アメリカで罹患した。このスペイン風邪は、伸子と佃一郎との関係に、どのような影響を与えたのだろうか。

周知のように『伸子』には、二つの『伸子』が存在する。最初のものは、離婚直後の一九二四（大正一三）年九月より一九二六（大正一五）年九月まで、さまざまな小題で『改造』に一〇回にわたって連載され、いわば原作といえる。この原作に徹底的に削除・加筆・推敲を施して一九二八（昭和三）年三月、単行本として刊行されたのが現在の『伸子』であり、改作というべきものである。佃との恋愛が成立するまでのいきさつを描いた部分は、原作の「聴き分けられぬ跫音」と「冬眠」に当たり、これらは改作で大幅に手直しされている。

原作を参照しながら、スペイン風邪のもたらした恋の展開を追ってみよう。また、『伸子』を通して、パンデミックと文学との関係についても考えてみたい。

1　スペイン風邪

スペイン風邪とは、一九一八年から一九二〇年にかけて世界的に大流行したインフルエンザの通称である。マーク・ホニグスバウム著／鍛原多恵子訳『パンデミックの世紀——感染症はいかに「人類の脅威」になったのか』（NHK出版、二〇二一・五）によると、全世界で五億人が感染したとされ、世界人口の約二七パーセントに当たったそうだ。死亡者数は，一億人を超えていたと推定され、人類史上もっとも死者を出したパンデミックの一つである。流行源は特定されていないが、初期にスペインから感染拡大の情報がもたらされたため、この名称で呼ばれている。パンデミックが始まった一九一八年は第一次世界大戦中であり、世界で情報が検閲されていた中で、スペインは中立国であったため情報統制下にはなく、感染症による被害が自由に報道されていたためだといわれている。

スペイン風邪は、一九一八年から一九一九年にかけて、第一波から第三波まで三回の大きな感染拡大が起きた。

第一波は、一九一八年三月から始まり、同年七月には収束した。

第二波は、一九一八年八月から、アメリカのボストン、フランスのブレスト、シエラレオネのフリータウンという三つの港湾都市でほぼ同時に発生した。同年九月末までにヨーロッパのほぼ全域に広がり、一〇月には中国と日本にまで到達したが、同年一二月までに世界的にほぼ収束した。百合子と父は、一九一八年九月二六日に渡米し、一二月一〇日に父は罹患し、続いて百合子も罹患し、セントルークス病院に三週間入院し、翌年一月八日に退院している。第二波の特徴は、健康な二五歳から三五歳の若年層において高い致死率を示し、一九一八年一〇月はパンデミック全期間中でもっとも多くの死者を出した月となった。

第三波は、一九一九年一月から始まり、欧米では同年夏までに収束したが、日本では、一九二〇年一月から二月にかけて襲われた。

以上のような経緯をみると、百合子親子は第二波のスペイン風邪に罹患したことがわかる。

2 仲子の恋

では、仲子と佃の恋の進展について追ってみよう

父の仕事のためのニューヨーク行きに付いてきた仲子は、到着後まもなく、日本人の学生倶楽部で催される集まりで、茶話会のようなものに招かれる。しかし、そこで出会った留学生たちに仲子は失望する。「折角新しい自然や人間の生活の中に入ってきていながら、何も見ず聞かず、友達とよっても課業、課題、いそがしさ、又は、第三者には興味の起しようもない人の噂しかできない海外遊学生の境遇に、仲子は恐怖を感じた」。

その中で仲子は、一人の「陰気な横顔」の男に好奇心を抱く。

> 彼の顔にあるものは、決して多くの人々の持っているような得意な男の快活さでもなければ、雄々しさでもなかった。何か陰のものであった。それは暗さに近い。視るたびに、その陰翳は何処から来る何者なのかをひどく知りたい心持を起させる種類のものなのだ。

彼は佃一郎といい、C大学で比較言語学を専攻し、古代の印度、イラニアン語を研究し、研究の傍らW・M・C・Aの仕事を手伝っていることを知る。その佃一郎に、仲子の父は、日本から頼まれてきた「南波の甥」「武二」という人物の捜索を依頼する。この探索は、結局不成功に終わるが、いつのまにか佃は内輪の人となり、父はその後も小さな用事を頼み、佃は一日おきにホテルに出入りするようになる。

原作では、父の留守中に訪ねて来た佃と、ホテルの自室において二人だけでお茶を飲む場面がある。一九一八年一一月一一日、第一次世界大戦終結で沸き立つニューヨークの昂揚した雰囲気の反作用もあって、まだ分け入らぬ彼方の生活への憧れと苛立ちに圧せられて、「全心で、統一を欠いた激しい感情に身を任せ」ていた折も折、訪れた

佃を見た「瞬間、伸子は、自分でさへ予期しなかつた暖いものが、自分の前にぱあつと広るのを感じ」たのである。伸子は佃に対し、「好きで厭なところのある、厭なところはあるが好きだ、と云ふ矛盾した感情を持つ」ていたが、「とりとめのない雑談をし、茶を飲」むことが、佃にとって「黙つてこそ居るがぼんやりした幸福や楽しさを噛みしめて居るらしい」様子は、伸子に「満足」と「悦び」を齎す。そして伸子自身、「独りで居た時の、凄じい、当途ない生きたい、生きたい！　と云ふ心の叫びがいつか消えて」、「和らいだ、強靭な生命の感じに満され」るのである。

実人生への憧憬の底には、自覚されない異性への漠然とした欲求が綯い混ざっており、こうした伸子の感性に微妙な心の揺らぎを与える佃の存在が、原作では見事に描かれている。

その後、父は悪性の感冒に罹患する。

> 丁度その頃、ほとんど世界じゅうに瀰漫して悪性の感冒が流行していた。紐育《ニューヨーク》市中でも毎日夥しい患者が脳や心臓を冒されて死亡した。独逸《ドイツ》の潜航艇が、合衆国の沿岸へ来て病菌を撒いて行ったなどという評判さえあるのは、伸子も新聞で知っていた。

猛威をふるい当時多数の死者を出したスペイン風邪で父親が倒れた時、外国で一人心細く看護にあたる伸子にとって佃は唯一の心頼みとなり、その誠実で手厚い助力によって人間的信頼感にも裏付けられ、彼は伸子の一層身近な人となる。そうした経験を経た後、今度は伸子が同じ感冒で倒れるのだが、その直後の伸子の佃への感情を、原作では次のように描写している。

> ひどく痛む眼球を動かして彼の方を見る拍子に伸子は、医者の背後に立つて居る佃の顔を認めた。彼は眉を顰め、頭を一方に傾け、注意深く彼女の方を見守つて居る。伸子は切ない、チ切れチ切れな心を貫いて、悦び

に似たものが走るのを感じた。

ここには恋の戦慄ともいうべき情感が生き生きと表現されているが、改作では削除された。

こうして、原作では伸子入院の夜の接吻が決定的な役割を果たすわけだが、改作では、さまざまないきさつに孕まれた伸子の佃への揺らめきが捨象されたため、入院の夜の佃の接吻と、それに応えた伸子の態度はいかにも唐突であり、伸子が身動きのとれぬ病人だけに佃の行為は堂々とした姿勢に欠ける感さえ抱かせるのである。改作での続く場面は、入院の翌日の箇所だけ残され、以下に述べる部分は全部削除された。残された部分とは、病重い伸子に話しかけてはいけないと注意する看護婦に抗い、自分が伸子にとってさも特別な存在であるかのように意固地になって話しかける佃の態度を描いた場面である。ここで既に読者は、伸子の恋に暗い予感を覚えるのである。

原作に描かれている伸子の佃に対する恋愛感情の進展を概観してみよう。病院に担ぎ込まれた夜の接吻は、伸子に次のような影響を与えた。

> 彼女は、自分の病気の原因や病名など、まるで知らされなかつた。多分、神経系統と関係のあつた、四五日間の生活機能の攪乱のうちに与へられた一つの接吻は、伸子に奇蹟的に働いた。平常なら当然起る筈の種々な内省が、此時は全く省略された。伸子は自覚しない幅で、心の彼方から此方へと一息に跳び佃を愛しだしたのであつた。

そして伸子は、毎夜面会時間の始まる七時を待ち望むようになる。伸子にしか聴き分けられない靴の踵の音が止まり佃が閾に立った刹那、伸子は「寝台ごとふうつと体が浮上るやうな異様な感じを経験」し、「一寸の間、彼女は眼で佃の動作を熱心に見守るぎり、口が自由にきけない心持になるのであつた」。続いて、「彼の顔や、声や、「どうです？　少しは心持がよくなりましたか」と云ひ乍ら、彼女の手を執つて撫でるその感じが、特殊な、顫えるやうな感覚を伸子の裡に起させた。彼女は軟かく、優しく燃える感情の小さなかたまりとなつて、枕の上から彼を眺めた。無力になつて居る彼女の精神の奥深いところまで、さういふ感動の印象は届いた。そして其処で根を張った」のである。

しかし、三週間の入院の間にも、この恋は暗い翳りを見せ始め、「愛が迫つて苦しいのとは違つた。佃の陰鬱さ、彼の心に激しく燃えるものがあると却つて反動的にその濃さを増すと思はれる暗い感傷が、伸子の単純な、楽しさを愛さうとする感情に絡みつく事があ」り、早くも自身との不調和に悩ませられる。だが、伸子は、「綿密に自分の感情を点検する落付きを持つより先きに情熱を捕へられて仕舞つて」おり、「彼女は、さういふ苦しさを感じると、一層激しく佃と自分との愛の境地を夢想」するのであった。

このようにして、伸子と佃の恋は育っていったのである。

原作「聴き分けられぬ跫音」「冬眠」を辿ると、異郷の地で青春の苛立ちを覚える伸子の心と感性が、生活に密着した信頼感を基調としながら対蹠的存在である佃にたゆたい、「生活機能の攪乱のうちに与へられた一つの接吻」を契機に一気に恋に没入にしていく過程がつぶさに描かれている。そこにはもはや理性は遠く隔てられ、官能に目覚め情感をゆすぶられた二〇歳の女の心と身体のときめきが生々しく息づいている。

以上のように、原作と改作とでは、恋の進展が大きく異なっている。この違いは、創作モチーフの変化によるものである。離婚直後に書かれた原作は、恋愛・結婚・離婚のいきさつを自身で辿り直す意図があったと思われる。それに対して改作では、より人間らしい生を渇望して屈することのない一人の女が、広く日本の家に一貫して流れ社会にも根差していたジェンダー規範を存分に批判しつつ自我を確立する過程を描くという主題に止揚させられている。個別的問題を端緒として、それを普遍的なテーマにまで高めたところに百合子の力量が窺われるといえよう。しかし、伸子の恋が、どのように進展していったのかは藪の中となり、惜しまれる。

3　パンデミックと文学

以上の展開から、伸子の罹患がスペイン風邪第二波であることが、よくわかる。父親は、入院もしないでホテル暮しのまま療養・恢復し、伸子が三週間も入院したのは、まさに第二波の今日知られている特徴の通りである。それにしても、スペイン風邪罹患の伸子に接吻するとは、今日の感染症の常識では考えられない。第一次世界大戦下の情報統制のせいで感染症の知識が十分知らされていなかったからなのか、当時の衛生学の低さゆえなのか、隔世の感がある。

しかし、前掲『パンデミックの世紀』によると、インフルエンザの病原体がウイルスであり、ケナガイタチからヒトへうつることを科学者が証明したのは、一九三三（昭和八）年であり、実際に研究者たちがインフルエンザビリオン（ビリオンとはすべての部品を備えた完全なウイルス粒子）を初めて目で見ることができたのは、電子顕微鏡が発明されたあとの一九四〇（昭和一五）年代のことだったそうだ。百合子が実際に感染した時点および『伸子』執筆時にも、感染症であるスペイン風邪の実体は知られていなかったことが明らかである。

翻って、もしも伸子親子がスペイン風邪に罹患しなければ、どのような展開になっただろうか。佃の存在は、それほど必要不可欠にはならなかったのではないだろうか。入院の晩のような接吻もなかっただろうし、伸子が罹患によって理性を後退させることもなかっただろう。百合子の代表作『伸子』は、スペイン風邪罹患がなければ生まれなかったかもしれない。

伸子の佃との恋愛は、彼女が中産階級脱出を願っていたゆえであることは、従来の研究で繰り返し論じられてきた。だが、恋愛に没入する契機となったスペイン風邪罹患がその後の人生を決定的に決めることになったとは、これまでの研究では、ほとんど言及されてこなかった。コロナ禍のパンデミックに襲われた今日だからこそ、注意を喚起させられたのである。現代では医学も日進月歩で進んでおり、感染症の追究もスペイン風邪の時代とは大きく異なってきている。しかし、パンデミックが個々の人々の人生に与える具体的な影響は、こうした文学作品によって初めて明らかにされる側面があるにちがいない。

前掲『パンデミックの世紀』によると、パンデミックに対抗するには、生態学的・免疫学的・行動学的要因を総合的に分析する必要があるそうで、自然科学的・社会科学的究明はきわめて重要だろう。他方、様々な階層・世代の人々が人生や生活で受けた影響については、人文科学に含まれる文芸の一つである文学作品に描かれる必要性のあることも忘れてはなるまい。感染症と文学については最近、大和田茂「志賀直哉のスペイン風邪小説」（『日本古書通信』第一〇九二号、二〇二〇・七）、島村輝「神様の小説――「作家・志賀直哉」の深層」（『国語と国文学』同・九）などの論文が発表され、紅野謙介・金貴粉解説『文豪たちのスペイン風邪』（皓星社、二〇二一・二）、石井正己『感染症文学論序説』（河出書房新社、同・五）、日比嘉高編『疫病と日本文学』（三弥井書店、同・七）、小森陽一『感染症の時代と夏目漱石の文学』（かもがわ出版、同・九）など単行本研究書が陸続上梓されていて興味深い。コロナ禍の時代状況のなかで、文学者たちは果たしてどのような作品を生み出すのか、大いに注視したい。

［付記］　原作『伸子』よりの引用「聴き分けられぬ跫音」は『改造』（一九二四・九）、「冬眠」は『改造』（一九二四・一一）に拠る。但し、旧漢字は新漢字に改めた。
改作『伸子』よりの引用は、『宮本百合子全集』第三巻（新日本出版社、一九七九・三）に拠った。

貞明皇后の短歌が担った国家的役割

――ハンセン病者への「御歌」を手がかりに

内野光子

1　沖縄愛楽園の「御歌碑」

貞明皇后は追号で、大正天皇の皇后節子、昭和天皇の母なので、皇太后節子と呼ぶべきだと思うが、ここでは、以下、多く使用されている貞明皇后とする。

貞明皇后といえば、私には一つの強烈な記憶がある。二〇一七年二月、名護市内の、現在は橋でつながる屋我地島の済井出にある沖縄愛楽園を訪ねたときのことである。全国に一三ある国立ハンセン病療養所の一つで、一〇万坪近いという構内の案内図を頼りに大急ぎながら一巡した。いまでこそ、百数十人となった入所者の住居が整然と並び、総合病院的な医療体制も万全のように見受けられた。しかし、かつては、入所者の堕胎や断種手術が日常的に行われ、過酷な生活を余儀なくされた証でもある監禁室跡、声なき子供たちの碑、患者たちが動員されて掘った防空壕跡などを目の当たりにした。ただ、案内図にある「御歌碑（みうたひ）」が見つからなかった。その歌碑には、貞明皇后が一九三二年一一月一〇日、全国の療養所に「下賜」されたつぎの一首が刻まれているはずである。

　　つれづれの友となりてもなぐさめよゆくことかたきわれにかはりて

帰りの時間を気にしながら、運動場のような広場を横切ろうとしたとき、その隅にある何か大きなものが目に入った。近づいてみると、青いビニールシートに包まれた横長の大きな岩に見えた。シートは、すでにあちこち破れていて、その間から「つれづれの…」の文字、「貞明皇后」の文字が切れ切れに見えたのである。台座ごと横倒しになった「御歌碑」は、放置されているようにしか見えなかった。その姿を目にしたときの衝撃が忘れられない。全国のハンセン病療養所に、この歌と下賜金を下賜したことをもって、皇族による「救癩」事業の象徴のように喧伝されてきたことを知れば、なおさらのことであった。

さらに、この沖縄愛楽園は、平成の天皇夫妻と入所者の〈美談〉の舞台でもあったからである。明仁皇太子・美智子皇太子妃は、一九七五年初めての沖縄訪問時、この愛楽園への慰問の帰り際に、入所者たちによる沖縄の船出歌「だんじょかれよし」の歌声に見送られた。そのときのことを、皇太子は、「だんじよかれよしの歌声の響　見送る笑顔目にど残る」「だんじよかれよしの歌や湧上がたん　ゆうな咲きゆる島　肝に残て」と詠んだ。感謝を込めて愛楽園に贈った「琉歌」（八・八・八・六を基調とする短歌）であった。その二首に、美智子皇后が曲をつけ、「歌声の響」としてCD化（鮫島有美子歌唱、朝日新聞出版、二〇一五年一一月六日）され、政府主催の天皇在位三〇年式典（国立劇場　二〇一九年二月二四日）において、沖縄出身の歌手三浦大知によって歌われてもいたのである。

沖縄愛楽園構内の交流会館の展示写真の説明によれば、一九四三年二月に建立された貞明皇后の「御歌碑」について、「癩予防法」にもとづき「絶対強制隔離の政策を正当化し、患者に隔離を受容させる役割を果たした」と記されていた。しかし、米軍の爆撃を受けた焼け跡に歌碑だけは残ったものの、「米軍の国家神道につながるものを置くことを禁止した」ことから、ただちに海に投棄され、沈められたままとある。横倒しになっていた歌碑はいつ再建されたのか、いつからこのような姿になったのか、帰り際に会館の受付で尋ねてみたが、はっきりした答えは得られなかった。

写真説明の「正当化」「患者に隔離を受容させる…」や「国家神道…」などという文言は、下記に述べるように、政府が組織的に関与した強制的な隔離と皇室や皇后を利用したプロパガンダであったという事実を明言できない逡巡が見られる表現に思えた。

一九三一年「癩予防法」が成立し、貞明皇后からの下賜金により、渋沢栄一を会長として、内務省衛生局の外郭団体「癩予防協会」が発足した。この協会が中心となって、ハンセン病患者を日本から根絶する呼びかけ、いわゆる「無癩県運動」を全国的に展開した。医師光田健輔らにより絶対強制隔離政策が強化され、患者の療養所への強制収容、患者の断種・堕胎、家族への差別などさまざまな悲劇を生むに至った。ハンセン病の伝染力は弱く、治療薬が開発されていたにもかかわらず、一九四八年には「優生保護法」の対象としてハンセン病が明文化され、一九五三年の「らい予防法」においても、光田医師らの主張により旧法が受け継がれ、差別が助長された。「らい予防法」が廃止されたのは一九九六年であった。熊本地裁において「らい予防法違憲国家賠償請求訴訟」の患者らの原告勝訴が確定したのは二〇〇一年である。国は謝罪や賠償に至るも、さまざまな差別の歴史は続いている。

「救癩」事業の先導者として貞明皇后を起用する計画は、安達謙蔵内務相と次田大三郎地方局長との間で練られていた。その一環として、貞明皇后の短歌や下賜金が「皇恩」「御慈悲」として喧伝され、皇室の政治利用の典型的な事例となっていった。なお、貞明皇后は、「つれづれの」の一首と同時に、つぎのような病者に思いを寄せた歌を四首詠んでいるが、「歴史から完全に忘却され」ることになった、という指摘も重要である（荒井裕樹「御歌と〈救癩〉——貞明皇后の神格化と御歌の社会的機能」『文学』二〇〇六・一一、一九一頁。『隔離の文学』書肆アルス、二〇一一・一一所収）。

市町をはなれて遠きしまにすむ人はいかなるこころもつらむ（癩患者を慰めて　一九三二年）

ものたらぬおもひありなばいひいでよ心のおくにひめおかずして（同上）

たまたま、私が目にした「御歌碑」の放置状況は、管理者や入所者自治会の一つの意思表示のようにも思えた。私には、現代にあっても稀有とされる天皇制への「抗議」の表明をしているのではないかとさえ思えたのである。ただ、二〇一八年には、開所八〇年式典が開催されているので、どうなっているのか気になっていた。今回の執筆にあたって、愛楽園に問い合わせてみると、元の位置に戻されているとのことであった。それはそれで、日本のハンセン病の歴史の象徴的な遺物でもあるので、大事なことではなかったかと思う。

2 「をみな」の「しるべ」と限界

貞明皇后は、一八八四年六月、公爵九条道孝の四女として生まれ、一九〇〇年五月、一五歳で、のちの大正天皇、嘉仁皇太子と結婚し、一九〇一年裕仁（昭和天皇）、〇二年雍仁（秩父宮）、〇五年宣仁（高松宮）、一五年崇仁（三笠宮）を出産した。明治天皇と美子皇后の間には実子がいなかったことに比べ、政府の期待通り、貞明皇后は、皇位継承の安定化に貢献したことになる。さらに、明治天皇の美子皇后時代の女官制度の伝統を維持しながらも側室制度をなくし、天皇家における一夫一婦制を実現、天皇と行動をともにすることも多く、病弱な大正天皇を助け、前述のような救癩事業などさまざまな慈善事業に取り組んだ皇后としても知られる。皇太子妃、皇后、皇太后として明治・大正・昭和三代の天皇に仕え、一九五一年五月一七日、六七歳で死去する。なお、大正天皇は明治天皇と柳原愛子との、貞明皇后は九条道孝と野間幾との間に生まれた、ともに正妻の子ではなかった。

本稿の貞明皇后の短歌の引用は、『貞明皇后御集』（宮内庁書陵部　二〇〇一年　三冊）が未見なので、入手することができた全国敬神婦人連合会の企画による『貞明皇后御歌集』（主婦の友社編刊、一九八八・一〇）に拠る。同書の解説である筧素彦「貞明皇后の御歌について」によれば、判明した一万三〇〇〇余首のうちから一〇七三首が収録され、その選には、元御歌所寄人鳥野幸次と尾上柴舟があたったとある。なお、皇后は、一九二四年二月から、筧素彦の父で、東京帝国大学で憲法学などを講じていた筧克彦教授の古神道「神ながらの道」の進講を受けている。「神ながらの道」とは、皇后自身が説くところによれば、「神の存在をみとめ信仰を主旨として自己を大生命に帰一せしめ、世のあらゆる事實普き道理を包容し、眞善美愛をして全からしめ、（中略）他を排斥せず常に自他の融合を期しつつ　この世界を救濟せむとするまことたる　弥榮の道といふを得べし」としている（筧克彦『大正の皇后御歌謹釋』筧克彦博士著作刊行会、一九六一年七月、二二六頁）。皇后が、この信仰に帰依するようになったのは、その身辺に、大正天皇の女性問題や病気の進捗に加えて、裕仁皇太子の久邇宮良子との婚約問題やヨーロッパ外遊、（大正天皇に代わる）摂政就任などをめぐって、ことごとく反対の立場をとっていたことと無関係には思えない（片野真佐子『皇后の近代』講談社、二〇〇三・一一、二二六～二二七頁、二三二～二三六頁）。ちなみに、佐佐木高行の「日記」や山川三千子の『女官』、坂東登女子口述の『椿の局の記』などから、大正天皇の「節子以外の女性に関心を示す〈御癖〉」についても明らかになってきたという（原武史『皇后考』講談社、二〇一七・一二、一九四～一九七頁、二三一～二三五頁。小田部雄次『昭憲皇太后・貞明皇后』ミネルヴァ書房、二〇一〇・一一、一九三～一九六頁）。また、女官制度についても、裕仁天皇は即位後、大奥の女官制度を廃止し、通勤制などを取り入れ、簡易化を進め、女官らの定員も極端に減らした。貞明皇后については、その意向から旧来通りの女官の身分制度や定員が維持されている（前掲『皇后の近代』一七七～一七八頁）。

上記で見るように、貞明皇后と裕仁皇太子、即位後の裕仁天皇との間の確執が続いたことによる心労が大きかったことが「神ながらの道」への接近を促したと思われる。貞明皇后にしてみれば、必死に探し当てた逃避であったのだろう。

「神ながらの道」にかかわる短歌も多く残しているが、上記『御歌集』には、そのほとんどが省かれているという。その理由として、編集の時期が「占領行政下からそれに続く直後の時期でもあったための配慮」によるものと、筧素彦は解説する。また、貞明皇后との問答や短歌をまじえた「神ながらの道」の進講録は、筧克彦『神ながらの道』（皇后宮職、一九二五・六）として刊行されたが、同書刊行委員会による復刻版も一九九一年一月に刊行されている。

一すぢにまことをもちてつかへなば神もよそにはいかで見まさむ（「神祇」一九〇九年）

あら玉の年のはじめにちかふかな神ながらの道をふまむと（歌会始「新年言意志」一九二四年）

皇神の道のまことをうたひあげて栄ゆく御代をいよよ守らむ（「以歌護世」一九二四年）

などは、『御歌集』の編年体の部分に収録されているが、つぎのような短歌にも注目したい。

はてもなく千々に思ひの乱れてはわが身のほども忘れつるかな
大前ををろがむこともはづかしな女ののりををさめ得ぬ身は
神ながら開けし道の奥深みふみそめしより十年へにけり
弥栄のたふときをしへ守りつつをみなのこころわれしるべせん

最初の一首は、皇太子妃時代のもので、苦悩の一端を詠み、前掲「一すぢに」と同じ頃の作と思われる（前掲『貞明皇后』一九七一・五、八四頁）。いずれも、『御歌集』の付録に収録された「神ながらの道」関係の短歌一六七首から引用した。詠まれた年月は不明である。二首目は、「女ののり」を修めきれなかった自責の念とともに、「をさめ得ぬ」と言い切ったところに「女ののり」をはみ出して生きてきた部分への自負も伺える。三首目は、皇后になった当初から念願の進講を受けるまでの苦難の一〇年を振り返り、学べることへの期待感も伺わせる。四首目の下句「をみなのこころわれしるべせん」において、女性の心、生きる道、進む道の「しるべ」になろうという決意を詠む。もちろん、「大前ををろがむ」「弥栄のたふときをしへ守りつつ」という枠内、限界を踏まえていることにはちがいない。ただ、こうした短歌の背景には、筧教授の「女子男子も人たる本質を一にするのみか、各個人たる男女としても社会全體としての男女としても男子と女子が相共にして完きを得べきものである」などと繰り返す文言の影響もみられよう（前掲『大正の皇后御歌謹釋』二六三頁。前掲『皇后の近代』一五三頁。前掲『皇后考』三六四頁）。

ちなみに、一八七九年、明治天皇の美子皇后は、「松が枝にたちならびてもさく花のよわきこころは見ゆべきものを」（「男女同権といふこと」）、「むつまじき中洲にあそぶみさごすらおのづからなる道はありけり」（「夫婦有別」）と詠み、「よわきこころは見ゆべき」「おのづからなる道」と説いて、当時の論壇をにぎわせて、流行語にまでなっていた「男女同権」（関口すみ子「男女同権論」『女性学事典』岩波書店、二〇〇二・六、三三三頁）に異議を申し立てていた。

3　届かなかった声

また、貞明皇后は、つぎのような歌も詠んでいたことに、留意しておきたい。

かなしさを親はかくしてくにのためうせしわが子をめではやすらむ（一九〇七年）
生きものににぎはひし春もありけるをかばねつみたる庭となりたる（一九二三年）
世の人にひろくたからをわかつこそまことのとみといふべかるらめ（一九二九年）
人としてみききするだにうとましきたたかひすなりながき年月（一九四四年）

一首目は、日露戦争後に詠まれた歌だが、太平洋戦争下では決して公には歌ってはならないテーマであり、戦死した子の親心をストレートに歌っていた。二首目は、関東大震災直後に詠まれた一首で、皇后自身も、震災直後、日光の御用邸から東京に戻り、被災者収容所の視察や病院への見舞いなどを続ける一方、報道や「御下問」などにより情報収集を行っていた（堀口修「関東大震災と貞明皇后」『大正大学研究紀要』九七号　二〇一二・三）。二首目の「庭」は具体的には不明であるが、その内容の生々しさからか、前述の『御歌集』には収録されておらず、伝記の『貞明皇后』（主婦の友社編刊、一九七一・五、一四八頁）に残されている。当時の「宮城前広場」には、三十万人近くの被災者が押し寄せていたという（原武史『皇居前広場』光文社、二〇〇三・四、六四頁）。三首目は、一九二九年世界恐慌の不況時の作で、富の格差への疑問が率直に提示されている。いわば、皇后らしからぬ、現代にあっても決して触れてはならない領域、暗部に踏み込んだ短歌を残していることも見逃してはならないだろう。

四首目は、アジア・太平洋戦争末期の作で、ここではあくまで「みききする」情報にもとづいてという「ことわり」を歌い込んではいるが、「うとましきたたかひすなり」の主語は、不明確である。いわば「厭戦」的な短歌も詠んでいたことがわかる。だが、こうした短歌は、当時、宮内庁の書陵部編纂の「御歌集」に残されているのみで、国民の目に触れるのは敗戦後であり、その声は、当時の国民に届くことはなかった。戦時下では、もっぱら明治天皇の「御製」が国民「教化」のツールとして、教科書に採録されたり、集団的な朗詠などがなされたりしていたのである（松沢俊二「明治天皇〈御製〉のポリティクス」『「よむ」ことの近代』青弓社、二〇一四・一二、九四頁）。

4　変わらない皇后短歌の役割

以上、貞明皇后の短歌を限定的ながらたどってみた。彼女にとって「短歌」は、自らの心情を吐露する回路の一つであったことがわかる。しかし、公表されてきた短歌の多くは、つぎのような、毎年の歌会始、紀元節、天長節などに詠む類型的な短歌であり、どれも、天皇に従い、先帝を偲び、天皇を継ぐ者を守るという皇統譜の維持を詠んだものであった。

としなみのたてるあしたは海原もあらたまりぬるここちこそすれ（新年海　御会始　一九〇三年）
みひかりをみちびきいでしそのかみのいがきのとりにしのぶけさかな（社頭鶏　紀元節　一九一九年）
沖つへは暁ふかし磯による波の穂のみは白くみゆれど（暁海　天長節　一九三六年）
わかくさのわかわかしくていますべく万代かけてかみぞもらさむ（春神祇　天長節　一九四五年）

だが、一方で、つぎの一九四五年の歌は、敗戦直後の一一月三日、明治節に詠まれているが、当時の混乱を「さわがしきよ」と詠み、一九五一年の歌は、亡くなる五月一七日の直前の天長節、四月二九日に詠まれている。いずれも、泰然とした歌のようにも読むことができ、貞明皇后の晩年の自在さも伺われ、興味深い。

松かげのむしろにかよふものの音さわがしきよも忘れてぞきく（雅楽　明治節　一九四五年）
ちよちよとよき日祝ひてむらすずめ竹のはやしに歌ひかはせり（竹林群雀　天長節　一九五一年）

明治時代の美子皇后と貞明皇后の歌が、時代を超えて読み語られるとしたら、天皇を支えるというスタンスから、つぎの二点に絞られるだろう。政府が、女性に対して、近代国家を形成する国民を生み育てる役割を負わせ、「良妻賢母」を強要するために、皇后には、教育やメディアなどあらゆる場面を通じて、「良妻賢母」という典型的なモデルとしてのふるまいを国民に伝達する役目を担わせた証としてである。そして、もうひとつは、富国強兵、殖産興業の推進によって、そこからはみ出した弱者へは「慈善」――慰問や下賜金という見える形で、天皇親政と官僚や軍部の政策を補強してきたことに着目してのことであろう。第1章でみたように、いわれなく差別され弱者とされたハンセン病者や関係者になされた「なぐさめ」や下賜金こそが後者の典型であった。

昭和後期、平成の時代、さらに今日に至っても、天皇・皇后の、いわば外形的な「共同参画」による発言や活動は、もっぱら「時の政府」の政策補完の役割を担っていることには変わりがない。短歌に限らず、天皇や皇后からの発信、パフォーマンスは、個人的な思惑とは別に、国家に「寄り添う」政治的な役割を果してきた。この現実に目を向け、天皇制自体の持つ意味を考える時期に来ているのではないだろうか。

パンデミックには女性の政治的指導者の方が有能なのか

千種キムラ・スティーブン

はじめに

「パンデミックには女性の政治的指導者の方が優れている」。新型コロナウイルスの感染が広まり多数の死者が出た二〇二〇年以降、このような記事がメディアを通して浸透し始めた。女性の首相を擁するアイスランド、フィンランド、ノルウェー、ニュージーランド、デンマーク、ドイツ、台湾などで、男性が指導者である国よりも感染者数も死者の総数も少ないことが明らかになったからだ[1]。そこでなぜ女性の指導者の方がパンデミックの対応に優れているのかを論じた学術論文も多数発表されたが、ほとんどの論文が次のような指摘をしている。「女性の指導者は女性特有の資質により、国民の生命や福祉を重視し、ロックダウンを実施することも厭わず、国民を説得するコミュニケーション能力にも優れている。だから感染者も死者の数も少ないのだ」と[2]。

このような記事や論文を見ると、やっと女性の政治的手腕が認められたと嬉しくなる。だが女性の指導者は女性特有の資質ゆえにパンデミックの対応に秀でているというジェンダー重視の評価には危惧も覚える。私が住むニュージーランド（以下ＮＺ）でコロナ禍の死者の総数が世界一少ないのは、ジャシンダ・アーダーン首相が女性特有の資質を持っているからではなく、危機管理能力に優れていて実行力もあるからだ。しかも彼女を支援する党や制度もある。他の六カ国の首相も、以下に見て行くように、パンデミック以前から政治的指導者として優れており、

NZ同様首相を支える党や社会的な基盤がある。そこで七カ国の女性の首相の政治的背景を見て行く。ただし紙幅の制限のため、総ての国の状況を詳しく紹介できないので、NZに焦点をあて、日本でも役にたつと思われるアーダーン首相のとったコロナ禍対策の背景を紹介するに留める。

1　七カ国の女性の首相の政治的経歴、及びコロナ禍による死者数など

国連女性機関によれば、国連加盟国九三カ国のうち選挙で選ばれかつ政治的実権をもつ首相大統領が女性の国は、二〇二一年九月一日現在一三カ国、二〇二二年には一四カ国ある[3]。その内コロナ禍対策に成功していると評価されているのは、前記の七カ国の女性の首相だが、メディアや論文で名前があがるのはドイツのアンジェラ・メルケル首相とアーダーン首相くらいで、他の国の首相の名前はあまり出て来ない。そこで次に死者の人口比率が少ない国の順に、首相名、所属政党、首相就任年、総人口数、新型コロナウイルスの死者総数、及び人口比などをまず見て行き、その後各国の女性の政治家をとりまく状況などに言及する。なお死者総数は、メルケル首相退任後に近い日で、この論文の執筆時の二〇二二年一月二三日 Google に掲載された各国の統計を参照した。

ニュージーランド：ジャシンダ・アーダーン首相

「労働党」、二〇一七年一〇月三七歳で二党連立内閣の首相に就任。史上三人目の女性首相。総人口五一二万六三〇〇人、死者総数五二人で、人口比は〇、〇〇一%。

台湾（中華民国）：蔡英文総統

「民主進歩党」、二〇一六年五月、六〇歳で総統に就任。総人口二三六〇万人、死者総数は八五一人で、人口比は〇、〇〇三%。

アイスランド：カトリーン・ヤコブスドッティル首相

「左翼環境運動党」二〇一七年一〇月四一歳で三党連立政権の首相に就任。総人口三六万人、死者総数四四人で、人口比は〇、〇一二%。

ノルウェー：エルナ・ゾルベルグ首相

「保守党」、二〇一三年九月、五二歳で二党連立内閣の首相に就任。総人口五四二万一〇〇〇人、死者総数一四一〇人で、人口比は〇、〇二六%。

フィンランド：サンナ・マリン首相

「社会民主党」、三四歳で二〇一九年一二月五党連立内閣の首相に就任（五党の党首全員女性）。史上三人目の女性の首相（前任二人の任期は一年足らず）、総人口五五一万八〇〇〇人、死者総数一七二四人で、人口比〇、〇三一%。

デンマーク：メッテ・フレデリクセン首相

「社会民主党」、二〇一九年六月、四二歳で五党の連立政権の首相に就任、史上二人目の女性首相。総人口五八三万一〇〇〇人、死者総数三六二一人で、人口比は〇、〇六二%。

ドイツ連邦共和国：アンゲラ（アンジェラ）・メルケル首相

「キリスト教民主同盟」、二〇〇五年一一月、五四歳で三党連立内閣の首相に就任。総人口八三二四万人、死者総数一一万七〇〇〇人で、人口比は〇、一四〇%。

以上七カ国の女性の首相の背景を見ると、次の三つの共通点が指摘できる。

（1）七カ国とも首相は選挙で第一党になった政党から選ばれていて、ノルウェーを除き、皆な革新的な政党に属している。

実は女性の首相の方がコロナ禍のような危機に際しては実行力があると評した論文では、首相が独自で政策決定を行っているかのように論じられており、彼女たちがどの政党に属しているかは無視されている。しかし七カ国とも女性の首相は所属している党によって選出されている。そして首相には独断で政策を決める権限はなく、党の合意が必要だが、ノルウェーのゾルベルグ首相を除けば、皆な革新的な政党に所属しているが、革新的な政党は国民の福祉をより重視する傾向がある。つまり女性の首相が採用したコロナ禍対策も、党の多数の議員が同意した対策であり、首相が独自の対策を実行したい場合も、彼らの合意を得る必要がある。なおゾルベルグ首相は保守党所属だが、ノルウェーは早くから福祉制度が充実した国であり、ゾルベルグ首相も党も国民の生命を守るために早期にロックダウンを実施した。

（2）全員が世襲政治家ではなく、自らの信念から政界入りし、コロナ禍以前から政治的手腕を発揮していた。

例えば七人の中で最も年長のメルケル首相は、コロナ禍以前から有能な政治家として世界中から認められていた。次に年長の蔡総統も台湾の独立を守り、経済を発展させ、二〇二一年一月の総選挙でも国民の圧倒的な支持をうけて再選されている。三番目に年長のゾルベルグ首相も二〇一三年から首相の地位にあり、地方行政・地域開発大臣の時は反対派を押切って移民の受け入れ対策を緩和し、「鉄のエルナ」と呼ばれるほどの政治手腕の持ち主である。アイスランドのヤコブスドッティル首相は、環境問題への取り組みで実績をあげていた。また一七歳で労働党に入党したアーダーン首相は、二〇一七年一〇月の総選挙の結果三七歳で首相となり、世界で一番若い首相（大統領も含め）となったが、政治歴二〇年、議員歴も九年あった。そして政治家としての手腕を世界が認めたのは、二年後の二〇一九年三月一五日に、私の住む南島のクライストチャーチにある二つのモスクをオーストラリア人のテロリストが襲撃し、五一名の死者と多数の負傷者を出した時だった。首相は即座にクライストチャーチを訪問して遺族を慰め、国民に対しては「They are us」（彼らは私たちと同じＮＺ人）、「We are One」（私たちは一つ）というシンプルな言葉を使い、国民が被害者のイスラム教徒の移民たちと一体感を持つように指導、国をあげての慰霊祭も行った。しかも議会を説得して殺傷能力の高い軍用セミオートマティック銃の販売、所有を禁じる法律を制定、半年で約五万六〇〇〇丁の銃を所有者から買い上げた。ＮＺでは銃はあまり出回っていなかったので、ほとんどの銃を買い上げることに成功した。それで銃規制を設けられないアメリカを含めた国々から称賛され、受賞は逃したが、ノーベル賞にも推挙された。

（３）女性の首相がパンデミックで能力を発揮できた背景には、男女の格差が少なく、女性の国会議員も多かったので、女性が指揮をとることに違和感を抱かない社会があった。

女性の国会議員の比率は、アイスランドは二〇二一年の選挙で五二％に。ＮＺは二〇二〇年の総選挙で四七・五％に。フィンランドは二〇一九年の選挙で四七％に。ノルウェーは二〇一九年に四〇％。デンマークは正確な数字は不明だが、三八から三九％。ドイツも州によって違い、平均は三〇％台。台湾はクオータ制があるので、四〇％強とある。日本は一〇％弱。

このような状況を見ると、日本では「羨ましい」という声があがるが、しかしどの国でも女性たちは男女格差をなくし、女性の議員を増やすために長年たたかってきた。

例えば格差の少なさで二〇一九年以来一位を続けるアイスランドでは、一九七五年一〇月二四日、女性の国民の九割以上が男女平等を求めてストライキとデモをしたので、一気に男女格差が改善したとある。それ以前はアイスランドでも女性の賃金は男性より低く、性別役割にも女性たちは縛られていたと言う[4]。

ＮＺは一八九三年に世界で最初に女性が参政権を得た国だが、長い間女性の議員は増えなかった。だが一九七〇代に第二波フェミニズム運動が起こり、女性の議員が増えなければ政治も社会も変わらないという意見が浸透、女性の立候補者を受け入れた労働党から立候補する女性が増えたが、最初は当選者が少なかった。しかし一九九六年に小選挙区比例代表並立制が導入されると、女性たちは労働党に女性の候補者を比例のリストの上位に位置づけるよう働きかけ、その結果一気に女性の議員が増え、アーダーン首相も最初は比例で議員になった。

他の五カ国でも第二波フェミニズム運動の成果で、男女格差も少なくなり、有能な女性の政治家が登場しやすい環境ができた。そしてアイスランド、デンマーク、フィンランド、ＮＺでは女性の首相が何人も出た。

2　アーダーン首相と労働党政権のコロナ禍対策が成功した理由

ここでは世界から称賛されたNZのアーダーン首相が、「国民の命を守るために早期に、迅速に、厳しく」と銘打ったコロナ禍対策が成功した理由を幾つか報告する。

（1）科学者たちの助言

大量の死者を出した米国でトランプ大統領が科学者の助言を無視したことは有名だが、アーダーン首相や労働党の閣僚は、科学者の助言を受け入れて迅速にロックダウンに踏み切った。

科学者たちは中国の武漢で新型コロナウイルスが流行すると、ウイルスの危険性について国民に警告を発した。特にオークランド大学の細菌学者スージー・ワイルズ准教授は、他人とは一・八メートルの距離をおき、ウイルスが付着している危険があるので丁寧に手を洗い、手で顔を触らないこと等と警告。彼女の同僚で物理学者のショーン・ヘンディ教授は他の大学の数理学者や科学者と研究チームを編成。チームはウイルスの感染スピードを割り出し、国内の病棟数、酸素吸入器の数、医療機関の総合的能力などを調べ、現状ではパンデミックに対応できないことがわかると、「国家危機管理センター」に調査結果を報告した。ワイルズ准教授は「ヨーロッパや英国の科学者は新型コロナウイルスの抑制という方法を推薦したが、私たちはこのウイルスは危険過ぎるので、国内から徹底的に排除する必要があるという結論に達し、政府に助言した」と語った。

実は首相も労働党の閣僚も二〇二〇年三月初めの時点では、インフルエンザの感染を抑えれば病床を確保できると考え、予防注射の接種に力を入れていた。しかし科学者たちの助言を受けると、首相は閣僚や保健省局長のアシュレイ・ブルムフィールド博士を集めて会議を開き、同居家族以外との交流を禁じ、薬局とスーパーマーケットを除く総てのビジネスを閉鎖するという厳しいロックダウンを三月二六日から実施した。感染者が減るとロックダウンは緩和され、感染者ゼロとなってから八日後の六月八日にロックダウンは終了した。

以上のようにアーダーン首相は科学者の助言を尊重する謙虚さを持っていたので、迅速に厳しいロックダウンを実施し、死者の数は世界一少なかった。

（2） 政府の五百億ドルの経済支援

国民が厳しいロックダウンを受け入れた一因は、労働党政権がロックダウン実施と同時に広範囲の経済的支援をおこなったからでもあったが、同時に首相は「国民に犠牲を強いるので、自分と閣僚及び各省庁の長の給与を六カ月間二〇％削減する」と発表、国民に一体感を与えた。

経済支援の対象は、最初は次の三つのグループに分けられていた。

＊警察、病院、消防署は平常通り機能していたが、薬局とスーパー以外のビジネスを総て営業停止にしたので、自営業も含め総てのビジネスに助成金を支給した。

＊パートタイマーも含め社員や店員等の雇用を守るために、給与補助金総計百三〇億ドルを支給。

＊社会的弱者（失業保険や障害者保険を受給している者、一人親など）に特別支援金を支給。また年金受給者も含め、冬の光熱費支援金を四週間八〇ドルから二倍の一六〇ドルに増額した（一ドル一〇〇円で換算にすると価値がわかる）。

二カ月後、政府は支給対象を広げ、大学生、スポーツ界、各種芸術団体、美術館・博物館、出版界など広範囲に補助金を支給した。

なお政府は食料支援もしたが、慈善団体も独自の食料支援をおこなった。

つけ加えたいのは、NZでは掛け金なしで、失業すれば失業保険が就職するまで貰え、年金も掛け金なしで、皆が一律に貰えることだ。年金の額は独居では二〇二二年一月現在一カ月に一九万円弱。カップルの場合、状況により額は異なる。

（3） アーダーン首相の優れたコミュニケーション能力

「はじめに」で言及したように、多くの論文が七カ国の女性の首相のコミュニケーション能力の高さを評価しているが、「ワシントン・ポスト」紙を始め世界のメディアは、アーダーン首相の危機の時の国民とのコミュニケーション能力は最高だと称賛した。

と言うのは、首相は国民の不安をなくすために、ロックダウン中は土、日も含め、毎日午後一時に保健省局長のブルムフィールド博士と記者会見をおこない、感染状況や政府の対応策などについて詳しく報告した。二人は政府に不利な記者の質問があっても、怯まず真実を伝えた。アーダーン首相が幸運だったのは、ブルムフィールド博士は公衆衛生の専門家でコミュニケーション能力も優れていて、科学的な複雑なことも明解に説明し、国民に信頼感を与えたことだ。

なお首相はレベル四のロックダウンに踏み切った時は、国民の自由を奪う重責から緊張していたが国民に対し「Team New Zealand」（NZチーム）とか「Five Million Team」（五百万人のチーム）と呼びかけ、記者会見の最後は必ず「Stay Home, Stay Safe, Stay Calm, Be Kind」（家に居ましょう、安全にしていましょう、落ち着いて行動し、お互いに親切にしましょう）という単純で明解なメッセージで締めくくり、国民に一体感を与えた。

（4）公共の福祉を重視する国民性

政府のロックダウンが成功した背景には、国民の協力も大きかった。NZは民主主義の浸透している国としてデンマークと常に一、二位を争っていて、国民の間には「自分の権利も守るが、他人の権利も守る」という意識がある。だから自分がロックダウンの規則を破って感染したら他の人にウイルスを移すかもしれない、だから不自由でも規則を守ろうと考える人が多かった。アーダーン首相はそういう国民の良い所をひきだしたと言える。

（5）ロックダウンの功罪

ロックダウン中の朗報は自殺者の減少である。日本などではコロナ禍で若者や女性の自殺率が増加したと報道されているが、NZでは二〇一九年の六八五名から二〇二〇年六月には三一名減少。「World Population Review」によれば、二〇二一年の自殺者は、人口一〇万人当り、二〇二〇年の一三、一名から、一一名に減少。これはロックダウンで国民が一体感を持ち、経済的支援もあったからだと言われている。

弊害のうち顕著なのは、利息が下がり、住宅購入者が増え、住宅価格が高騰し、家賃も上がり、持ち家のある者とない者の経済格差が広がったことだ。海外からの訪問者を受け入れないので、観光業の不振、季節労働者の不足などの問題も残っている。またワクチン接種に反対の人々は首相の退陣も求めている。全体のワクチン接種率は二〇二二年一月現在、一二歳以上の国民の約九五％で、ワクチン反対者は少数だが、そのような問題をどう解決するかが、アーダーン首相の課題である。

3 パンデミックには女性の政治的指導者の方が有能なのか

①、②で見たように、アイスランド、フィンランド、ノルウェー、ＮＺ、デンマーク、ドイツ、台湾などでは、女性の首相の指導力によって、コロナ禍による死者の数は、男性の首相や大統領を擁する国よりも遥かに少なかった。それは多くの論文が指摘するように国民の命を守ることを重視し、臆せず素早くロックダウンを実施し、ロックダウン中は国民とのコミュニケーションを密にとり、経済的支援もおこなったからだ。
しかし「パンデミック時に、総ての女性の政治的指導者が有能」だとは、断言できない。女性の政治家も、どの政党に属するかによって対応が異なるからだ。

これは米国の共和党の女性議員たちの言動を見ればわかる。トランプ前大統領を支持する女性議員たちは、マスク着用やワクチン接種に反対し、人々を煽り立て、パンデミックを長引かせていて、彼女たちを信じた人々が新型コロナウイルスに感染し、死亡するケースも少なくない。中には銃を携帯している女性議員もいる。もし彼女たちが権力の中枢にいたら、アメリカはコロナ禍で一層悲惨な状況になっただろう。

実はＮＺでも、国民に「女性の政治家の方がパンデミック時に有能で、国民の命を守れるか」と聞いたら、大半が「そうとは限らない」と答えるだろう。なぜなら最大野党国民党のジュデス・コリンという女性の党首は、前任の男性の党首と同じく経済を重視し、コロナ禍から人命を守るという考えには欠けていたからだ。
そして二〇二〇年十月の総選挙では、国民党は大敗し、アーダーン首相の労働党が圧勝した。一九九六年の小選挙区比例代表並立制導入以来、単独で過半数を獲得した政党は皆無だったが、労働党は一二〇議席中六六議席を得、五五%の議席を獲得し、単独で政権をとれるようになった。一方国民党は、四六から三二に議席を減らした。つまり国民の多数が、コロナ禍から国民を守るより、経済を優先しようとした国民党とコリン氏に厳しい判断を下したのだ。

故に、女性の政治家の場合も、どの党に属するかが重要なのだ。党が経済を重視すれば、女性の指導者もコリン氏のように経済を重視し、党がワクチン接種に反対なら、米国の共和党の女性議員たちのように、ワクチン反対運動を煽動する。

私がジェンダー的な立場からの議論に批判的なもう一つの理由は、女性の政治家の「女性の資質」を強調することによって政治的な能力を過小評価し、ジェンダー規範に会わない女性の政治家を排斥する危険があるからだ。

追加したいのは、プーチン大統領がウクライナ侵攻を開始すると、フィンランドのマリン首相とスウェーデンのアンデション首相は共同で記者会見を行い、両国が北太平洋条約機構に加入の申請を出すと発表したことだ。つまり二人の女性の首相は、他の女性の首相と同様、パンデミックに対して有能なだけでなく、国の政治的危機に際しても、国民の支持を受け、強い政治力と決断力を示している。

おわりに

日本の男女格差の指数が世界一二〇位で、二〇二一年の総選挙では女性の議員数が一〇%以下になったこれは女性の首相が出現する可能性が低いだけでなく、優れた政治的能力を持つ女性が政治家になる夢を持てない状況だ。ではどうすれば良いか。

日本もNZと同じように小選挙区比例代表並立制である。したがってNZの女性たちがやったように、女性の地位向上に協力的で国民の福祉を重視する政党に、女性の候補を比例リストの上位に置いてくれるように働きかけることができる。女性議員が増えれば、女性の首相が誕生する可能性もある。したがって女性の地位向上をめざし、国民の福祉を重視する女性の候補者をみつけ、支援することが重要である。女性の議員数一〇％弱という状況を変えることができるのは、女性の有権者である。ぜひ皆さんに頑張っていただきたい。

注

1——男性が首相や大統領である国で二〇二二年一月二三日現在死者数が一番高いのはインドで、死者総数五一万六〇〇〇人、人口比〇、三六六％だが、実際の死者数はもっと多いと言われている。

2——参考にした論文は多数だが、紙幅の制約のため二つ挙げる。Supriya Garikipati and Uma Kambmpati "Leading the Fight Against the Pandemic: Does Gender Really Matters?" (*Feminist Economics* Vol 27, 2021, pp 401-418/ published online02 Mar 2021).（近年は英語のジャーナルはon line　掲載）Jack Zenger and Joseph Folkman "Women Are Better Leaders During Crisis" (*Harvard Business Review*, published online December 30, 2020)

3——二〇二一年末にドイツのメルケル首相とノルウェーのソルバーグ首相が退場し、二〇二二年一月エストニア、サモア、スウェーデン、タンザニア、ホンデュラスで女性の首相や大統領が誕生、女性が政治的トップを占める国は一四カ国に。

4——英文サイトはhttps://www.bbc.com/news/magazine-3460282　日本語サイトは https://www.huffingtonpost.jp/entry/story_jp_5e5f770fc5b67ed38b3ae50a

［付記］なおアーダーン首相と労働党がとったコロナ禍対策、女性運動の歴史などについては、拙著『新型コロナ「感染ゼロ」戦略、ニュージーランド』（作品社、二〇二二年）をご参照下さい。

Ⅱ

〈交差性《インターセクショナリティ》〉から探る新たな読み

自由への希求
——桐野夏生『ＯＵＴ』の〈ＯＵＴ〉とはなにか

岩見照代

1　いま、なぜ『ＯＵＴ』を読むのか

一九九五年、北京で開かれた第四回世界女性会議で採択された「行動綱領」は、一二項目の戦略目標のトップに、「女性と貧困」をおいた。以下、「女性の教育と訓練」、「女性と健康」、「女性に対する暴力」と続き、ただ女性であるというだけで、民族や階層に関係なく、世界中で毎日のように暴力を振るわれていることが浮き彫りになった。ここにはじめて、女性に対する暴力は「人権侵害」であると明記されたのである。それから四半世紀、状況は改善されるどころか、コロナ禍で、女性の貧困や、女性に対する家庭内暴力が一層、深刻化した。教育制度や労働システム、そして産む性といった身体の問題など、その背景にある構造的問題を一気に可視化したのだ。

堀千晶は「感染症と階級意識」で、「真にパンデミックであるのは、ウイルスそのものではなく、ウイルスの影であり、感染している／感染する／感染させる／感染させられる可能性をめぐる想像である」、問題なのは病原菌としてのウイルスではなく、「資本主義であり、階級格差であり、ナショナリズムであり、人種差別であり、外国人嫌悪であり、ジェンダー配置であり、様々な分業であり、世界システム」であると指摘し、問われているのは「人間の根本的な尊厳である」と、問題を提起した（『思想としての〈新型コロナウイルス禍〉』河出書房新社、二〇二〇年）。

コロナ禍で、生存自体が脅かされ、人間の尊厳が奪われようとしているひとり親たちが、「一歳の子を抱えて働け

ず一日一食」、「職場から休職を告げられ、収入が無い」と、支援団体に「悲鳴」をあげたことが報じられた（「『パート主婦は現代の奴隷』桐野夏生が見た貧困は今も」『朝日新聞デジタル』平出義明署名、二〇二〇年六月一三日）。同記事には「バブル崩壊後、金融危機が表面化した一九九七年に刊行された犯罪小説『ＯＵＴ』についても触れられている。低賃金で過酷な深夜労働にあえぐパートの主婦たちや、ひとり親での姿を描いた。自ら深夜勤務を体験取材した作者の桐野夏生さん（68）は、心に突き刺さった痛みを物語に落とし込」み、小説のタイトル『ＯＵＴ』は「女性の心の空洞」を表現したと、平出に語っていた。桐野は、作品の核心に〈心の空洞〉をおいたのだ。

『ＯＵＴ』（講談社、一九九七年九月。引用は講談社文庫、二〇〇二年六月）は、東京郊外の武蔵村山市にあるコンビニ弁当の製造工場で、日系ブラジル人たちとともに、介護や家事労働をこなしながら、深夜にパートで働く四人の主婦たちが、殺人、死体解体・遺棄、保険金横領、放火などを犯すクライムサスペンスである。五歳と三歳の子どもがいる山本弥生（三四歳）は、夫が、給料や貯金をバカラ賭博と中国人ホステスにつぎ込んでしまい、夫からひどいＤＶを受けたので、激しい憎悪のうちに夫を絞殺してしまう。夫を殺した直後弥生は、香取雅子（四三歳）に相談する。雅子は手助けを決断し、自分に借金をしていた吾妻ヨシエ（五〇歳半ば）に、借金棒引きを条件に、死体の解体処理を手伝わせる。雅子は、二〇年近く勤めた信用金庫で、年下の上司のパワハラだけでなく、女性社員からも疎まれて退職に追い込まれていた。夫とは家庭内別居状態で、高校中退のひきこもりぎみの息子とも、ほとんど会話らしい会話もないが、ローン返済の心配もない戸建て住宅に住んでいる。ヨシエは、古い木造アパートで寝たきりの姑の介護をしながら、駆け落ちして今は家にいない長女と、高校進学を控えた次女を養っている働きずくめの寡婦である。城之内邦子（三三歳）は、夫と団地暮らしだが、高級車や、ブランド品を次々と購入するので、ローン地獄に陥っており、雅子から借金をするため、家を訪ねたところ風呂場での死体解体作業を見てしまい、死体の遺棄を手伝うことになる。弥生の夫が通っていた賭博とクラブのオーナーであった佐竹光義（四三歳）は、彼女たちの罪を被せられすべてを失ったが、彼女たちに対する復讐劇の果てに、雅子に殺されてしまう。

『ＯＵＴ』は、二〇〇四年に日本人作家の作品として、初めてエドガー賞にノミネートされたことも相まって、階級（パート主婦／専業主婦）、年齢（中年）、性的嗜好（サディズム）、国籍（工場で働くブラジル人）などが交差した、インターセクショナルな視点をもったテクストとして、国境を越えて多くの読者を獲得し、いま再び蘇ってきた。しかし、ここで『ＯＵＴ』を読み直すのは、〈心の空洞〉という解読を求めるとともに、無限にその解読を繰り延べする、〈終りなきもの〉を提示していたからである。

　本稿では、〈心の空洞〉＝「空っぽ」を手がかりにして、雅子が「境界を越えた世界」に向かう行為が、桐野が『ＯＵＴ』を〈書くという行為〉のメタファーになっていること、そして、雅子が最後に求めた「自分だけの自由」とは何かを考えてみたい。

2　『ＯＵＴ』を書くということ

　エッセイ集『白蛇教異端審問』（文藝春秋、二〇〇五年。引用は文春文庫、二〇〇八年）によると、桐野が、『ＯＵＴ』を執筆する前に構想していたのは、探偵ミロを主人公にした旧『柔らかな頬』の第一稿であった。しかし、新担当編集者に全く評価されず、再度書き直しても相手にされなかった。意地で別の小説を書くと答えたものの、執筆の目処も、何の発表のなかった時、「どん底にいる私が発見したのは、恐ろしく単純な事実だった。書くしか生きる方法がない、ということ。そして、それは恐ろしいほどの孤独を生きる、ということでもあった」と語っている。「この時、『ＯＵＴ』の構想が生まれた。行き場のない中年女たちの小説を書こう、と。行き場のない中年女とは、まさしく自分のことだった」。また、『ＯＵＴ』を書くため、「井の頭公園バラバラ殺人事件の取材をした記者、ルポライター、深夜の弁当工場、街金」などを精力的に取材していた時、「駅前で描写のための写真を撮り、見知らぬ公団住宅の広場を歩き回って、主婦の顔を見た。頭の中で、雅子や邦子たちが息づき、喋り、早く書いてくれ、と叫んで、今にも爆発しそうだった」と、「爆発」寸前にまでに書きたいことが渦巻く、エクリチュール体験を語っていた。

桐野は、「『ＯＵＴ』を書くことによって、私が「自分の現実」を変えてしまったところ」があり、「虚構というものは、自分の中にある何かを書き切るとものすごく生き生きするということに気づいた」作品だという。「『ＯＵＴ』を書くときに、自分の中でものすごい恐怖感があったんです。（中略）何かその作品に入り込んでいって表現するときに臨界点があって、それを越えると小説というものが光り輝くということが初めてわかった小説だったんです」とも、語っていた（『文藝　特集　桐野夏生 デビュー15周年――外なる闇から内なる闇へ』二〇〇八年春号）。

「書くしか生きる方法がない」という「体験」は、それを生きる者にとっては、主体のすべてを巻き込む全面的な出来事である。これまでこだわってきた価値観だけでなく、自身の体験自体も変貌するのである。桐野は、『ＯＵＴ』を書いているとき、「それを越えると小説というものが光り輝く」、「臨界点」＝〈自己の内部の境界〉を越えるという特異な体験をしていたのだ。脱稿後、この小説にエピグラフをつけたいと思い、好きな本を読み返していたところ、ある編集者が、フラナリー・オコナー[1]を紹介してくれた。この編集者の直感は正しかった。「一読するなり、私はオコナーという作家の魂がわかるような」気がしたと、ためらうことなく、「絶望に至る道とは、いかなる種類の体験を持つことも拒絶することである」という一文を選んだという（「オコナーの恩寵」『白蛇教異端審問』前掲）。このエピグラフは、エッセイ集『秘義と習俗――アメリカの荒野より――』所収の「小説の本質と目的」の一文であるが、桐野が引用したのは、上杉明訳（春秋社、一九八二年）ではなく、須山静夫が、『オコナー短編集』（新潮文庫、一九七四年）を訳した時に付した「解説」の引用文からである。

3　小説の本質としての「秘義」と「習俗」

須山が「解説」で引用した、『秘義と習俗』の文章を掲げておく。

人々は常に、現代作家には希望がない、現代作家の描く世界像は耐えがたい、と不平をこぼす。これに対する唯一の答えは、希望のない人間は小説を書かないということである。小説を書くのは恐ろしい体験であり、書いているあいだに髪はばらばら抜けおち、歯はぼろぼろになる。小説を書くのは現実からの逃避であるといった意味のことを口にする人々に私はいつもひどく腹が立つ。小説を書くことは現実のなかに突入することであって、全身に強烈な衝撃を受ける。もし小説家が金銭的な希望によってささえられないならば、神の救いという希望によってささえられなければならない。そうでなければ小説家がこの試練を生きぬくことは全く不可能になるだろう。希望のない人間は、小説を書かないだけでなく、小説を読みもしない。そういう人たちはどんなものでも長いあいだ見つめることをしない。勇気が欠如しているからだ。絶望に至る道とは、いかなる種類の体験を持つことも拒絶することである。そして、もちろん、小説は体験を持つことに至る一つの道である。

この解説文には、出典の明記がない。桐野は『秘義と習俗』[2]という書名も、ましてこの章のタイトルが「小説の本質と目的」であることも知らなかったのだ。しかし、まるでオコナーの〈恩寵〉のように、「小説を書くことは現実のなかに突入すること」だと、〈小説の本質と目的〉を、直感的につかみ取っていたのである。須山はこの解説中、「エッセー集、Mystery and Manners（一九七二年）」と明記して、「小説を書く人間にとっては物語全体が意味である。なぜならば、小説は体験であって、抽象理論ではないからだ」という文章も引用していた。確かに、「小説は体験であって、抽象理論ではない」のだ。またエピグラフの文章には、「小説は体験を持つことに至る一つの道である」が続いている。[3]ここでいう「体験」とは、一体、何を意味しているのか。

オコナーの創作について、キャスリン・ウィーラーは、アリス・ウォーカーが述べた「彼女のフィクションの本質は、おおむね苛酷な喪失や重大局面の際に生じる爆発的啓示の瞬間」であり、「個々の登場人物は、彼あるいは彼女の限界と対峙するように呈示されている」（遠藤恵子他訳『〝モダニスト〟女性作家――語りの戦略――』八潮出版社、一九九八年）という文章を受けて、「彼女もしくは彼は、一瞬のうちに自身の内的領域における境界を理解するのである」

と補足していた。オコナーと桐野の共通点は、「爆発的啓示の瞬間」と、「内的領域における境界」の認識だといえるだろう。オコナーが、「イメジャリーや技法は往々にして醜くグロテスクにみえる。なぜなら矛盾するものを予言的な作家は結合させようとしているからである。暗示や意味で揺らめく深い不可視の世界と可視の世界の結合というように。」という言も、あわせて紹介している。

ウィーラーは、「作家は平凡な人々が支配されているイデオロギーとは異なる、境界上の人々の視点から、人間の経験に関する認識を得ようとする。これらの作家の多くは、表面的に一見まともな人々より、フリークス、アウトサイダー、売春婦、倒錯者たちの方がずっと想像力豊かで「まとも」だと考えていることを明確にしている」と言及している。

ミシェル・フーコーも、文学は「日常的生をその下層に向けて探査することに集中し、その限界を超え、隠匿された秘密を容赦なく或いは巧妙に暴き出し、規則やコードをずらし、明かし得ぬものを語らせることに熱中」する、「他の如何なる形式の言語活動にもまして、文学は《汚辱》のディスクールであり続ける。すなわち、もっとも語り難きもの——もっとも悪しきもの、もっとも秘匿されたもの、もっとも呵責なきもの、もっとも恥ずべきものを語るのが文学なのである」と語っていた（丹生谷貴志訳・小林康夫他編「汚辱に塗れた人々の生」『フーコー・コレクション6』ちくま学芸文庫、二〇〇六年）。

加藤典洋は、「フラナリー・オコナーの小説みたいな、『なんかシケた』『暗いもの』がそこにあって、でも小説内ではそれが月の光を受け、まったく別のものに変わっている。素晴らしい小説のなかで起こっているのは、皆そういうことです」と、オコナーのグロテスクなイメジャリーの本質に言及していた（『村上春樹『1Q84をどう読むか』』河出書房新社、二〇〇九年）が、これは、憎悪や嫉妬、怨念といった人間性の激しく暗い情念を摘出した桐野作品の〈グロテスク〉性の指摘にもなっている。

ここでオコナーの言に戻せば、どのような神秘、懐疑、曖昧な体験でも、それは「質を深め強化」しなければ、体験したということにはならない。「いかなる種類の体験を持つことも拒絶する」体験とは、ジョルジュ・バタイユが「内的体験」（『内的体験　無神学大全』出口裕弘訳、平凡社ライブラリー、一九九八年）として示そうとした、あらゆる人間的な知を超えた〈非‐知〉の体験といえるだろう。モーリス・ブランショは、この〈非‐知〉の体験を、「まず最初に、知の欠如である。理性がその前に否定を置いた知であり、これまた苦行的な認識の努力であるような努力を通して括弧に入れたような知である。非‐知は、もはや、理解の一様式ではなく、実在することが不可能である限りにおいての、人間の実在様式」（「粟津則雄訳「内的経験」『踏みはずし』筑摩書房、一九八七年）だと語っていた。

こうした〈非‐知〉の体験は、人を世界につなぎとめている現実意識の喪失の体験であるがゆえに、「想像力と芸術」を介してしか「体験」できないものである。だからこそ、自分の中にある「明かし得ぬもの」を、「《汚辱》のディスクール」で書き切った桐野は、「小説というものが光り輝くということが初めてわかった小説」だといえたのである。

4　〈境界〉をこえるということ――『ＯＵＴ』における「心の空洞」

〈心の空洞〉を「空まわり」として、シンボリックに描いた「渦を巻いた水」の場面がある。雅子が信金勤務時代、自分より年下で実力もない男にミスを指摘した時、いきなり殴られ、「ババアは黙ってろ」と罵倒され、「心の奥底で目に見えない深い傷がはっきりと刻まれた」時のことである。「雅子は充分水の溜まった洗濯槽の中に洗剤を溶かし入れた。渦を巻いた水に白い粉が溶けて小さな泡が生まれる。それを見ながら、雅子はゆっくりと心の封印を解いていった。（中略）洗剤を溶かした渦が勝手にまわり、排水し、給水し、脱水し…………。まるであの時の自分と同じではないか。空まわりだ。雅子は笑った」という場面と、もう一箇所は、雅子の家に刑事が来た時、家の中で、まともに話すこともなかった息子が、雅子をかばうどころか、わざわざ雅子に不利な発言をしたことがキッカケとなって、あらためて家族関係を考え直すところである。

> 洗濯物を入れずにまわっていた洗濯機を見て、空まわりをしていた信金時代の自分を重ね合わせたことがあった。おそらく、家でも同じことをしていたのだ。それならば、自分の人生はいったい何だったのか。何のために働き、何のために生きていくのか。磨り減り、行き場をなくした自分を思うと、涙が溢れてきた。（中略）だからこそ、なおも自分は境界を越えたのかもしれなかった。絶望がもうひとつの世界を望んだのだ（傍点引用者）。雅子はつい先ほどまでわからなかった、弥生を手助けした自分の動機を初めて理解した。しかし、境界を越えた世界で、何が自分を待っているというのだろう。何も待ってやしない。（中略）背後でドアの閉まる音が幾つも聞こえる。雅子は孤独のまっただ中にいた。[4]

いくつも小さく泡立つ〈渦巻き〉は、雅子をとり巻く〈世間〉によって、窒息しそうになっていた怨念の渦が迸りでた形象のようだ。「渦を巻いた水」を見つめ続ける雅子は、だんだん狭くなっていく渦巻く水の底のほうへ、存在の底に引きずりこまれていくように、「ゆっくりと心の封印を解いて」いく。雅子はついに自分の人生が、「空っぽでしかない」ことに気づいたのだ。「行き場をなくした」雅子は、いま「孤独のまっただ中」にいる。しかし、この〈空っぽ〉とは、決して否定的な〈欠如〉なのではない。むしろ、「絶望がもうひとつの世界」を望んだというように、「絶望」＝〈空っぽ〉が、「もうひとつの世界」を求める契機となる、反転の可能性を秘めたものなのだ。これまで強いられてきたあらゆる制度や圧力からの解放を求めて、〈空っぽ〉ではない生の流れにじかに触れるものを求めて、〈境界〉に近づき「もうひとつの世界」に向かおうとするのだが、越えたかもしれなかった〈境界〉は、そこでも「何も待ってやしない」のだ。

「孤独のまっただ中」で、〈ＯＵＴ〉をもとめて、目に見えない、越えがたい境界に接近し、境界のない世界を求め続けていくこと。この雅子が繰り返す〈非－知〉の〈境界〉への接近行為は、まさに〈書く行為〉それ自体のメタファーである。意識と無意識の境界で生成するこうしたエクリチュールについて、宇野邦一は、「書くことによって、意味を逃がれる運動」で、あり、「外をもとめて、あるいはテリトリーから異質な存在として排除され」ながらも、「彼が願うのは彼の生存を形成する差異の解放、固定されない交流なのだ」という（『意味の果てへの旅　境界の批評』青土社、一九八五年）。エクリチュールは、境界のない世界という、いわば〈至高〉を求める〈意味の果てへの旅〉であり、決して到達することのできないこうした世界とは、ただエクリチュールによってのみ、接近することができる〈文学空間〉なのだ。

5　佐竹と雅子が求めたもの

『ＯＵＴ』は、登場人物の内的焦点化によって語られてきたが、その語りの効果が最も良く発揮されているのが、最後の章である。「自分の闇を象徴しているように感じていた」、「黒々と広がる廃工場」で、凄まじい冷気と、漆黒の夜の暗闇のなか、ただ〈死〉だけが黒々と輝いている。この廃工場で雅子がレイプされる場面が、佐竹と雅子の互いの視点から語られている。〈読者〉が二人の状況の、差異＝遅延を意識しながら読み進めることができるため、二人の特異な関係性が、認識しやすくなっているのだ。

　かつて佐竹が女を殺害した時の体験は、「もっとこの女の中に入り込みたいと切なくもどかしく思った。（中略）地獄だった。佐竹は女の体のあちこちを刺し、指を入れ、それでも女の中に入りきれないことを知り、狂い、焦りながら抱いた。（中略）佐竹と女との血塗れの性交は天国になった。二人にしかわからない地獄と天国。それが誰に裁けようか」というもので、「殺すまで自分自身の境界がわから」なかった佐竹が、「自分の境界線を知った」体験でもあった。

　このどんなに穴を穿っても合一化できず、決してみたされることのないサド的な狂乱の世界は、ピーター・ブルックスを援用すれば、「欲望と肉体と知ることへの衝迫と語りとのあいだのつながり」であり、官能的なものや、「自分の肉体の孤独な境界を侵犯することをとおして互いを知ろうとする企て」は、バタイユがいうように、「死に至るほどの生の肯定」であり、その決定的な瞬間は裸になるという行為で、「この裸での対面においてこそ、二人の人間は、瞬間的に他者性に身を委ねることで、自分の閉ざされ断絶された状態を放棄する」（高田茂樹訳『肉体作品　近代の語りにおける欲望の対象』新曜社、二〇〇三年）と語っていた。

「ひんやりした手で佐竹の背中によじ登っていた黒い幻が、今、滑り落ちていく。代わって、雅子が、佐竹を地獄に天国にと誘っていた」。「黒い幻。佐竹の心の底に踵っていたものが今立ち上がって現実となり、佐竹をこれからどこかに連れていくはずだった。地獄へ、そして天国へ。その落差を埋めるものは雅子と自分の交わりの果てにあると佐竹は信じている。このために生まれてきたのだ。そして、このために死んでいく」。かつての体験は、佐竹が〈女〉を一方的に殺害しただけであったが、今は、自身も雅子によって、頬を切り裂かれるのだ。「瞬間的に他者性に身を委ねること」ができるのは、自己の限界を認知するときであり、生命の内部の裂傷を示すような血の噴出は、自身の〈死〉と直結するが、佐竹にとっては、肉体の陶酔を得るためのものでもあった。一方、雅子も、「佐竹になら殺されてもいいと思った自分と同様、佐竹もまた、自分に滅ぼされたがっている。雅子は突然、佐竹を理解した。愛しい」。雅子は「今、あんたがわかったから。あんたと同類だもの。だから、一緒に生きていこうよ」と話しかけると、佐竹も「初めてだな、そんなこと思ったの」と語るまでになっている。しかし、「廃工場」は、「二人が出会い、わかり合い、別れるために用意された巨大な棺だった」と、再び合一の不可能性を表象するものでしかない。〈愛〉の成就も絶えず繰り延べされるのだ。

この場面は、桐野が、「確かに異論の多い箇所でした。お互いに〝ＯＵＴ〟なもの同士、理解しあえないままでいてほしかった、と。でも私はあえて、自由というのは〝孤独になる〟ということではなくて、何かを共有することかもしれないと思ったんです。実はあの部分は、三回書き直しました。（中略）文字どおり私も〝ＯＵＴ〟できた気分」だと語っている（『このミステリーがすごい！98年版』宝島、一九八七年）。現実の社会から限りなく離反し、不可能な愛の世界の探求のうちに、〈失う〉という形で見出した自由とは、〈何かを共有すること〉であった。互いに「自分の境界線を知った」「〝お互いにＯＵＴ〟なもの同士」が、〈何かを共有すること〉で得られる自由とは何か。

　雅子は通常の生活で満たされることのない「主体を主体自身からひきはがす限界経験」（「ミシェル・フーコーとの対話」『思考集成Ⅷ　政治／友愛』筑摩書房、二〇〇一年）をした人間であった。こうした限界経験について、フーコーは、「ニーチェ、バタイユ、ブランショにとって、経験とは、〈生きることが不可能なもの〉にもっとも近いような生の地点に到達しようとすること」だという。「それが十全なかたちでおこなわれるのは、経験が純粋な主観性から逃れ、他者が、経験を正確にやり直すとまでは言いませんが、少なくともそれを交叉し横断しなおすことができる限りにおいて」、はじめて「十全」なものになる」と指摘していた。

　雅子と佐竹は、互いに「殺し／殺される」極限的な〈経験〉を経て、互いに「わかった」という。桐野が「自由」というのは、〈何かを共有すること〉だというのは、このように、他者が「交差し横断しなおすこと」、つまり雅子が佐竹の〈経験〉をやり直したということで得られた「相互理解」であり、それが「孤独になる」ことではなく、「何かを共有すること」で得ることができた「自由」だったのではないか。

6　〈出口〉＝〈ＯＵＴ〉、そして〈自由〉へ

　では、次に雅子が求める「佐竹とも、ヨシエや弥生とも違う、自分だけの自由」とは何か。次の引用は、『ＯＵＴ』の最後の文章である。

> 雅子はエレベーターのボタンを、力を籠めて押した。これから航空券を買うつもりだった。佐竹とも、ヨシエや弥生とも違う、自分だけの自由がどこかに絶対あるはずだった。（中略）背中でドアが閉まったのなら、新しいドアを見つけて開けるしかない。風の捻りにも似たエレベーターの昇って来る音が、すぐ側でしている。

まず考えられるのは、雅子が気づいた「空っぽ」の一つが、ベティ・フリーダンが、「名前のない問題」[5]（原著『女らしさの神話』一九六三年）として提出した、外見的には何不自由のない専業主婦たちが抱いた、充足感のなさ、疎外感、孤独感といった生きがいのなさだということである。「女らしさの神話」の打破や「性の解放」といった解放運動としてあったフェミニズム・ジェンダー問題の多くも、半世紀以上たっても実際には、解決からはほど遠い。『OUT』が描き出したように、女性だけでなく人間の生は孤独で、貧しく汚く、〈OUT〉した余計者は、この世界にまったく属していないように扱われているのだ。ヨシエや弥生は、こうした現実の〈空っぽ〉の生活から〈OUT〉し、〈家〉から解放された。では、雅子が求めた「私だけの自由」とは、いったい何を求めての自由なのか。

たとえばフーコーは、「〈私たち自身の歴史的存在論〉l'ontologie historique de nous-mêmes を通して、私たちが言うこと、考えること、行うこと、の批判をするということによって成立する哲学的エートスとはいったい何なのか」と問いかけ、それは「一つの〈限界的態度〉」であり、それは〈境界に立つ〉こととして性格づけられているという。

そして「この批判は、自由の無限定な作業を、可能なかぎり遠くへ、可能な限り広く推進することを目指すのだ」（「啓蒙とは何か」石田英敬訳『フーコー・コレクション6』前掲書）とも指摘していた。こうした「境界」に立つという「限界経験」をした雅子が求めた「私だけの自由」とは、「自由の無限定な作業」を「可能なかぎり遠くへ、可能な限り広く推進することを目指」すことであったのだ。そしてこの「無限定な作業」を目指す雅子の最後の行為は、エレベーターに乗ろうとすることであった。

エレベーターについて、加藤典洋に次のような指摘がある（前掲書）。

「村上の作品で井戸という形象は、実は井戸という形のほかに、エレヴェータという形でも現れていることです。エレヴェータというのは、井戸を逆さまにした形をしている」と、井戸とエレベーターが、同一表象であると指摘していた。村上春樹の作品には、「こんなところに、こんな深い暗闇がある」（『ねじまき鳥クロニクル』

と、「闇の世界」や、「異界」に通底していく多くの井戸が書かれている。こうした井戸の通路は、孤独の極限状態に置かれた人間どおしが、互いの心とつながるための装置であり、また〈国境〉が消えていくような体験をもたらす、もはや測定することが不可能な深さの暗闇＝〈井戸〉＝〈エレベーター〉であった。それはまた、これから雅子が求める〈自由の無限定な作業〉の〈深さ〉であり、また桐野にとっては、作品を〈書くという行為〉の〈はじまり〉の表象でもあったのだ。

　また川本三郎は、村上春樹の作品について、「村上春樹は処女作以来一貫してシンプルにそしてリアルにこのことだけをいい続けている。／『人生は空っぽである』」（「この空っぽの世界のなかで」『文学界　臨時増刊　村上春樹ブック』一九九一年四月）。そして川本は、「村上春樹はいま新しい場所にいるのではないだろうか。「僕」とも「過去」とも訣別して新しいシステムのなかで生きていく空虚をすすんで引受けようとしているのではないだろうか。その先に何が見えてくるのかはおそらく誰にもわからない」とも語っていた。

　岡野八代は、「境界とは、わたしたちの限界であるだけでなく、わたしたちが未来に開かれていることを知らせる可能性でもある」と指摘し、ドゥルシラ・コーネルの「倫理的フェミニズムを特徴づけているのは、「境界」という概念」であり、「限界を知ることの不可能性こそが、終わり無き地平を拓く。したがって、フェミニストであるわたしたちが境界線を突き動かし、それを越え出ようとするのは、もっともなことなのだ」［“What is Ethical Feminism?” *Feminist Contentions*（Ny:Routledge）1995年 セイラ ベンハビブ、ジュディス・バトラー他編、引用訳：岡野］という論を紹介していた（「境界のフェミニズム」『現代思想　特集　トランスナショナル・フェミニズム』二〇〇三年一月）。

　〈境界〉に立つという限界経験をした雅子は、未来に開かれている「新しいシステムのなかで生きていく空虚」を引き受けようと、「エレベーターのボタンを力を籠めて」押したのだ。しかし、雅子は果たして、エレベーターに乗ったのだろうか。ボタンは押したが、〈逡巡〉のうちに立ちすくんでいるのだけなのだろうか。

　自由への〈出口〉＝〈ＯＵＴ〉は、いろいろ異なった解釈が可能な〈開かれた終わり〉であり、いままさにはじまろうとする暗示に満ちている。

注

1――フラナリー・オコナー（一九二五～一九六四）は、ジョージア州生れのカトリック教徒。アイオア大学修士課程に学んでいたとき、文筆を執りはじめたが、一九四九年に父親と同じ紅斑性狼瘡を発症し、将来を嘱望されながら一九六四年に三十九歳で亡くなった。一五年の文筆活動で、長編小説二作と、多くの短編小説を残している。

2――オコナーは、この書で「習俗（マナーズ）をとおして秘義（ミステリー）を具体的に表わすのが小説の務め」だと語り、ヘンリ・ジェイムズのいう秘義とは、「この世にわれわれが在る状態についての神秘であり、習俗とは、芸術家の手を経てそのわれらの存在の中心的神秘を明らかにするような、しきたりのことである」と補足していた（「文学の教育は可能か」）。

大江健三郎は、「オコナーの根本思想のおなじく大切なものは、彼女の評論集のタイトルにもなっている『秘義と習俗 Mystery and Manners』で、「ミステリーはカトリックの信仰における秘義ですが、マナーズの方は日本語に移しにくい。われわれが生きる、その具体的ないちいちの側面とでもいうことで、その現実生活の細部に、とくに具体的なものに、恩寵はじめ信仰にかかわる大切な奥深いあらわれ、つまり秘義がひそんでいる、という考え方です。オコナーはそのマナーズこそを小説に表現しようとしたのでした」（『人生の習慣《ハビット》』岩波書店、一九九二年）と語っている。

3――原文は、“The way to despair is to refuse to have any kind of experience, and the novel, of course,is a way to have experience.”（一九七二年）と句点のない一文である。上杉は、「絶望に至る道は、いかなる経験をも拒むことであり、小説は、もちろん、経験を持つ一つの方法である」と、原文に忠実に訳しているが、須山訳は二つの文章に分けたことで、オコナーの特殊な「体験」の意味が強調されている。岩佐壮四郎は、このエピグラフが『秘義と習俗』からの引用で、「オコナーが創作を通して「体験」したのは、猜疑、憎悪、嫉妬、打算、虚栄、差別、怨恨、陰謀というような人間性の邪悪な部分をめぐる現実」で、『ＯＵＴ』は、桐野夏生という作家の新しい出発を告げる小説」だと、いち早く指摘している（『現代女性作家読本⑰桐野夏生』現代女性作家読本刊行会編、鼎書房、二〇一三年)。

4――中川智寛は、この場面に注目し、「雅子を、これまでの生活とは異なる次元の、新しい世界へと誘導して行く為のもの」だと指摘していた。しかし、雅子が求めた「自由」は、「航空券」を買い、新しい場所での生活を想定しており、筆者の見解とは異なる。(「桐野夏生「ＯＵＴ」論――香取雅子と佐竹光義の造型を中心に」『近代文学論集』日本近代文学会九州支部二〇〇六年)。

5――日本では、三浦冨美子の抄訳で、『新しい女性の創造』として大和書房から一九七一年に刊行された。原題“*The Feminine Mystique*”の意訳はともかくとして、第一章のタイトル「the problem that has no name」=「名前のない問題」を、「みたされない生活」と訳しているのは、この書の最も大事なキーワードを伝えていないだけでない。「女性の経験」を〈名付けること〉の大事さは、DVやセクシュアルハラスメントなど、名付けてはじめて可視化することができただけに、残念ながら、看過できない〈誤訳〉といわざるを得ない。ケイト・ミレットは、『性の政治学』「日本語版への序文」(藤枝澪子他訳ドメス出版、一九八二年)で、「時流に投ずるため抜粋訳して刊行し、そのため日本でこの本が十分な衝撃《インパクト》をもちえなかったことについて、今さらその出版社を非難してみても始まりません」と嘆いていた。

入管の人権侵害問題

——中島京子『やさしい猫』を視座として

渡邊澄子

入管の人権問題が意識化されたのは、二〇二一年一月、個人誌『河正雄コレクション　資料集』第2号に「川田泰代という女性《ひと》」を書いたことによる。私にとって川田泰代は未知の人だったがアムネスティ・インターナショナル（以下、ＡＩと略記）日本支部設立の中心にいた人と知り、少ない資料で書いた。ＡＩ日本支部は、台湾人陳玉璽が日本から入管によって一九六八年二月、拉致同様の理不尽さで強制送還され、同年六月、台湾国民政府（国府）に死刑を宣告された事件で、その陳玉璽救済運動のなかで設立されたのだった。そこで先ず陳玉璽事件についてごく簡単に述べておきたい。

1　陳玉璽事件

台湾彰化県に生まれた（一九三九・一・二）陳玉璽は、台湾大学からハワイ大学の東西文化センターに奨学生として留学して修士の学位（数理経済学）を得た。抜群の成績によってハワイ大学経済学部助手に起用されたが、その後、アメリカのブラウン大学博士課程の奨学生試験に合格した。交換留学生・学費給付の証明書を添付して提出した留学継続申請を国府は却下したばかりか直ちの帰国を命じたのだった。当時、中華民国政府の支配下にあった蒋介石政権の苛酷な弾圧を知る友人達から、ベトナム戦争反対のデモに出たことによる却下ならば帰国は危険だ、と日本に行く事を勧められ、六七年八月来日した。

陳玉璽は、法政大学大学院の博士課程入学を希望し、中村哲教授（間もなく総長）と経済学部学部長の松岡磐木教授が歓迎して受け入れた。当面の宿所に川田泰代を紹介された。一面識もない陳を川田が世話する事になったのは、川田の父が孫文を畏敬していた関係で六六年に開催された「孫文先生生誕百周年記念会」の事務局長を勤めたことによるらしい。川田は陳を六七年九月半ばから一一月始めまで預かっている。その後、陳は、善隣学生会館に移り、在特許可を待ちながら入学準備をしていた。身元保証人に宮崎滔天の子息宮崎竜介弁護士がつき、六八年一月二三日に入管からの指示で身元保証金一〇万円を収めた。入管から面会のため二月八日一時に来るようにとのハガキ連絡があって、捺印して外国人登録証を貰ってくるだけの手続きと思って出かけたところ、いきなり入管の警備官に囲まれて「退去強制令書」と「収容令書」への署名を強制された。それを拒否すると、警備官四人から殴る蹴るの暴力で手錠をかけられ、そのまま東京入管から横浜市三溪園の山上にある収容所に移され、翌九日早朝に、手錠のまま羽田空港から午前九時半のＣＡＬ機で強制送還されてしまったのだ。

台北に着くと保安司令部に拘留され、連日連夜自殺しかけたほどの凄まじい尋問と拷問を受け、台湾の軍事検察官から国家転覆を企てた政治犯に捏造されて死刑が求刑されたのだった。

戦後二三年も経った人権平等の憲法下で、この入管の不法さには驚愕する。陳の死刑判決を知ったハワイ大学の学生・教員たちをはじめ、官民こぞっての救援運動にＡＩアメリカ支部の国際的訴えが加わって燎原の火となり、これに連動して日本でも大きく盛り上がった。

川田の要請に応じた社会党議員猪俣浩三の国会の法務委員会での追求で、日本政府と台湾との間に、大村収容所に長期収容の二百人余の麻薬密貿易違反者たちの台湾への引き取りと、政治犯を交換する密約が交わされていて、その最初の犠牲者が陳玉璽だったことが判明した。アメリカ中心に、日本でも盛り上がった陳の無罪獲得運動に抗しきれず、国府は異例の事だが、七年に減刑（一九六八・八・一）、さらに「恩赦」（一九七一・一〇・二五）という形で釈放せざるを得なくなった事件である。

2　ウイシュマさん事件

「基本的人権」は憲法に明記された重要項目であるにもかかわらず陳事件には驚愕させられたが、陳事件からさらに四三年、憲法施行から七三年経った現在なお凄まじい人権侵害がまかり通っていたことを名古屋入管の施設収容中に死亡したウイシュマさん事件で知る事になる。ウイシュマ・サンダマリさん（死亡時三三歳。一九八八年生まれか）は父を早く亡くし、大学卒業後教職にあったが、母を楽にさせたい思いとスリランカで語学学校開設の夢を抱いて、安全で人々も優しい国と憧れて来日したのは二〇一七年六月だった。日本語学校で勉学中に同居していたスリランカ人男性からＤＶ・金銭略取を受けるようになって学費未納で除籍処分となり、在留資格を失ってしまう。救いを求めて相談に行った交番で名古屋入管に送られてしまい国外退去処分を言い渡される。入管と警察の密着である。コロナ禍によって定期便は就航せず、臨時便は高額で自費での帰国は叶わず二〇二〇年八月二〇日、入管収容となったのだった。

残された日記によると収容後五ヵ月の二一年一月段階で呼吸困難におちいっている。以後、再三の医師の診断要請は不許可で、受けられても診断は無視されて「詐病」とされている。尿検査の「飢餓状態」を示した異常数値も無視。瀕死の状態で受診できた外部の病院から直ちに仮放免しなければ死ぬだろう、の診断も無視され、三月五日、仮放免検討のための面接となるが既に意識がなく、入管職員が目の前に手を振っても全く反応がなかったのにそのまま放置された。翌六日、朝、職員の呼びかけに無反応で、血圧、脈拍は測定不可能状態だったが救急搬送の要請はされず、午後三時過ぎになってからやっと要請されたが既に息絶えていたという。三年、四年、八年にも及んだ例のあるほど長期収容が入管の問題となっていたのに、彼女の死は収容後僅か六ヵ月半後である。

ウイシュマさんの死の知らせに驚いて五月一日に来日した妹のワヨミさんとポールニマさんは、あまりにも変わり果てた姉の遺体に対面して、あんなに愛していた国にきてこんな死に方をするとはと絶句、号泣したという。死亡時の体重は入所時の二〇キロ減で、死因は不明だった。遺族の監視カメラの映像開示要求に、死の前の二週間分は二九五時間あったが、それを二時間に編集したものが開示されたのみだが、にもかかわらず、そこには人間扱いされぬ残酷さで急速に弱っていき、断末魔の声をあげる姉の姿があって、ショックからワヨミさんは耐えきれず帰国した。ポールニマさんは映像の全開示、死の真相が解明されるまでは帰らぬと残った。

この事件が広く可視化されたのは、ウイシュマさんの死を重要視し、ポールニマさんの姉の死の徹底解明を求めた怒りと嘆きに寄り添って、入管問題を人権問題として記事にし続けた望月衣塑子記者、時あたかも赤木ファイル事件を「認諾」という一億円超の税金で幕引きをはかった政府の手口に激怒して追求し続けると表明した赤木俊夫さんの妻雅子さん、さらに、この時期、入管問題を扱った中島京子の『やさしい猫』の刊行が重なったという、この四女性の言動が多くの人々の心に響いたことによるだろう、入管行政批判の声がSNSに一日に二・四万回も寄せられたという。

この世相は、菅前首相肝いりで閣議決定されていた入管法改正案（内実は改悪）を断念（二〇二一・一〇）させ、翌年（二〇二二・二）の再上程をも見送らせた。入管問題はその国の人権保障のバロメーターと言われているが、『ルポ入管』（平野雄吾、ちくま新書、二〇二〇・一〇）その他が挙げた例に見られるような日本の入管行政、難民認定や収容者の送還制度、外国人労働者の受け入れ態勢などの人権侵害は国際人権規約に抵触すると勧告されているのに改められていない。[1]そこには戦後、公職追放を免れた特高関係者が数多く入管の仕事に携わったことも一因という。外国人差別は特に酷く、池上努という法務官僚の自著（一九六五）に書かれた「外国人は煮て食おうと焼いて食おうと自由」が端的に表しているだろう。

ポールニマさんたち遺族（ポールニマさん、ワヨミさん、母スリヤラタさん）は、入管が姉に適切な医療を提供せず、「死んでも構わない」との未必の故意があったとして、多くの支援者に支えられて二二年四月、名古屋地裁に提訴した。[2]六日には、多くの人が参列して一周忌法要が愛知県愛西市の明通寺で営まれた。これらが新聞記事になるのは、メディアがウイシュマさん事件（それは入管問題でもあるが）を、忘却させてはならぬ、追求すべき問題との立場に立ったことを示している。ケーススタディになる事を望みたい。

3　中島京子

『やさしい猫』の著者中島京子は、東京都杉並区に、父昭和（中央大学名誉教授）と母公子（元明治大学教授）の次女として生まれ（一九六四・三・二三）た。両親は共にフランス文学者で翻訳者。結婚してフランス在住の姉中島さおりはエッセイストで、本に囲まれた知的な環境に育つ。共立女子第二高校から東京女子大学文理学部史学科卒業後、早稲田国際日本語学校の事務職から「主婦の友」社編集部に勤務後、英会話学校に通いインターンシップ・プログラムで渡米。一年半後に帰国。ライターの仕事をしながら小説家を目指し、『ＦＵＴＯＮ』（二〇〇三）がデビュー作となるが、習作期の作として『だいじなことはみんなアメリカの小学校に教わった——脱ＯＬの見習い先生』（主婦の友社）、『ココ・マッカリーナの机』（集英社）、『ライターの仕事』（主婦の友社）、樹木医などの女性向けハウツー本『自然と環境にかかわる仕事』（主婦の友社）を刊行している。デビュー作後の一七年間に三〇冊以上を刊行の超多作の作家だが、文学賞受賞歴も際立つ。すなわち野間文芸新人賞候補作だった『ＦＵＴＯＮ』に続く『イトウの恋』（二〇〇六）『均ちゃんの失踪』（二〇〇七）『冠・婚・葬・祭』（二〇〇八）の三作は吉川英治文学新人賞候補。『小さいおうち』（二〇一〇）が直木三十五賞、『妻が椎茸だったころ』（二〇一四）は泉鏡花文学賞、歴史小説『かたづの』（二〇一五）は河合隼雄物語賞・歴史時代作家クラブ作品賞・柴田錬三郎賞、『長いお別れ』（二〇一六）が中央公論文芸賞・日本医療小説大賞、『夢見る帝国図書館』（二〇二〇）が紫式部文学賞、『やさしい猫』は吉川英治文学賞という華やかさである。

　中島作品の特徴として挙げられるのは『ＦＵＴＯＮ』は田山花袋の『蒲団』、『かたづの』は柳田国男の『遠野物語』、『彼女に関する十二章』は伊藤整の『女性に関する十二章』、『小さいおうち』がバージニア・リー・バートンの絵本『The Little House』（石井桃子訳）など著名作家の作品を下敷きにしていることと高齢者、認知症、シングルマザー、入管など社会的問題への関心が創作の熱源となっていることであるが、ここにはこれらのテーマに絡めて家庭・家族を描いた作品が多いことである。

4 『やさしい猫』を読む

「やさしい猫」の初出は『読売新聞』連載（二〇二〇・五・七～二一・四・一七）。加筆して単行出版（中央公論社、二一・八）。本書刊行から三ヵ月後、岸田首相の所信表明演説に対して立憲民主党の女性議員が入管施設でスリランカ人女性が病死した問題を取り上げ、第三者による真相解明を迫った。ウイシュマさん事件は社会問題から政治問題になったホットな事件として人々の関心を呼び込んでいたが、『やさしい猫』は、その入管制度に切り込んだ時宜を得た作品として注目された。

中島京子は、二〇一七年に起きた、入管の収容施設でベトナム人男性が苦痛の訴えを無視されて死んだ事件[3]を知って、これを題材として書く事を思い立っての取材で、外国人が入管行政に翻弄される凄まじさを知り、「事実を知ってもらうことの重要さ」として書き始めたときに起きたウイシュマさん事件には衝撃で動揺したという。題材がハードなので「やわらかく読める」ために語り手を高校生（マヤ）にしたと、作品の冒頭で断っている。

作品はマヤの「きみに、話してあげたいことがある」で始まる。「きみ」とは物語ではまだ生まれていないマヤの異父弟となる、母のミユキとその夫（マヤの義父）となったクマラことクマさんの子の光《アキラ》である事が物語の最後に明かされる。マヤはこの異父弟に「きみには知っておいてほしい」、「どんなふうにして家族になったか」、「家族を守るために、なにをしたか」という「君」の「生まれる前の家族の物語り」だと、この作品を説明していてこれも家族小説だが、入管問題を扱っていて社会小説でもある。

父を三歳で失ったマヤは以後二Kのぼろアパートで、シングルマザーの保育士ミユキに育てられた。マヤが八歳の時起きた東日本大震災でミユキがボランティアとして出かけた出先で出会ったスリランカ人のクマさんと愛し合い、やがて結婚して家族となった物語である。だが、そこへの道のりに立ちはだかった入管問題が骨子となっている。スリランカ人の姓名は長い。クマさんことクマラの正式名はマハマラッカラ　パッティキリコララーゲー　ラナシンハ　アキラ　ヘーマンタ　クマラだ。この呆れるほど長い名前はクマさんだけのものではなく、スリランカ人の正式名なのだ。通称「にしゃんた」を使っている在日スリランカ人の正式名は「ジャヤシンハ・アーラッチラーゲー・トシタ・デーワップリヤ・ニシャンタ」で（『留学生が愛した国・日本』現代書館[4]、二〇〇二・五）、スリランカの首都は「スリジャヤワルダナプラコーッテ」だそうだ。

　東日本大震災で被災地の保育園にボランティアで行ったミユキが、在日のスリランカ人でスリランカ料理店経営のペレラさんが、被災者へのスリランカカレーの炊き出しの支援をしているのを手伝ったとき、クマさんもボランティアで来ていて知り合ったのだった。一年後、二人の警官が、クマさんに自転車泥棒の嫌疑で職務質問していた場面にミユキが偶然に出会ったところから二人の交際は深まっていく。この偶然にはリアリティを欠く。日本の警察官の外国人への「職質」の「レイシャル・プロファイリング」に見られる人権侵害は根が深い。

　クマさんは働いている会社の寮が近い（本当は自転車で四十分もかかる）と言い、ミユキがスーパーでまとめ買いした重い荷物をアパートに運んでくれるようになってマヤとも親しくなる。この時クマさんは二四歳で、ミユキは八歳年上の三二歳だった。初めてアパートの部屋までクマさんを呼び入れたのは、買ったものの使えずにベランダに置き放しだったランドリーラックを使えるようにしてもらったときだった。ミユキがお礼に用意した食事を三人で囲んだ後に、クマさんがマヤに話してくれたのがスリランカの民話「やさしい猫」だった。

　大きな森のベンガル菩提樹の木のうろにお父さん、お母さん、子ども三匹の鼠の家族が仲良く暮らしていました。家族のために食べ物を探しに行ったお父さんが帰ってこず、探しに行ったお母さんが、出会った兎から夫が猫に食べられてしまったことを知りショックを受けますがお母さんも食べられてしまうのです。残された子ねずみは泣き疲れながらお腹がすいて森にさまよい出て猫に会います。なぜ泣くのか訊かれて話すと、自分がこの子たちの親を食べてしまったことを後悔して、自分の子の三匹の子猫と一緒に育てることを提案します。ねずみの子どもたちと猫の子どもたちは「兄弟のように仲良く暮らしましたとさ。おしまい。」

　スリランカとはどんな国なのだろうか。インド洋に浮かぶ「宝石のような、光り輝く島」と言われる紅茶生産が盛んな面積は北海道の八割の小国。スリランカ語は無く、公用語はシンハラ語でセイロンと呼ばれていた（あ、セイロン紅茶）イギリス領だった大平洋戦争下では日本軍の空爆で民間人に被害を与えたが、イギリスから独立（一九四八）した四年後に日本とセイロンは国交を樹立した。サンフランシスコ講和条約に出席したセイロン代表のジャヤワルデネ大統領の「法華経五」引用の「人は愛によってのみ憎しみを越えられる。憎しみでは、憎しみを越えられない」のスピーチは有名だが、対日賠償請求権を放棄し、日本の国際社会復帰の道筋を作ってくれた恩義ある国で、「おしん」人気から日本に憧れる人が多いという。二〇一八年の数字だが、在スリランカ日本人は七六七人、在日スリランカ人は二五〇七四人、在日スリランカ留学生は八三二九人という。イギリスから独立後、二六年間続いた反政府武装勢力と政府軍との紛争が終結した二〇〇九年以後、南アジア有数の経済成長国となり世界遺産八つを持つ観光立国でもあり、民度は高いが気候変動による干ばつ、洪水等の災害が農業中心のこの国にとって深刻な問題になっているという。この作品に頻出するスリランカカレーと練乳入りの超甘いミルクティーがスリランカを象徴するという。日本の東日本大震災に際しては、義援金とティーパックを送られている。

　両親をスマトラ沖の地震で亡くしたクマさんが高校卒業後、就職難の祖国を後に、働きながら勉強ができて給料も高いと言われて日本に来たのは一八歳の時だった。仕事を転々としながら日本語学校に通い、新聞奨学生となって自動車学校を卒業し、自動車整備工場で働いていた。再会後親交していたミユキが過労で倒れ、その入院中のマヤの世話を親身にしてくれたことでミユキとクマさんは急速に親しみ、事実婚をする。生活費はクマさんとミユキが通帳に振り込む取り決めにクマさんの振り込みはいつも多目だった。披露を兼ねた結婚式を予定していたその直前に、クマさんが急に延期を言い出した。一度ならずの延期と通帳への振り込みの途絶えに、不信感を抱いたミユキの追求に五ヵ月前に工場閉鎖で失業したこと、結婚するために就職口を探し回っていたことを打ち明けられて、ミユキは五ヵ月も隠し通されたことの怒りから別居することになる。マヤは絵が好きで日記のように描いていてそれにミユキがちょっとした説明をつけていた。マヤがクマさんを囲んだ団欒を描いた「ハピネス」と題した絵がコンクールで入賞する。外国人ならオーバーステイに対する入管の苛酷さを知悉しているはずなのに、クマさんが対処しなかったのは何とかなると甘く見てみていたのだろうか。いなくなったことでミユキはクマさんへの愛の真実に覚醒して探し回り、戻ったクマさんと婚姻届けを出し戸籍謄本をとって法律婚をした上で、「配偶者ビザ」取得にクマさんが一人で入管に行ったのは一二月二五日朝だった。ミユキとマヤはクリスマスと在留許可取得のお祝いのご馳走を用意して待つがクマさんは帰らない。後で分かるが入管行きのバス停で二人の警官に「ねずみ捕り」されて入管に送られてしまったのだった。この作品の要諦である入管とクマさん・ミユキ・マヤの粘り強い闘いがここから始まる。

5　入管との闘い

入館職員の裁量一つで人の人生が左右されてしまう入管行政のおぞましい実態がこの長編の半量を占める。「在留特別許可に係るガイドライン」には日本人と法的に結婚していれば在留特別許可を出すとある。クマさんの必死の結婚の事実主張も、ミユキの涙ながらの主張も、在留許可得たさの虚言とされ、在留資格欲しさの偽装結婚と断定されて退去強制の裁決告知が下されてしまう。決定に怒ったミユキの抗議を受けた主任審査官の上原が、結論の出た審理は覆らないが裁判に訴える権利があると言い、恵弁護士を紹介してくれる。収容されたクマさんに会えるたった三〇分の面会の為にミユキは、そしてマヤもせっせと通う。

裁判は九九・九%敗訴すると言われていて、勝ち目がないのにお金のかかる裁判にクマさんは反対したがミユキは後にひかない。入管側の悪意に満ちた質問に、ここがドキドキさせられる所だが恵弁護士の巧みな裁判戦術が勝って仮放免から全面勝訴を勝ち取るまでの過程がドキュメンタリー手法で詳述される。この作品の読み所である。現実の裁判はもっと嫌らしく厳しいだろうと推察できるが、勝訴を勝ち取れたのは、主任審査官にまでなったのに、入管に嫌気して退官した、入管をよく知る上原の戦術と、これまた入管の執拗な攻めの手法をよく知る恵弁護士の戦略によったのだが、そこが描かれていて読者の感情を揺さぶる。

この作品に厚みを与えている二人の人物をあげておきたい。一人はマヤが小学校四年の時、北海道から転校してきた少年ナオキで、虐められていたのをマヤが助けて仲良くなったが、クラスのトップとなった利発さで外国語にも長け作品の要所要所に登場してマヤの力になってくれているが、彼はＬＧＢＴのＧとして設定されている。マヤを通して親しんだクマさんを兄と慕い、嘆願書を書き、嘆願署名運動の中心に立ち、カナダ在住のクマさんの姉アヌラーとの交信の通訳もしている。アヌラー一家はカナダ在住だが、カナダでは難民は市民としてすぐに受け入れられるのに、ずっといる日本で弟が新しい市民になれないのはおかしいと怒る。もう一人は入管で出会った、モデルか俳優を連想させる美少年のハヤトであるが、クルド人の彼は日本生まれの日本育ちだが両親がオーバーステイのために非正規滞在者とされて仮放免身分で、教育は受けられたが、就労禁止、居住所制限、健康保険不適用の辛い境遇にありながら明るく、マヤを励ましてくれる少年である。ハヤト物語は、入れ子的にもう一つの入管の人権侵害例となっている。悠久の歴史を持つが祖国を持たない民族の約二〇〇〇人の在日クルド人の、ハヤトもその一人の難民申請者に日本は一人も認定者を出さず、不法滞在者にしているという。ドキュメンタリー映画『東京クルド』（二〇二一）がその一面を映し出しているが、未来を嘱望させない現実にありながらハヤトの造型は明るい。

恵弁護士がミユキたちのぼろアパートに来て、マヤの作ったクマさん伝受のスリランカカレーをおいしがって食べ、マヤの描いた絵をみつけるが、弁護士が二Kの母娘の住むアパートに来るなどということがあり得るだろうか。入管の意地悪い引っかけ質問への対策を練る。

クマさんが二度倒れる。二百以上の血圧を放置する入管に憤った同室者の知らせで激昂激怒した恵弁護士の抗議によって死を免れたが、二度目は入管の、ベトナム人の技能実習生に対する残酷さにクマさんが抗議していて倒れたのだった。

クマさんは間もなく退院したがあのまま入管に収容されていたらどうなっていただろうか。裁判に備えて恵によって作られた「想定問答集」でリハーサルをする。尋問の日が来た。高校生になったマヤは制服で出かけた。証人は他の人の証言を聞く事ができず、別室で待たされる。別室にいたマヤは法廷の一部始終をナオキから後で聞く。偽装結婚でなく、真実の結婚だったことの証明がこの日の尋問の中心だった。尋問はうんざりするほど些末だが、うんざりして気を抜いたら落とし穴に落とされる卑劣さだが鋭い。法廷が凍り付き、恵弁護士の顔が歪んだのはミユキがクマさんのフルネームを言えなかった時だった。クマさんの姉夫婦のフルネームも言えなかった。異様な空気が法廷に漂うなかでマヤの番になった。

恵弁護士の思惑通りマヤの描いた絵がクマさんが家族だったことの有力な証拠となった。法務大臣宛のナオキと一緒に作った嘆願書も、クマさんが掛け替えのない大事な家族であることを立証した。最後の 恵弁護士による尋問の感想に「辛かった」と答えると、クマさんが頼まれたのか、と聞かれ、「言ってしまえ」の 恵弁護士の目まぜの合図に、クマさんからはびっくりするようなことを訊かれて辛い、傷つく、高校生がそんな思いをすることはないと言われたが、クマさんに日本にいて欲しくて、在留許可を与えてくださいと自分で裁判官に言いたかったので自分の意志で証人になったとはっきり言って傍聴席を見ると、クマさんが涙を拭い、ナオキが「やったじゃん」と合図し、ミユキとおばあちゃんがうなずき、上原が「よし」だった。

最後はクマさんの番で通訳つきのシンハラ語によるものだった。知らなかった、すみませんの連発だったが、傍聴席を緊張させたのは終盤だった。不法滞在による強制送還妥当とする筋書きを完結させる自信満々の「弾劾証拠」として、クマさん自筆の「退職届」が出され、解雇ではないという証拠を出されたのだ。だが、恵弁護士は慌てず、クマさんにその時の状況を問いただし、社長と二人だけの部屋で、クビを言い渡されたが、日本の習慣だからと言われて書面に捺印したという。そこには「一身上の都合で……」とあった。その意味をクマさんはここで初めて知る。恵弁護士が、日本語の不慣れをいい事にして解雇予告手当も支払わず、署名捺印させた雇用主こそ虚偽で、この「退職届」は無効と鋭く迫ったのだ。労働事件に詳しい 恵弁護士だからこその見事な反撃だった。泣きじゃくるクマさんに女性裁判長が何故泣くのか、と訊く。「愛しています。妻と娘に、つらい、思いをさせた」を繰り返していますと通訳された。

そして最終章となる。自信たっぷりに出した弾劾証拠が無効どころか逆効果となったことと、マヤの絵と証言、さらに裁判官自らの質問でクマさんの嗚咽がミユキとマヤへの愛の確証となる。第五回口頭弁論で、陳述前に一言言わせて欲しいとことわって、この裁判は、東京の片隅の小さな家族の小さなケースだが、日本の社会に根を下ろして生きていこうとする外国籍の人々に対する国の姿勢を問うもので、憲法で保障されている婚姻の自由と幸福追求の権利を国が個人から奪う事ができるかを問うものでもある、公正で温情のある裁定を、と述べた恵弁護士の言葉にミユキは泣き崩れた。

判決は入管の出した退去強制令の取り消しで勝訴だった。国は控訴しなかった。

晴れて自由の身となったクマさんの念願だった鎌倉大仏を家族で見に行った帰りに体調不良を訴えたミユキが妊娠一八週だったと知ってみんなを大喜びさせた。クマさんの就職先も決まって、ぼろアパートから古い木造一戸建ての家に引っ越しした、二〇二〇年二月一四日のバレンタインデーの日に「きみ」が生まれ、メデタシ、メデタシで閉じられる。

6 「やさしい猫」の意味

人権無視の入管行政のおぞましさよりも、ここには家族愛を描く事に収斂された感がある。シングルマザー、外国人労働者、入管といった現代社会が抱えている問題は政治の問題でもあるが、政治の領域には踏み込まず、個人レベルの家族問題として括られている。中島作品には家庭・家族を描いた作品が多い。その描かれ方のほとんどが親密なコミュニケーションとして温かい「やすらぎ」の場所という家族神話に収束されているように思われる。現代社会では少子高齢化で家族は縮小の一途にあり、養子、里親、ＬＧＢＴＱ同士、シェアハウスなど伝統とは異なる形が模索され、家庭のイメージは変化している。家庭の概念は変容して伝統的理想と現実の間には大きなギャップができ、親殺し子殺しの凄惨なニュースを目にする辛い昨今だが、この世相は政治の腐敗・堕落の反映だろうか。

　本作で感情を揺さぶられたのは裁判場面だった。入管の意地悪さは読者を怒らせるが、九九・九パーセント敗訴と言われてきた裁判で勝訴を勝ち取れたのは、上原や恵弁護士に負う所が大きいが、このような幸運は稀だろう。女性裁判長を配したのは中島のジェンダー平等観からか。ほとんど勝ち目のない裁判に勝てたのは、人間には希望が必要、希望が無ければ人生は灰色、という作者の思いがこめられているように思うが、現実の過酷な実態を希薄化させた安易の感は免れない。

　ところで、表題の意味だが、裁判の判決日は、オーストラリアとの交換留学の語学研修と重なって行けないというナオキの旅立ち前にマヤと会う場面で、裁判を通して考えてきたんだけど、と語ったナオキの言葉がある。「やさしい猫」の話は、マジョリティとマイノリティの話に思える、猫が男、ねずみが女というように。強者の猫が気づくんだよ。だから優しさとか思いやりとかではなくて猫の気づきとか、猫の覚醒のタイトルがいい、と。この言葉はこの作品の表題の意味を言い当てているように思われる。マジョリティは強者、日本人、そこには日本政府や入管をも包摂しているとみて、マイノリティのＧ本人だからこそ実感をこめて言える、少数者の外国人労働者や難民の苦境であり、この人たちとの共生が特別ではなくなっている現況社会では、強者の覚醒が必要というメッセージを込めたと推測できるように思える。とすれば、ウイシュマさん事件（入管の人権侵害）への可視化にこの作品が果たした役割がより明確にみえるのでないだろうか。

注

1——ウクライナ避難民に似た状況の在日ミャンマー人の難民認定申請者一六五人中、認定されたのは家族五人のみという。（『東京新聞』、二〇二二・三・二〇）

2——名古屋地検は二〇二二年六月一七日、不起訴処分とした。遺族は納得せず係争中。

3——二〇一七年三月〜四月に起きた牛久入管死亡事件のこと。日本政府が一九八〇年から二〇〇五年までに受け入れたインドシナ難民約一一〇〇〇人のうちの一人だったベトナム人男性が三月二五日、東日本入管センター（茨城県牛久市）に緊急搬送され、四月三日、「左椎骨動脈破裂によるくも膜下出血」で死亡するまでの八日間、頭痛で悶え苦しんだが専門検査なく、医療知識のない入管職員たちの勝手な症状判断により、「詐病」視の職員たち共有の先入観による、収容者の医療アクセスの妨害による死だった。

4——中島はこの本のほかにニシャンタの『日本で知った「幸せ」の値段　無一文の留学生が、大学の准教授になるまで』（二〇一二、講談社）も参考文献に挙げていて、姉の伴侶の名を「にしゃんた」としている。

松田青子『持続可能な魂の利用』論

――〈革命〉をシミュレートする想像力の行方

上戸理恵

はじめに

既存の社会システムを脱し、新たな社会を構築する想像力を持つことは決して容易いことではない。進歩的に見える社会のあり方が、実際には既存の社会システムの延命した姿であることはめずらしくない。たとえば、新自由主義は、多様性を認め、能力に応じて活躍の場を与えるという理念を掲げるが、結局のところ既得権者の利益を脅かさない範囲でこの理念は適用される。田中東子は、「フェミニズムの文脈で女性たちが生き生きと労働して、輝く女性として生きていくということ、女性たちの生きざまそのものが、いまの経済至上主義的な社会のなかでは結局資本を利するような形で吸収されていってしまうのではないか[1]」と、現実の女性たちは新たな搾取の問題に直面していることを指摘している。

既得権者である多くの男性たちは、新しい社会を構築する際も、自分たちの利益や欲望を手放すことはない。多様な存在は、権力を保持していた層を脅かさない、彼らに利益や娯楽をもたらす範囲において承認される[2]。私たちの生きる〈いま・ここ〉は、新しい世界を謳いながらも従来の価値観や権力関係が絡みつく閉塞感の蔓延している世界である。

松田青子『持続可能な魂の利用[3]』は、既存の社会システムで用意された権利を手放そうとせず、奪う側・支配する側に身を置き続けようとする存在を「おじさん」と名付け、その上で「おじさん」でない者たちによる「おじさん」への抵抗（レジスタンス）の試みを描いた作品である。作中で「一つ、「おじさん」の中には、女性もいる」（二〇一頁）、「男だから全員が「おじさん」になるわけじゃないじゃん」（二〇一頁）と書かれているように、「おじさん」と「中年男性」は、完全に一致するわけではない。「おじさん」によって性的に欲望され、苦痛に感じてきた女性自身が自分の「おじさん」的欲望に気づくという場面もある。

この小説が描く「おじさん」に向けるまなざしは、日本社会の〈いま・ここ〉にある生きづらさを照射している。本作は、〈いま・ここ〉とは全く異なる日本社会の未来を描く。『持続可能な魂の利用』を読むという行為は、〈未来〉を想像することに他ならない。

本稿では、『持続可能な魂の利用』における物語構造を検討し、ともすれば強大な社会システムに呑み込まれかねない個人の抵抗や闘いが、どのような〈未来〉へと接合可能なのかを考察する。

1　作品の物語構造と複層性

この小説は、第一部と第二部の二部構成となっている。それぞれの部は、アスタリスクで区切られた複数の場面で構成されており、視点人物や時間・空間の設定は場面ごとに替わる。

第一部の冒頭では、「おじさん」たちから少女たちの姿が見えなくなったという「ある年」の出来事が語られる。そして、長らく「おじさん」が少女たちを性的な消費物としてまなざしていたこと、それが少女たちの自由を奪っていたことが詳述される。それからしばらくして「少女たち」と「おじさん」の生活圏が分けられ、ついには「少女たち」の世界から「おじさん」が消えたという説明で冒頭の場面は終わる。

第二部の結末では、「おじさん」の消失という出来事が、ある〈革命〉の帰結として語られ、「そして長いときが経ち、日本はきれいに畳まれました」（二三八頁）と、日本が滅んだ後の「新しい世界」（二四〇頁）の存在が示される。

内容的には「おじさん」の消失が起きた近未来の出来事で始まり、「おじさん」が消えた後の遠い未来の時空間を示して終わる。その間に〈現在〉の日本を生きる女性たちを視点とするパート（以下、〈現在パート〉）と、その〈現在〉を過去の歴史として学ぶ未来世界の少女たちが研究報告をするというパート（以下、〈未来パート〉）が挟み込まれる。〈現在パート〉は主に、敬子という女性を中心に、立場の異なる複数の女性たちの視点で書かれている。敬子は、同僚である「おじさん」の悪意ある嫌がらせにより職を失い、その後、女性アイドルグループの中心メンバーに心を奪われ、アイドルを通じて日本社会の性差別的な構造について思索を深めていく。敬子の妹の美穂子は、カナダで同性のパートナーと暮らしている。アイドル文化を含めた日本のジェンダー差別的構造を厳しく批判する人物である。また、敬子の元同僚の歩は、男性から欲望まじりの好意を向けられることを嫌悪し、ピンクのスタンガンを「お守り」として持ち歩く。同じく敬子の元同僚の真奈は、男性による性的消費の対象にされたことに傷ついてアイドルを辞めたという過去を持つ。複数の視点で「おじさん」のつくり上げた世界の抑圧を語るという手法により、立場や経験の違いを超えた女性たちの生きづらさが浮かび上がる。

〈未来パート〉では、「おじさん」による抑圧が存在しない新しい世界において、「おじさん」が支配していた時代のことが研究発表の形式で報告される。〈未来パート〉は、〈現在パート〉で描かれる日本社会を異化する機能を果たしている。〈未来〉における研究報告では、「性的搾取が日常化していた」という「恐ろしい時代」として〈現在〉の日本が捉えられている（二一七頁）。そして、「××」というアイドルが、その時代に求められていたアイドルとしてのふるまいを拒絶し、「革命」の担い手になっていった経緯がまとめられる。

2　「アイドル」をめぐる想像力の両義性

本作において「アイドル」という存在は、現実／虚構の境界を揺るがすものとして表現されている。そのことに関連して、敬子が心奪われる女性アイドルグループのメンバー（作中では「推し」という表現が使われている）である「×

×」が、現実のアイドルをモデルにしていることに注目したい。
敬子の「推し」のグループは「欅坂46」を、そのセンターを務める「××」は「平手友梨奈」をモデルにしている。松田は武田砂鉄との対談で、「日本女性がおかれている構造を有しているのがアイドル」だという思いが創作の出発点にあり、「欅坂」という「現実にいるアイドル」をモデルにしたのは、「小説を読みながら「これは現実と地続きなんだ」と常に意識してもらいたいと思ったから」だと語っている。[4]

だが「現実と地続き」の世界を書くことは、ある種の危うさを伴う。小澤みゆきが、「小説を通して、限りなく現実に近い存在である××というアイドルに主張させている事自体が、松田が指摘する「おじさん的〈ふるまい〉」にあたりはしないだろうか?[5]」と指摘するように、この作品自体が「欅坂46」や「平手友梨奈」という現実の少女を搾取（利用）してしまうという可能性についても考える必要があるだろう。

ただし、本作は、このような「危うさ」を自覚する人物を描くことで、実在の人物を〈元ネタ〉とする創作行為の両義性に言及している。このことを論じるにあたり、敬子の元同僚である真奈という女性が、自分をモデルにした二次創作小説を読んだことをきっかけに、アイドルからの「卒業」を余儀なくされたというエピソードを取り上げたい。真奈のファンである男性によって書かれた、「四十代の男」である「ぼく」と真奈の体の特徴を備えた少女キャラクター「まな」とが性愛関係を結ぶという物語は、彼女を性的に消費するものに他ならない。それを真奈本人が読むことは「彼女の内部の何かが損なわれ」（一三九頁）てしまうほど暴力的なものとして表象され、「ただの文字だったのに、本当に起こったことのように、嫌な感触があった」（一四〇頁）ことが強調されている。アイドルであるひとりの女性を対象にした想像（妄想）が言葉によって輪郭を与えられたときに、現実の暴力にも匹敵する力を持ち得ることが示されている。

北村紗衣は、「本書と、真奈が読んで自分の人格を傷つけられたと感じたファンフィクションは、好きなアイドルを素材に勝手に夢を紡ぐという点では同じ罪を犯しているのかもしれない」と指摘する一方で、「罪への自覚を伴う批評的な視点」があることに着目し、「本書はアイドルを題材にしたファンフィクションとしての成熟を目指している」という肯定的評価を示している[6]。

北村のいう「罪への自覚を伴う批評的な視点」は、具体的には、二次創作に対する真奈の態度に見出すことができる。アイドルを辞めた後、就職した真奈は、アニメの「魔法少女」にのめり込み、二次創作を行うようになる。「アニメを見ているとき、真奈は、「ぼく」と同じ視線をしている自分に時々気づかされる」（二四一頁）一方で、「好きなキャラクターを主人公に、自分の思うままの物語を書き連ねていると、自分の「好き」という感情の輪郭がはっきりするし、整理される気がする。キャラクターへの理解が深まる」（二四二頁）と語る。

着目すべきは、真奈の省察が〈男の性的消費＝暴力／真奈の性的消費＝他者（キャラクター）への理解〉という単純な二項対立図式に回収されないという点である。アニメの少女に対する自分の二次創作が、かつて真奈自身を傷つけた物語と通ずる側面を持っていることに真奈は自覚的である。そして、「あれは二次創作だったんだな」という気づきを経て、「こうなってみると、日によっては、かつて真奈のことを二次創作にした男のことも少しだけ理解できるような気もする」（二四二頁）と複雑な心のありようが語られる。真奈は男の欲望に一定の「理解」を示すが、だからと言って性的消費・性的搾取の主体側に真奈がスライドしたというわけではない。真奈は、自分の二次創作と、自分に苦痛を与えた「あの物語」の何が違うのかを自問し、その問いに答えを出さない（出せないことを受け入れる）ことで、自らの搾取や暴力性に無自覚な「おじさん」的なあり方から距離を取るのである。

「おじさん」的な性的搾取に加担することを危惧する女性という点では、この物語の中心的な視点人物である敬子も同様である。敬子は、アイドルの少女を愛する一方で、男たちが作り上げた構造の中で自分も「彼女たちを同じように消費しているような気がする」（四五頁）という懸念を手放すことができない。

それでも彼女（たち）を好きだという敬子は、自分の気持ちを「××たちから目を離すことができない。たとえおなじみの構造の中とわかっていても、はじめから負けが込んでいるとわかっていても、それでも、トライすることを選んだ彼女たちから。その先に何があるのか、敬子は見たい。知りたい。それは、鏡のように似通った構造の中で生きている敬子たち自身のその先でもあるはずだから」（六九～七〇頁）と分析する。

そして、第一部の最後で、敬子が「××」と官邸デモの日に知り合うという出来事をきっかけに、第二部の〈現在パート〉で〈革命〉が進行していき、〈未来パート〉で〈革命〉の詳細や背景が補足・説明されていく。〈未来パート〉では、人類が環境に与える影響を軽減するために設定された「縮小国」に日本が「くじ」で選ばれたことにより、あえて日本政府が「産みたくない国」づくりをして「国を畳もうとしている」こと、政治家の「おじさん」たちが最後の娯楽として「××」たちアイドルの女の子たちに政治の実権を明け渡したこと、その後、彼らの意に反して「おじさん」の利権に満ちていた「社会」が「ひっくり返」されたことなどが語られる。この出来事は、第二部の〈未来パート〉で、「お人形のように、与えられた楽曲を披露するだけの役割を負った女の子たちは、その歌を生きはじめてしまいます」（一八六～一八七頁）、「「わたしたちは革命について歌ったのだから、革命を歌ったのだから、革命をしなければならない」という彼女たちの声が聞こえるようです」（一八七頁）と報告される。

前掲の小澤みゆきの指摘に顕著なように、アイドルの少女たちに英雄的役割を担わせることもまた一種の搾取であると断罪することは容易い。しかし、一方で、当初「おじさん」の意図をなぞっていた少女たちが、最終的に「おじさん」の意図を超えて革命の担い手になっていくという点は看過すべきではない。

内藤千珠子は、『持続可能な魂の利用』に、秋元康を思わせる人物とアイドルグループが登場し、現実との接点が明示されている点を指摘する書評は多い」としながら、作中で「××」という記号で表現される女性アイドルが「帝国的性暴力の論理」と格闘し得る位置を備え、革命の物語を生きる「わたし」となっていく点を指摘する。さらに内藤は、物語の終盤で「××」という伏字が、「誰でもありうる任意の記号」へと再定義される点に着目し、革命の物語が「わたし」を超えて「わたしたち」のものとなる過程を論じている。[7] 革命の歌を歌っていたアイドルが革命の担い手になるという展開は、作品を与えられるだけだった存在が創造する側・世界を変える側に転ずる可能性を示している。そしてそれは、革命の歌を聴く者や、革命の物語を読んでいる読者の現実へと波及する力を秘めている。

この〈革命〉を通じて「××」たちが持ち得た「力」は、搾取や所有とは別のかたちで他者と連帯することは可能か、という実験へと向けられていく。

3　女性同士の連帯とシミュレートされた未来の社会

小川たまきが、「本書は、「勝ち組女性（あるいは男社会に選ばれしアイドル）」と「負け組女性（あるいはセクハラされて組織から去ることになる一般女性）」に分断される世界とは違う未来を描いている[8]」と指摘するように、この小説の随所に、女性たちが分断を超えて連帯していく姿を見出すことができる。

女性同士で結婚している美穂子とエマ、敬子をはじめ女性アイドルを自分の「推し」にする女性たち、ライブ中にフォローし合い、さながら「女子校」のような「女の子たちの楽園」をステージ上につくり上げる女性アイドルたち[9]、アニメの少女キャラクターを「推し」にする真奈、敬子を卑劣な方法で会社から追い出した男性社員に復讐を果たし、敬子とともに〈革命〉のためのデモを主宰する歩。

いま挙げたのは、相手に対する特別な感情で結びつく関係性だが、それだけでなく、物語の終盤近くで敬子と歩の主宰するデモに居合わせ、拡声器から放たれた声に「思わずそろって手を叩いた」という、二人の妊婦のエピソードが描かれる。このエピソードが書かれている場面（二一〇〜二一三頁）は、中埜由紀という女性が視点人物なのだが、由紀はここ以外では登場せず、敬子と個人的なつながりがあるわけでもない。また、由紀ともう一人の女性は、たまたま居合わせて世間話をしただけの関係であるが、この二人の女性の、偶発的かつおそらく一回的なつながりが、敬子たちの呼びかけに応答するように前景化するのである。

高島鈴は、「あらゆる差別と抑圧の打破を志向し、背中合わせに理念を共有し、フラットなまま小目標ごとに離合集散を繰り返す独立攻性の連帯こそ、今必要とされるシスターフッドである」と述べている。[10] 由紀と女性がデモの呼びかけに共鳴する場面は、高島が提唱する新しいシスターフッドを想起させる。

『持続可能な魂の利用』が描く連帯は、男性を「男性」であるという一点において攻撃・排除して成立するような構造を取らない。実際、敬子の元同僚の「小林」という男性は、「おじさん」を忌避する女性たちの側に立ち、敬子と歩が主宰するデモに協力する存在として描かれている。前掲高島はベル・フックスの論を援用し、経験の共有や本質的な性の存在を前提とした連帯のあり方を批判している。「小林」の描かれ方に、本質的な性の存在を前提としない新しい連帯への志向性を見ることは十分可能であろう。

「××」たちによる〈革命〉は、最後の政権を担うことを回避しようとした政治家たちによる「アイドルに国を担わせて失敗するのを笑って観賞する」(二二八頁)という思惑に端を発している。しかし、この思惑とは裏腹に「××」たちは「いまの社会構造にうんざりしているから、いいかげん絶望しているから、新しい構造が見たい」(二三五頁)という願いから、デモを成功させ、社会の変革を実践する。

政権に就いた「××たち」は、これまで「「おじさん」が自らの利益のために行っていた一切合切を、まるで緩衝材をぷちぷちと潰すように一つずつ取り除いていくだけで、見違えるような社会になる」(二三八頁)ことに驚嘆し、教育、労働、経済、インフラなどを変えていく。法を整備し、それに背く「おじさん」に厳罰を与えることで、次第に「おじさん」は見えなくなっていったことが、〈未来パート〉で報告される。

政権奪取という〈革命〉は、もう一つの〈革命〉[11]をもたらす。この小説の最後に示されているのは、日本という国家も、肉体も存在せず、名前も忘却された世界である。その世界にいる「わたしたち」は「わたしだけ」となり、さらに「でも、わたしの中にみんながいる」という、単独の個が他の個とつながりながら存在するという新しい主体のあり方が示される。〈未来〉を生きる「わたし」(たち)の語りによって、女性たちが連帯して「おじさん」から力(権力)を奪取する物語を超えて、いかなる形であれ権力というものを発動しない社会はいかにして可能かという新しい〈革命〉の物語が生み出される。この〈未来〉の社会においては、ある個体がほかの個体を一方的に脅かすことにつながる主体モデルも更新を迫られているのである。

国家や身体、名前に縛られないという〈未来〉の姿は、〈現代〉パートにおいて敬子が想像していた「魂」のイメージを想起させる。敬子は、女性に対して美しさや若さの規範を押しつける社会に疲れて、減っていく自分の「魂」は「どれだけ満タンにチャージしても、残り「82％」ぐらい」だという感覚について語る。そして、「失われた「18％」」（二一四頁）を保険として預けておける場所として、「敬子の魂が、日本の女性たちの魂が少女となって、自由に生きることのできる緑の楽園」を想像する。「そこで少女たちが生きている限り、敬子たちの魂は死なない。その「18％」の保険があるから、現実を生きていくことができる」（二一四頁）と語る敬子は、この想像上の「楽園」と、ステージ上で「××」たちがつくり上げた「女の子たちの楽園」を結びつけて、現実を生きようとする。

さらに、敬子の想像の中にある、「魂」の集まる「緑の楽園」は、〈未来パート〉で、「高層ビルがなくなった緑の土地」だけが存在する未来の世界が、「誰かが待ち望んだ未来の景色として、とてもしっくりくる」と報告されていることとも対応している。ここで、敬子の想像は、作中で創造された未来世界へと接合されるのである。

> そして、日本は終わった。悪くない終わりだったと思う。もちろん、あのまま続けることができたらもっと良かった。でも、今回は仕方ない。／時間はたっぷりあるから、起こったことを、起こらなかったことを、わたしは何度も語り、語り直し、検討し、シミュレートする。いつかはわからないけれど、再びはじまるそのときのために。そのときまで、この気持ちを持ち続けるために。これだけは忘れてしまうわけにはいかない。（二四〇頁）

これは〈未来〉の「わたし」（たち）による語りの一部である。持続せずに終わっていく「日本」。そしてそれは、

「でも、今回は仕方ない」という「次回」の存在を示唆する表現によって、リトライ可能なものとして位置づけられている。「起こったことを、起こらなかったことを、わたしは何度も語り、語り直し、検討し、シミュレートする」ことで「この気持ち」――「魂」――を持続させ続けるという、未来の「わたし」（たち）のチャレンジは、そのまま、この小説が行ってきたことと重なる。

輪郭を失って浮遊する「わたし」（たち）のいる〈未来〉は、葛藤や苦しみがなく自由である反面、手放しでは歓迎しにくい極端なものであることも事実である。描かれた〈未来〉は、最適解というわけでなく、これも一つのシミュレーションに過ぎない。この小説は、「これで発表を終わります。」という一文で締められる。一つの発表が終わっても、また別の機会に、別の発表が行われることを予感させる結語である。トライ&エラーをくり返し、新しい世界を創ろうとする試みは本書を読み終えたあとも続いていく。

おわりに

本作の『持続可能な魂の利用』というタイトルが念頭に置いているのは、言うまでもなく「持続可能な開発目標（SDGs）」であろう。しかし本稿の「はじめに」で触れたように、SDGsを含めた新しい社会構築のための指針は、経済的な利益や国際的な評価の上昇に資するものである限りにおいて容認されているに過ぎない。

『持続可能な魂の利用』は、「魂を持続させて、長持ちさせて生きて」（一一三頁）いくためのシミュレーションを通じて、既存の社会に資するものとは別の方法で「持続可能」性を追求している。示された未来のビジョンは、「魂」、「気持ち」という実体のないもの、頼りないもので創られているように見えるかもしれない。だが、作中に描かれた〈革命〉が、そしてこの小説それ自体が、受け手（読者）である「わたしたち」の現実を変える力となることは十分考えられる[12]。岩川ありさは、『持続可能な魂の利用』第二部で、「反抗の歌」を伝えようとする「××」たちとその歌を受けとる聴き手たちの存在が重なる」と述べ、〈未来〉の「わたしたち」による「あるパフォーマンスに揺り動かされ、なぜ、揺り動かされたのかについて詳細に分析し、語りあい、そのときの気持ちを記憶しようとする実践」が、フェミニズム文学批評がこれまで積み重ねてきた実践と重なるものであると指摘している。[13] 岩川の指摘は、ある強い「気持ち」（「魂」）が、手渡され、記憶され、新しい場所へと運ばれていくことで、現実を変える確かな力になり得るということを示している。

一方で、国家や身体、名前、自他の区分さえも失われた世界でさえも、既存の権力システムへと再編成されかねない点には注意が必要だ。内閣府は、「ムーンショット目標1」として、「二〇五〇年までに、人が身体、脳、空間、時間の制約から解放された社会を実現」することをウェブサイト上に発表している。[14] 何か途方もない、SF的想像力が刺激されるような文章だが、そこで目標とされているものは、現在の新自由主義的な社会システムの延長線上にある。同ウェブページの、「ムーンショットが目指す社会」の説明では、「様々な企業、組織及び個人が参加した新しいビジネスを実現する」、「空間と時間の制約を超えて、企業と労働者をつなぐ新しい産業を創出する」などの文言が躍る。そこには、「新しい世界」さえも取り込んで拡張しようとする堅固な社会システムの存在を見ることができる。

しかし、想像し、シミュレートすること、新しい社会を見たいという「魂」を持続させ、運んでいくことで、堅固な既存の社会システムに亀裂を入れることは可能である。「おじさん」が生み出し、操ってい（るつもりだっ）たアイドルの少女たちが、「おじさん」の想定しない形で〈革命〉の主体となったように。ほとんど想像であるはずの〈革命〉の物語が、女性たちの現実を変える可能性を持っているように。「いつかはわからないけれど、再びはじまるそのときのために」、わたしたちは「革命」をシミュレートする。こうした想像力のレッスンを重ねて、〈いま・ここ〉にある社会から脱し、新しい社会を生み出す力へとつなげていくことこそ、本作の示す「持続可能」な「魂」の利用の仕方だと言えるだろう。

注

1――田中東子「第2章　第三波フェミニズムはポスト新自由主義への道を拓くのか?」、ジェンダーと労働研究会編『私たちの「戦う姫、働く少女」』堀之内出版、二〇一九年六月。

2――黒岩裕市は、「ＬＧＢＴ」が、企業や社会に貢献するクリエイティヴィティの持ち主である限りにおいて「ダイバーシティ（多様な個性）」の名のもとに肯定されるという問題を指摘している（『ゲイの可視化を読む』晃洋書房、二〇一六年一〇月）。

3――初出は、『アンデル　小さな文芸誌』二〇一七年一二月号～二〇一八年一二月号、文芸Ｗｅｂサイト「ＢＯＣ」二〇一九年二月～二〇二〇年一月、単行本は中央公論新社、二〇二〇年五月。引用は、単行本に依る。

4――松田青子×武田砂鉄「家父長制の中での女性アイドルの在り方」ＴＢＳラジオ（https://www.tbsradio.jp/501708）二〇二〇年七月一七日、二〇二二年一月二七日最終閲覧。

5――小澤みゆき「魂の解放としての、わたしたちの「語り」を」『文學界』二〇二〇年八月号。

6――北村紗衣「ファンフィクションの成熟」『文藝』二〇二〇年秋季号（二〇二〇年八月）。

7――内藤千珠子「第二章　アイドルとＪＫの間」『「アイドルの国」の性暴力』新曜社、二〇二一年、八月。

8――小川たまき「私たちの共有する絶望　彼らには見えない希望」『すばる』二〇二〇年七月号。

9――内藤千珠子は、ステージ上の「××」の（アイドルシステムからの）「逸脱」を、メンバーやファンが容認し、支える姿が、敬子によって「女の子たちの楽園」として表象されていることに触れ、その楽園が「つながりあう複数性に満ちた」空間であると整理している（前掲書、注7に同じ）。

10――高島鈴「蜂起せよ、〈姉妹〉たち　シスターフッド・アジテーション」、『文藝』二〇二〇年秋季号（二〇二〇年八月）。

11――この忘却は、作中で「かつてのわたし、××という記号の中にはどんな言葉でも入る気がする。けれど、思い出せない」（二四〇頁）と説明されている。内藤千珠子は、「××」という伏字が「わたし」と「わたしたち」とをつなぐことに言及しているが、その一方で、「忘却によって死角が空白化する」ことにより、差別的な「既存の物語定型」が入り込む危険性が生まれると指摘している（前掲書、注7に同じ）。ここにも、この小説が差し出すビジョンの両義性を見ることができる。

12――たとえば和泉僚子は、「読んだ少女たちはやがて言葉を手にし、動きだす者も現れる。作者は少女たちに実弾を与えたのだ」と述べている（「「おじさん」の欲望に抗す」、東京新聞 TOKYO Web（https://www.tokyo-np.co.jp/article/44742）二〇二〇年七月二六日、二〇二二年一月二五日最終閲覧）。また、ひらりさは、「敬子だけでなく私たち一人ひとり」もまた、「魂」を賭ける／賭けられる存在としての少女であり得るという見解を示している（「それは、私たちだけのもの」『群像』二〇二〇年八月号）。

13――岩川ありさ「呼びかけと応答――フェミニズム文学批評という革命」『エトセトラ Vol.5』二〇二一年五月。

14――内閣府「ムーンショット目標1」（https://www8.cao.go.jp/cstp/moonshot/sub1.html）二〇二二年一月三一日最終閲覧。

戦争に抗う女性詩人からのメッセージ

――「新・フェミニズム批評の会」三〇周年に寄せて

羽矢みずき

「新・フェミニズム批評の会」に参加したのは、会が発足して七年ほど経過した頃だった。毎回の熱気溢れる研究会は、文学史からこぼれ落ちた女性作家たちの作品を掘り起こしていく貴重な時間だった。男性作家中心の文学史を学んできた私にとって、未知なる作家や作品との出会いは楽しく興味深いものだった。初めて出会う数々の作品に深く感動する一方で、少ない資料から根気強く調査を深めていく会員の皆様の姿勢に感服し、刺激を受けた。

いつの時代においても女性が女性であることから自由になれない現実が横たわり、その束縛から解放される方途として、女性作家たちは作品を書き続けた。社会からの抑圧に押しつぶされそうになりながらも発信し続けたメッセージに耳を傾けることが、女性文学を研究する私たちの役割なのだということを「新・フェミニズム批評の会」の活動から学ばせていただいた。

二〇二二年二月、ロシアによるウクライナへの侵攻が始まった。二十一世紀の出来事とは思えないロシア軍の暴挙により、多くの無抵抗な一般市民、女性、子どもが無差別に殺害され犠牲になっていく事実に憤りを覚える。「新・フェミニズム批評の会」においてもこれまで多くの戦争文学を取りあげ、現代社会に生きる私たちは自らの声をどのようにあげるべきなのかを常に問い続けてきたが、一瞬にして全てが覆されるような衝撃を受けた。

「戦後」は、いつの間にか「戦前」になっているのだという言葉が脳裏に浮かぶ。戦後の日本は平和憲法の下で、経済的な発展を遂げて豊かな生活が実現した一九七〇年代には「平和ボケ」という言葉が流行語になるほど戦争の記憶は遠くなっていった。

そのような日本社会において、新たな危機感を抱き警鐘を鳴らした女性詩人たちの作品が想起される。

石垣りんは代表作「表札」（『表札など』思潮社　一九六九年）で、「自分の住むところには／自分の手で表札をかけるに限る。／精神の在り場所も／ハタから表札をかけられてはならない」と社会における女性の自立を主張し、戦争の記憶に関する作品も発表していく。

「崖」（『表札など』）では、第二次世界大戦の激戦地サイパン島で、米軍に追いつめられた日本の女性たちが崖から海へ飛び込み自ら命を絶ったという事実が描かれている。「サイパン島の崖の上から／次々に身を投げた女たち。」「まだ一人も海にとどかないのだ。／十五年もたつというのに」という一節は、戦後復興を果たして豊かに「平和」を享受している日本社会が、戦時下に非業の死を遂げた女性たちの存在を忘却しようとしていることを指摘し、戦争責任を隠蔽しようとする社会への痛烈な批判になっていた。

また、一九五一年の作品「雪崩のとき」（『私の前にある鍋とお釜と燃える火と』書肆ユリイカ　一九五九年）では、「人は、その時が来たのだ、という／雪崩がおこるのは／雪崩の季節がきたため　と。」「しかたがない、しかたがない／しかたがない／と、落ちてくる。」「ああ　あの雪崩／あの言葉の／だんだん勢いづき／次第に拡がってくるのが／それが近づいてくるのが／私にはきこえる／私にはきこえる。」として、「戦争」という言葉を使わずに、多くの人が巻き込まれる「雪崩」が、一九五〇年六月に勃発した朝鮮戦争を表象するものとして用いられている。隣国で起きた新たな戦争は、敗戦後の日本にもたらされた「平和」な時間が僅か五年で終焉を告げるのではないかという不安を社会に突きつけた。「戦後」を生きているつもりが、気がついたときには「戦前」を生きていたという危機感が織り込まれている。

同時期に発表された林芙美子の『浮雲』（一九五一年）にも、「社会は押し流されていた。不安な、第三期の戦争の気配すらぷすぷすいぶっている。」として、朝鮮戦争が第三次世界大戦へ拡大する可能性を危惧する一節が記されているのだ。

石垣りんは核の脅威にも目を向けている。一九五二年八月の「挨拶——原爆の写真によせて」（『私の前にある鍋とお釜と燃える火と』）という作品では、広島の原子爆弾による惨禍が繰り返される可能性を描いている。「しずかに耳を澄ませ／何かが近づいてきはしないか／見きわめなければならないものは目の前に／えり分けなければならないものは／手の中にある／午前八時一五分は／毎朝やってくる」「一九四五年八月六日の朝／一瞬にして死んだ二五万人の人すべて／いま在る／あなたの如く　私の如く／やすらかに　美しく　油断していた。」として、「平和」な世界がいつまでも持続するのだという思い込みこそが世界情勢から目を背けさせ、「油断」を招来するものなのだと警告している。

茨木のり子は、女性の自立をテーマにした「倚りかからず」（『倚りかからず』筑摩書房　一九九九年）などの作品を発表する一方で、戦争と平和を見つめた。広く知られている「わたしが一番きれいだったとき」（『見えない配達夫』飯塚書店　一九五八年）は、戦時下を生きる「わたし」の視点で殺伐とした世界を捉えた前半と、戦後の自由な空気を享受した「わたし」が描かれる後半とで対照的に構成されている作品である。

「わたし」の内面に注目すると、戦前の「わたしの頭はからっぽで／わたしの心はかたくなで」と、十代の感受性の豊かな時期にあった「わたし」が、全体主義の社会で思考停止の状態に追いこまれて青春時代を過ごしていた様子が伝わる。戦後の「わたしはとてもふしあわせ／わたしはとてもとんちんかん／わたしはめっぽうさびしかった」という表現と対応しており、物質的に豊かになった戦後の日本社会に充足できない空虚さを抱える「わたし」が浮かび上がる。戦時下に喪失した感受性の空白を、戦後もなお購うことができず背負い続けた悲しみが伝わる。「わたし」という個人が国家の論理に翻弄され、いかに不自由な生き方を強いられたのか、怒りのメッセージを内包した作品であることに改めて気づかされる。

また、戦後社会と「平和」の関係を描いた「それを選んだ」（『装苑』一九六六年）は、「退屈きわまりないのが　平和／単調なあけくれが　平和」というように、「平和」な状態が持続することに慣れきってしまい、「平和」の尊さを忘れている日本社会を皮肉っている作品である。「平和」であることに疑問を持たず安住している多くの人たちへ、「ともすれば淀みそうになるものを／フレッシュに持ち続けてゆくのは　難しい／戦争をやるより　ずっと」「けれど／わたくしたちは／それを／選んだ」として、「平和」という状態が簡単に崩壊する脆弱なものであることを認識する必要があり、「平和」を持続させることの難しさと、保持し続けていかなければならない責任を訴えている。

女性の性を鮮烈に表現した作品で注目された吉原幸子も、「平和」（『樹たち・猫たち・こどもたち』思潮社　一九八六年）という詩を発表している。「いま　この瞬間にも／故郷を失った人たちの船が　波間に漂い／どこかの倉庫に　プルトニウムが／出番を待ちながら青黒く眠っているとは／信じられないくらいだ／ことしこそ　花を眺めよう／ことしこそ　やさしく生きよう」。

多くの日本人が日本は「平和」なのだと思い込んでいた時期に、実はかけ離れているようにみえる「戦争」と常に背中合わせの状態に置かれていることを指摘した。一九七五年に終結したベトナム戦争は多くのボートピープルを生み出し、日本でもその姿が大きく取りあげられ衝撃を与えた。また、広島・長崎の惨禍を顧みることなく、世界各国は膨大な数の核の保有に躍起になっていたのだ。一触即発の危うい状況の上に、私たちの平穏で愛おしい日常生活が営まれているのだという厳しい現実への認識が、詩人たちの言葉とともに重く響く。

近年、スヴェトラーナ・アレクシエーヴィチの『戦争は女の顔をしていない』（岩波現代文庫　二〇一六年）が話題になっている。同書のコミック版である、小梅けいと『戦争は女の顔をしていない』1〜3（ＫＡＤＯＫＡＷＡ　二〇二〇年）も、二〇二二年二月に開始されたロシアによるウクライナへの侵攻を受けて大きな反響を呼んでいる。

第二次世界大戦時に、ソ連では百万人以上の女性が従軍し、戦場で負傷兵の看護の他に兵士として闘ったという事実が語られている。壮絶な戦場での女性たちの仕事は、危険を顧みずに男性兵士を救助し支えることだった。戦時下には勇敢な戦いぶりが賞讃されていた彼女らだが、戦後になると敵を殺害する戦場で活躍した事実を隠すことになった。凄惨な戦場を知らない女性として、家庭に生きることを強いられたのである。現在もロシア軍には女性兵士が存在している。国家の論理に翻弄された彼女らが日常生活を取り戻したとき、『戦争は女の顔をしていない』に登場する多くの女性たちと同じように、人を殺害したことによる罪障感や自責の念、社会からの偏見や差別に苦悩しながら生きることになるではないかと危惧する。

　このような女性兵士の存在を歴史の闇に隠蔽しようとする国家に対する女性たちの糾弾の声が、現在の日本社会において広く受容されているという事実は、国家という大きな力に抑圧された女性たちの苦悩に多くの人が共感していることの証左といえるだろう。

　歴史に埋もれている女性たちの声を掘り起こし、検証するという作業は、「新・フェミニズム批評の会」の三〇年の活動と軌を一にしている。社会に向けて様々な発信を続けてきた会の活動は、多くの読者に刺激を与え続けてきた。三〇周年を迎えて、これから新たに始まる「新・フェミニズム批評の会」の活動では、さらに多くの研究者が集い、文学を通して自らの生き方を追究する研究が続けられることを願っている。

ブラジルにおける女性文学の確立とグローバル化

江口佳子

ブラジルへの日本人移民は一九〇八年に始まり、ラテンアメリカ諸国に移民した総数の七十八％を占めている。現在、ブラジルには推定約二百万人の日系人が住んでいる（二〇二一年六月、外務省ＨＰ）。一方で、一九九〇年の出入国管理法の改定により、日系ブラジル人が労働者として来日するようになり、ニューカマーではベトナム、フィリピンに次ぐ約二十一万人のブラジル人が日本国内に在住する（二〇二〇年十二月、日本政府統計）。日系人は入管法で滞在の優遇措置が取られているため、日系人とその家族は、一時的な出稼ぎ目的で来日しても、定住する人が多い。しかし、日系人はブラジルで曾祖父母から伝わった日本文化に親しんで育ったとしても、日本の習慣、制度、言語に戸惑い、また、日本社会の閉鎖性から、差別を受け、不安定、不当な労働環境を強いられることも多い。また近年は、定住の長期化から、高齢化や子供の教育の問題に直面している。

日本文学では、ブラジルを題材にした作品は多く書かれてきた。石川達三は移民の監督者として自らブラジルに渡り、その経験をフィクションにしたのが、第一回芥川賞受賞作『蒼氓』（一九三五）である。上野英信は、戦後の石炭産業の不況に伴い閉鎖した九州の元炭鉱労働者がブラジルへ移民し、彼らを訪ねて渡伯して紀行文『出ニッポン記』（一九七七）を書いている。北杜夫はサンパウロにおける日系社会のジャーナリズムを中心に日本人の移民史を『輝ける碧き空の下で』（一九八八）で描いている。大城立裕の短篇集『ノロエステ鉄道』（一九八九）は沖縄からの南米移民の物語である。このように、様々列挙することができるが、その多くが男性作家によって書かれているため、角田房子は稀有な存在である。『アマゾンの歌』（一九六六）と『約束の大地』（一九七七）は、アマゾンで胡椒栽培とジュート栽培に携わった日本人移民を題材としている。胡椒とジュートは、日本人移民がブラジルの農業経済に多大な貢献をした商品作物であるが、この歴史的事実は、日本ではあまり知られていない。移民を描いた文学の多くが移住の過酷な実態を主に扱っている中で、日系移住者の貢献に光を当てているという意味において貴重な作品と言える。地理的には遠く離れた日本とブラジルであるが、両国を移動した人々による人的交流は深く、日本文学において、移民を通してブラジル社会が描かれてきた。しかし、ブラジル文学は日本ではあまり知られていない。

　ブラジルは移民国家であり、一八五〇年から一九四七年の間に約四百八十万人が世界各国から流入した（地域ではヨーロッパ全域と中東が多い）。移民数の上位はイタリア、スペイン、ポルトガル、ドイツ、日本の順である。私がブラジル文学を研究する理由の一つは移民の歴史にあり、日本人を包摂し、世界最大の日系社会が形成されているブラジルという国を知りたいからである。もう一つの理由として、私はリオデジャネイロに四年、ブラジリアに一年住んだ経験があり、多民族多文化社会を実感した。しかし、同時に、一定の支配階層中心の格差社会であることも実感した。これは、植民地という歴史に起因するが、女性作家が文学作品を通して、社会的弱者の「声」をどのように伝えてきたのかということに関心を持つようになり、厳しい言論統制と第二波フェミニズムの影響があった軍事政権期（一九六四年～一九八五年）の女性作家について取り組んでいる。

　ブラジルは一八二二年に宗主国ポルトガルから独立した。植民地時代にもブラジルで書かれた文学作品はあったが、ポルトガル文学の延長であった。十八世紀末になると独立の機運が高まり、「ブラジル人」としてのアイデンティティが芽生える。そして独立が達成されて国を形成する過程で、近代国家となるには国民の間にナショナル・アイデンティティを確立しなくてはならず、その使命を受けたのが、最初のブラジル文学とされるロマン主義期（一八三六年～一八八一年）の作家たちであった。代表的な作品が、ジョゼ・ジ・アレンカール（José de Alencar, 一八二九～一八七七）の『イラセマ』（Iracema, 一八六五）である。ブラジルの自然を賛美し、先住民とポルトガル人の結びつきを描いた、〝建国〟をアレゴリー化した作品である。「イラセマ」とは女主人公の名前であるが〝a-m-e-r-i-c-a〟のアナグラムである。ここでいうアメリカとは新大陸のことであり、先住民のイラセマとポルトガル人で白人のマルチンが人種混交することで、混血のモアシール（Moacir、先住民の言語トゥピ語で〝苦痛〟を意味）が生まれて「ブラジル人」が誕生する。しかし、結局はヨーロッパ文学、とくにフランス文学やイギリス文学の模倣に過ぎなかった。ブラジル文学の転換期は、一九二二年に始まるモデルニズモ（近代主義運動）であり、ヨーロッパ文学を批判的に取り入れながらも、ブラジルの地域性、民衆文化、先住民や黒人、外国人移民の文化を再考・再発見して、新たな混合文化を創造していった。しかし、こうしたブラジル文化やブラジル文学のカノンは男性により形成された。

女性文学が、家父長主義や男性中心主義、文化支配的言説に対抗して誕生したのは、ハケウ・ジ・ケイロス（Rachel de Queiroz, 一九一〇～二〇〇三）が上梓した『一九一五年』（*Quinze*, 一九三〇）からだと言われている。物語はブラジル北東部で一九一五年に起きた旱魃を題材にしており、過酷な自然環境で貧困に苦しむ家族の都市への移住と、男性優位社会における若い女性教師の社会的自立という二つの挿話が交差しながら展開される。ケイロスがこの作品を発表したのは二十歳の時であった。作家自身は欧米の第一波フェミニズムの影響を否定しているが、作品の主人公はブラジル文学において初めて自立した女性として描かれたと評されている。

ケイロスを皮切りに女性作家が続いて登場するが、女性文学の確立まではしばらく時間がかかった。一九四〇年代にデビューしたクラリッセ・リスペクトル（Clarice Lispector, 一九二五～一九七七、ウクライナ出身）とリジア・ファグンジス・テーリス（Lygia Fagundes Telles, 一九二三～二〇二二）は、物語の空間の多くを「家の中」に設定し、男性が支配する公的空間では女性が「声」を上げづらいこと、私的空間でのみ女性が自由に発言できた、当時のブラジルでの女性が置かれた立場を象徴的に叙述した。一九五〇年代のブラジルの開発主義政策、その後の軍事政権期には、この二人の作家を含めて、女性作家が精力的に作品を発表した（リスペクトルは一九七七年に病死）。女性作家たちは、権威主義体制を背景に、ブラジル社会の支配的言説からの脱却を企図し、作品の多くはジェンダー関係への問題提起であり、貧困層、黒人、LGBT等、他のマイノリティー・グループにも影響を及ぼした。しかしながら、一九七〇年代までは、それらの作家は中流階級以上の白人女性が多数を占めていたため、女性間の差異を憂慮する一方で、貧困層や黒人女性を表象することの限界に直面したことが、登場人物の沈黙や語りの揺れによって表されている。例えば、リスペクトルの『星の時』（*A hora da estrela*, 一九七七）では、貧困地区に住む女主人公マカベアから聞いた彼女の物語をホドリゴという青年が代わりに語る。テーリスの短篇「渡し舟の上のクリスマス」（"Natal na barca", 一九五八）では夫が別の女性と家を出てしまい、病気の赤ん坊を抱える貧しい身なりをした小学校教員の女性と、語り手（女性）が渡し舟で乗り合わせるが、語り手は居心地の悪さを感じ、その女性との対話を回避しようとする。

その後、女性の多様な身体表象を通して、ジェンダー、人種、階級ヒエラルキーを問題化するようになるのは、再民主化の兆しの見えた一九七〇年代末になってからである。その代表的な作家の一人に、マリレーニ・フェリント（Marilene Felinto, 一九五七～）がいる。北東部ペルナンブコ州出身の彼女は、一九六八年にサンパウロへ移り、サンパウロ大学で文学を修めている。デビュー作の『チジュコパポの女たち』（*As mulheres de Tijucopapo*, 一九八二）は、ブラジルで最も権威ある文学賞とされるジャブチ賞（Prêmio Jabuti）で新人賞を獲得した。タイトルの〝チジュコパポ〟は特異な響きの地名であるが、ペルナンブコ州にある小さな町で、語り手ヒジア（Risia）の母親の故郷である。祖母は黒人で祖父は先住民族の血を引いている。語り手は、夫と死別して、サンパウロからチジュコパポにバスで帰郷しながら、幼少期やこれまでの人生を断片的に回顧する。父親による母親への暴力、父親の愛人、抜け出せない貧困、母親の仕事に付き従って移動する生活などであり、その語りは、権威的な父親への怒りと、現状を容認する母親に対する同情と批判である。語り手が大都市サンパウロから、貧しい北東部へ戻るのは、夫の不在による経済上の理由であり、それは自立への失敗を意味している。自分の身体を〝泥土〟から成ると表現し、貧困と褐色の肌と社会的差別の連鎖に悲哀と憤怒をあらわにする。一方、チジュコパポには植民地時代の十七世紀にオランダとの交戦で、女性兵士が胡椒と鍋を使って立ち向かい、オランダ軍の撃退に貢献したという逸話があり、語り手の帰還は、人生を再び切り開こうとする決意でもある。

フェリントは、このデビュー作以降、数々の小説や短篇集を発表した。一九九一年の短篇集『ポストカード』（*Postcard*）では、再民主化後のブラジルの社会格差、多文化社会、グローバル化による女性への影響を問題提起した。彼女の女性心理の葛藤を表現した作品に「ムスリム――ウーマン」（"Muslim: woman"）がある。主人公は夫との海外旅行中に、アフリカの国際空港でミニスカートから褐色の脚をのぞかせるのだが、夫からは全く注目されないことに不満を持つと同時に、公的空間における自分の存在が認識されないことへの焦燥感を覚える。その時、全身を黒いヒジャブで覆ったムスリムの女性が穏やかながら確固たる様子でベンチに座っている姿を見かける。主人公はムスリムの女性に対して、自身の身体が不可視・不認識であることへの共通点に親近感を覚える。主人公は心の中で、ムスリムの女性との架空の対話を想像する。自分の運命が男性に委ねられている従属意識を吐露し、自らを逃げ回る羊の群れに例える。すると、ムスリムの女性から、そうした態度は傲慢不遜だと窘められ、自分を信頼して信念を持つことが重要だと、「神は常に私たちに寄りそう」と毅然した態度で助言される。その後、主人公は勇気を出してムスリムの女性に近づき、英語は話せるのか、トイレはどこかと話しかける。すると、ムスリムの女性は「イエス、マダム」と言って、二人で短い会話をする。主人公は一人の女性として認知されたことに喜びを感じる。別れ際、ムスリムの女性が被っているヒジャブを外して微笑みを投げかける。貞淑や道徳の保持のために女性だけに着用が課されるヒジャブ。そのヒジャブを外す行為は、女性同士の対等な関係、親密性や団結心を表しているのだろう。主人公は、これまでに見た最高の笑顔だったと穏やかな気持ちに転じる。この作品でフェリントは、西洋と東洋の異なる文化背景を持った女性の出会いを通して、グローバル化された社会での現代に生きる女性の多様性と共通性に焦点を当てている。

ブラジルの女性が生きてきた、植民地時代、独立、近代化、軍政、民主化、グローバル化までの様々な歴史の変遷とともに、女性作家の視点から見た文学作品を通じて社会の特徴や課題を伺い知ることができる。現代のデジタル社会あるいはコロナ禍を経たパラダイム・シフトに直面する今日、そして将来に向けて、ブラジルの女性作家はどのような問いを投げかけてゆくのか注視してゆきたい。

Ⅲ

21世紀・ポストヒューマニズムの可能性

〈脱身体〉へ

――リアル／デジタル空間をめぐる女の生と性

与那覇恵子

はじめに

現代の女性文学は多様なテーマと方法によって展開されている。近代文学の伝統ともいうべき〈結婚〉や〈家族〉の在りようをセクシュアリティの問題と絡めて描いた江國香織『きらきらひかる』（一九九一年・新潮社）や中山可穂『サグラダ・ファミリア』（一九九八年・朝日新聞社）。多言語世界を背景に〈脱アイデンティティ〉の可能性を模索する多和田葉子の『旅をする裸の眼』（二〇〇四年・講談社）や『地球にちりばめられて』（二〇一八年・講談社）。〈女性言説空間〉の創造に挑みつつ「日本語」とは何かを問う笙野頼子『金毘羅』（二〇〇四年・集英社）や崎山多美『クジャ幻視行』（二〇一七年・花書院）。篠田節子『女たちのジハード』（一九九七年・集英社）は正社員として働く女性の、今村夏子『むらさきのスカートの女』（二〇一九年・朝日新聞出版）は非正規で働く女性の職場環境を描き、女性たちの働く困難さを浮き彫りにした。

ところで、これらの作品に共通するのは女たちの生きづらさである。そこには〈産む性〉としての女性の〈身体〉の在りようが深く関わっている。[1] その生きづらい〈身体〉を脱し、成りたい〈女の身体〉にする可能性を拡げたのが、一九七〇年代以降の凄まじいテクノロジーの発展であろう。男から女ではあるが、吉本ばなな『キッチン』（一九八八年・福武書店）には生命科学の進歩が男女の性転換を可能にし、ジェンダーの越境も可能にする状況が描かれていた。またコンピューターの発達は電脳空間でコンピューターと人体のインターフェイス（接続）が日常的現実として起りうる状況[2]を生み出している。綿矢りさ『インストール』（二〇〇一年・河出書房新社）には、その萌芽が認められる。

二〇〇〇年代の女性文学に特徴的なのは、描かれる生活空間が科学技術の進歩と密接に連動していることである。本論では女性文学の現状を、まず生物学的性（セックス）と社会的性（ジェンダー）が生殖医療や生命科学の進展によってどのように変化したのを確認する。次にテクノロジーの進化による〈身体拡張〉がどのように描出されているのか。その二つの観点から考えてみたい。

1　科学技術による身体の変容

〈産む性〉として女性に課せられてきた受精、妊娠、出産といった女の身体性にまつわる営みは、バイオテクノロジーの進展によって様々な形態をみせるようになった。一九七八年の英国における体外受精児（いわゆる試験管ベビー）の誕生は、男性と性的関係を持たずに妊娠することを可能にした。また一九八四年の凍結受精卵児の誕生は、出産可能年齢の壁を超える技術となった。つまり体外受精でつくった受精卵を凍結保存しておくと、六十代以上の年齢になっても出産が可能なのだ。さらに代理出産を利用することで自身の卵子は使うが、受精、妊娠、出産は自身の体では行わないで子供をもつ、という選択も生まれた[3]。

もっとも自分の体で産みたいのにそれができないという生まれつき子宮をもたない「ロキタンスキー症候群」という病気の女性もいる。自分の体で産みたいと願う女性のための技術が生体子宮移植である。二〇一二年にスウェーデンで母親から娘への生体子宮移植が成功し、二〇一四年には世界で初めて出産も成功したという。倫理的な問題もあるが人間のための人工子宮の開発は現在進行中である[4]。

一九七〇年代から八〇年代にかけての体外受精児や凍結受精卵児の誕生、二〇一〇年代の子宮移植による出産。そのような経緯を経て将来的には人工子宮で子供は生まれるのだろうか。それは「産む性」というジェンダーから女性を解放するのだろうか。すでに倉橋由美子は『アマノン国往還記』（一九八六年・新潮社）において、子供はすべて人工生殖によって生まれ、男は精子を提供する者であり、国の運営は女が担う「アマノン国」を設定し、外交能力ゼロの「女社会」をシニカルに描いていた。

生殖やジェンダーに関するシニカルな視点を倉橋から引き継ぎつつ、そこに男性も巻き込んで未来社会の可能性を模索しているのが村田沙耶香である。

村田沙耶香の「殺人出産」（『群像』二〇一四年五月号、二〇一四年『殺人出産』講談社所収）では男も人工子宮で出産が可能となっている。『消滅世界』（二〇一五年・河出書房新社）では、子供は人工授精によって生まれるのが一般的である。愛情表現の一種とされる性行為。異性間においてはその結果としての妊娠や出産もあるわけだが、『消滅世界』では妻と夫のセックスは忌避されており、そのような行為は「キンシンソウカン」と見做されている。『アマノン国往還記』にも正式な子供の作り方が示されており、男とセックスした女の子宮で妊娠・分娩を経て生まれた子供は「野合の子」と呼ばれ、社会的存在者とは認められていない。

どちらの小説も、生殖医療の進化（あるいは悪夢）によって「愛情」や「出産」が法の管理下に置かれる危うさを浮き彫りにする。『消滅世界』の後半には、実験都市において男性の人工子宮による妊娠、出産の成功も描かれている。この都市では、自分の卵子、自分の精子を受け継いだ子供という発想は消え、生まれた子はすべて「子供ちゃん」と呼ばれ、親は男も含めすべて「おかあさん」となる。「男も女も均一に、人類のための子宮になった」世界である。人がもう一人の個別な人に向ける、人の「本能」とも呼ばれてきたような「感情」表現が、ここでは「狂気の世界」と見做される。生殖技術の発展は、自身の体で子供を出産しにくい女性の福音となるはずであった。しかし、ここには個々の〈愛情〉関係を表に出せない形での親子関係しかない。一対一の親子関係を認めない世界で子供を生むとはどういうことなのか。〈子供〉とは何か、という問いが発せられている。[5]

いっぽう、中島京子「赤ちゃん泥棒」（『小説すばる』二〇一九年二月号、二〇一九年『キッドの運命』集英社所収）は人工子宮が一般化し、ゲイカップルでも産むことができ、なおかつ体外人工子宮で産むことも一般的になった世界が舞台である。そのような世界で「自分のための子供」にこだわる閉経した女性や子宮のない男性が、あえて自分の肉体を使って人工子宮移植をし、お腹の膨らみ、つわり、痛みを実感して子供を産む喜びが語られる。この小説では男女共に「腹の中で、子供が大きくなるのを待つ体験」によって親になる実感や子供への愛が芽生える感覚が語られる。[6] ここでは従来の「産む性」「母性」というジェンダー観は消えている。男も女も共に産むことは可能になったのだが、どちらにしても精子と卵子の結合は必要で、未来社会を舞台とした小説でも人工の精子と卵子は登場していない。そこにまだ男女の役割、ジェンダーの意味が問い残されているともいえる。

以上のように生殖医療の発達した世界を描いた二〇〇〇年代の小説はジェンダーの概念（男女の役割）を変容させている。一方、生物学的性と性自認が異なる人（トランス・セクシュアル／トランス・ジェンダー）にとって一九六〇年代から実施されてきた性別適合手術（通称・性転換手術）は朗報であった。ちなみに日本における性別適合手術が医療行為と認定されたのは一九九六年である。また「性同一性障害」と表記されてきたトランス・ジェンダーは、二〇一九年五月のWHO総会で「性別不合」という名称に変更された。[7]

強固な「女であること」「男であること」へのこだわりはジェンダーを強化する側面もあったが、女性、男性という性別をとらないXジェンダーを名乗る者も現れ、改めて女性とは何か、男性とは何か、ジェンダー概念そのものを根本的に問い直そうという動きも進行している。どちらにしても本人が思い描く〈私〉と他者に認識される「私」との齟齬の解消が目指されているといえる。一九七〇年代に日本で初めて性別適合手術を受けたと言われるカルーセル麻紀。彼女（戸籍も女性に変更）をモデルにした桜木紫乃『緋の河』（二〇一九年・新潮社）では、なりたい自分になるため、自分の夢を達成するために一途に頑張る人物を描くことに主眼が置かれ、性別適合手術はその達成のための一つの手段である。

日本の小説で〈性転換手術〉を受けたと思われる人物が登場して話題となったのは、先述した吉本ばななの『キッチン』である。この小説は八〇年代の日本を舞台としており、雄司からえり子になった人物は「整形してる」と書かれている。しかし、「昔は、あの人も男だったんだよ。」「顔から何からもうみんな手術しちゃってさ、」と語られているように完全に「女」になっている。つまり外国で手術を受けたと考えてもよいだろう。雄司の手術の理由は「性別不合」だからではない。ガンだった妻の死を予感して「男のくせに私、めちゃめちゃ泣いちゃってたから、くそ寒いのにタクシーに乗れないのよ。男ってもういやだってその時、初めて思ったのかもね。」と、えり子になった雄司は語っており、そこには男らしさの抑圧を拒否する姿勢もみえる。さらに息子の雄一が語る「母が死んじゃった後、えり子さんは仕事をやめて、（略）女になることに決めたんだって。もう、だれも好きになりそうにないからってさ。」という言葉には、妻との〈愛〉を永遠に留めておく覚悟がうかがえる。

『キッチン』では身体改造が容貌コンプレックスや性別不合の解消を手助けするだけでなく、〈愛〉を貫き生きる姿勢の手助けにもなっている。「女」だと思っていたえり子さんが「男」だったと知り、逆上した男に殺されるが、残されていた「〝遺言状〟」には二つの性を生きた喜びが綴られている。

> 私ね、この手紙だけはきちんと男言葉で書こうと思ってかなり努力したんだけど、おっかしいの。恥ずかしくてどうしても筆が進まないの。私、こんなに長く女でいても、まだどこかに男の自分が、本当の自分がある、これは役割よって思ってたのに。でも、もう心身共に女、名実共に母ね。笑っちゃう。
> 私、私の人生を愛している。男だったことも、あなたのお母さんと結婚したのも、彼女が死んでから、女になって生きたことも、あなたを育てて大きくしたこと、いっしょに楽しく暮らしたこと……

雄司（えり子）は身体を変容させるテクノロジーによって、男性、女性、父親、母親を体感したのである。「違う性別」になりたいのではなく、「男もすなる日記といふものを、女もしてみむとてするなり」の気持ちで「女がする授乳を、男もしてみる」のが、山崎ナオコーラ「父乳の夢」（『すばる』二〇一七年三月号、二〇二〇年『肉体のジェンダーを笑うな』集英社所収）に登場する哲夫である。

「父乳の夢」では人工子宮はまだ実施されていないが、ホルモン注射や薬の服用、マッサージなどで男の体から「父乳」を出すことはできるようになっている。哲夫は授乳することで子供との繋がりを実感するも、かつて妊娠中の妻がもらした体のつらさを語る言葉を「自慢」と受け取っており、自分も自分の「おなか」で育てたかった、そうすれば子供との絆ももっと深くなったのではないかと考える。この小説は自然分娩や母乳で育てることを善しとする、現在まで続く「母性神話」への異議申し立てが眼目で、哲夫は暗黙のジェンダー強要を逆照射する存在となっている。「立派な親」になる「夢」を持っていた哲夫は、妻との会話を通して血（精子・卵子）や身体（妊娠・出産・授乳）の繋がりではなく、日々悩みつつ「命（子）」と向き合い、関わっていく、それが重要なのだと気づいていく。ちなみに授乳をやめると元の男の体に戻る。

生殖医療の進化で、卵子提供者、代理母、育ての親、誰を「母親」とするかも問題になっている。また、新生児遺棄事件で罪に問われたり責任を追及されたりするのは常に母親である。「精子」提供者が問題とされることはほとんどない。この小説は逆説的に「父」「親」の意味も問うているといえる。

現代の身体改造に関わる技術は、人が〈成りたいと思う自分に成る〉ための一つの方法といえるだろう。それによって生まれたのは理想的な自分の居場所を獲得した確固たる「私」である。一方でコンピューターやインターネットの台頭は、身体を改造することなく〈多様な私〉の出現を可能にした。電脳（デジタル）空間はどのような〈私〉を出現させているのか。二〇〇〇年代の小説でみていきたい。

2　デジタル空間／電脳空間の出現――〈私〉のための日常空間の創生

二〇〇一年に発表された綿矢りさの「インストール」（『文藝』冬季号・文藝賞受賞作）には、一二歳の小学生男子「かずよし」と一七歳の高校生「私」（朝子）が、インターネット上で風俗嬢の「二六歳みやび」に成りすまし「チャット嬢」として客の相手をする場面が展開される。

日本では一九九〇年代に個人で使用するパーソナルコンピューターの導入が増え始め、九〇年代後半には家庭でのインターネット接続も容易になった。小説の現在時を発表年と同じ二〇〇一年と考えると、本文中で「私」が初めてコンピューターに触れたのが六年前の一九九六年。大阪に住む祖父と埼玉に住む「私」がインターネットでＥメールを交換するためだった。しかし、二人ともコンピューターを使いこなせず、一度のメール交換もないまま祖父は死んでしまった。そのコンピューターを譲り受けた同じマンションに住むかずよしは、当時の朝子と同年齢だが、コンピューターをインストール（「新しい機能を取り入れ」）して「生まれ変わ」らせ、Ｅメールもインターネットもチャットも使えるようにした。さらにかずよしは「かなこという名の専業主婦」を名乗り、一年前から携帯のメールで「子持ち」の「主婦でありながら売春している」「雅」とメール交換も行っている。雅はかなこをインターネットの中で「性別を偽るネカマ」かもしれないと思いつつ成りすましの仕事を依頼している。

一九九〇年代初頭の「性風俗」は電話の声で会話するダイヤルＱ２が主流であったが、十年経って「相手と文字を使って会話する」チャットに取って代わられている。この小説は現実生活での「私」とかずよしの家族関係も描きながら、性別も年齢も自由自在に創作できる、身体性の見えない関係、バーチャルな関係がネット上で展開される様相も捉えている。デジタル空間は日常生活に入り込んでいるのである。

コンピューターを使いこなし、客の欲求を察知して文字を綴る、賢くて礼儀正しい言葉遣いをする小学生かずよしは特異なキャラクターとも見えるが、電脳空間を一つの生活の場とする次世代の象徴といえる。「人生の目標やら生きがいやら」を見つけられず不登校中の「私」は、譲渡した古コンピューターが起動するのを見て「私を追い越してコンピューターの方が先に生まれ変わってる」と語る。そこに自分の居場所を求めてもがく若者の姿が投影されている。小説中に「成りたい私」が具体的に示されているわけではないが、かずよしとの〈虚の世界〉の体験が

「私」を再生させる契機のインストールになったことは確かであろう。

　チャット嬢の仕事が終わり、礼金の三〇万円を手にした最後の場面で、「私」はそれをかずよしのフードの中にねじ込む。慌てたかずよしがフードをひっくり返したために「万札がひらひら舞って落ち」る。「お金で遊ばないで下さい。」というかずよしに対して、私は次のように言う。

　「これでいいんだよ、お金なんて無造作に扱って、万札三〇枚のうち一枚なくなっても〝しゃらくせぇ〟って
　言って軽く流すくらいがちょうどいいのよ。」

「スッとした」「私」は「もう全部無価値だ、時間も若さも金も。」と思う。かずよしも「『しゃらくせぇ。』と言って金を拾うのをやめ」る。ここで二人は身体の共振をみせる。かずよしもインストールされたのだ。微かではあるが〈新しい二人〉の出現を感じさせる最後の場面である。

　およそ二十年後の二〇二〇年に発表された宇佐見りんの「推し、燃ゆ」（『文藝』秋季号）では、デジタル空間上のコミュニケーションツールであるYouTube、Twitter、Facebook、blogなどの使用が当たり前となった日常が舞台である。

　この小説の語り手である高校生（二年で中退）のあかりは、幼い頃から体（肉体）と心（思考）の動きがうまく連動せず、「みんなが難なくこなせる何気ない生活もままならな」い。「ふたつほどの診断名」を持ち、家族には疎まれている。生身の身体では理路整然と話せないあかりだが、「推し」（アイドル上野真幸）を「推す」ブログにはファンもおり「文章が大人っていうか、優しくて賢いお姉さんって感じ」というコメントも届く。徹底的に「推し」に関係する資料を集め、ライブも体感する。ライブ感も含めた膨大な資料をじっくり時間をかけて〈脳〉で解釈し、ブログ〈電脳〉で発信する。リアルな現実と同じような速度で発信を求められるチャットではなく、あかりに向いてい

る対話の方法が、時間をかけて思考できるブログであるのは当然といえよう。

ここであかりは「推し」を「推す」人であるが、その存在は関心のある対象をじっくり観察し、時間をかけて理解しようとする研究者や学者、文学者にも通底するものであろう。そして電脳空間は、現実のリアルな場で自分を発信するのが苦手な人の、自分の考える〈自分〉を発信できる場となっているのである。

次に、身体が映し出される電脳空間を背景にした作品をみていくことにする。

高山羽根子の『首里の馬』（二〇二〇年・新潮社）では、画面上に顔を出して対面形式のコミュニケーションが可能となった日常が描かれる。物語は、英祖王統（一二六〇〜一三四九年）が居城した歴史のある浦添市の牧港で暮らす未名子の視点で展開していく。未名子の亡くなった両親は「関東の人間」だが、彼女は「生まれも育ちも沖縄」である。彼女はコミュニケーションに不慣れで、他人との関係がうまく結べなかった。唯一の居場所が、沖縄に居を構えた在野の郷土史家・順《より》さんが作った「『沖縄及島嶼資料館』」であった。中学生の頃から出入りして趣味のように資料整理をしており、二十代半ばになった現在も空いた時間に無給で整理を続けている。そんな未名子が収入を得るために就いた仕事は那覇市のビルの一角にある「スタジオ」の中で、一人でオンライン通信しながら「定められた時間、遠方にいる登録された解答者にクイズを読み、答えさせる」オペレーターであった。解答者のほとんどは日本語を母語としない者だが、インターネットなどで日本語を学んでおり会話は日本語で行われている。仕事の正式名称は「『孤独な業務従事者への定期的な通信による精神的ケアと知性の共有』」という。そしてこの仕事には「孤独であること」が「重要な要素」だと考えられており、面接者のカンベ主任が未名子を採用した理由の一つでもあった。未名子に強い印象を残した通信相手は次の三人である。

ヴァンダは「コーカソイド系」の顔をした男性で、貧しい祖国で優秀だったゆえに大国の宇宙研究に携わることができたが、祖国でクーデターが起こって帰ることを拒否され「宇宙」に独り残されている。ポーラは「東欧系の女性」で、豊かな国の裕福な一族に生まれた。しかし彼女は「一族のだれにも顕れないネガティブな感情がひとりに結晶して生まれてきてしまった」ように感じ、十代の頃から「優れた美しい家族から逃げ出すこと」だけを考えていた。未名子は彼女の居る現在地を「極地」のように感じている。小説内では具体的に示されていないが、紛争の絶えない東欧で「豊か」であることの意味にポーラは耐えられなかったのであろう。未名子は画面上のポーラに「戦争反対を呼びかけるヒッピー風の米国人」の「美しい亡霊」の面影を重ねるのである。ギバノは「中東あるいは中央アジア系の青年」で、自ら「『シェルター』」と呼ぶ場所にいる。彼は「「戦場、どまん中、しかし世界一安全な場所だ」」、「シェルターは仕事のために入っている」、ただ「少し厄介な人たちの人質」としてと語る。

三人との画面上の会話を通して未名子は「彼らは基本的に孤独にさいなまれていた」と感じる。しかもそれは「未名子の送る毎日の生活に絶えず漂っているのとほとんど同じ」で、「すぐ近所に暮らしている人と悩みを分かち合っているような」ものだと思う。カンベ主任が採用したもう一つの理由は「「様子のおかしいことを、きちんとおかしいと判断しながら、それでもしっかりと受け止めて恐れない人」」というものであった。

『首里の馬』では那覇に居ながらデジタル空間を通して世界各地や宇宙と繋がっている日常が描かれていた。そしてリアルな空間での他者とのコミュニケーションが苦手な人間でも、デジタル空間ではスムーズに会話できることも。さらにこの小説にはデジタル空間のもう一つの可能性も提示されている。「マイクロＳＤカード」による「記憶の保存・伝承」である。

順さんの資料館に保存されているのは「地域の新聞や雑誌の記事の切り抜き、聞き書きのメモ」、子供や大人が描いた「水彩スケッチ」、「地域に育つ植物の押し花」「昆虫の標本」「鳥の羽」「古い写真」、地域の老人が「不明瞭な方言」で「しゃべる声や歌声」を記録した「カセットテープ」など「誰に向けてのものでもない雑多な情報」である。その「順さんの私的な資料」を整理してきた未名子はいつしか「ずっと先に生きる新しい人たちの足もとのほんのひと欠片になることもある」かもしれないと思う。そして「マイクロＳＤカード」に全て保存し、「全部の情報が、いつか全世界の真実と接続するように。」と、ネット上からヴァンダ、ポーラ、ギバノにも託す。

ところでカンベ主任は、「クイズ」の「解答」を導き出すには「「その人生に一見もう必要がないと打ち捨てられていた、なんならもう二度と思い出したくもないと考えているような、脳の端にあった経験が意味を持ちます」」と語っている。一人の人間の「脳の端」にある記憶がクイズを解く鍵となっているように、電脳空間の「端」に置かれた「『沖縄及島嶼資料館』」の「情報」が未来で起こった〈破壊〉の跡を「元の状態」に戻す鍵となるだろう。もちろん未名子はそれを望んではいない。それが役に立たない世界の方が「ずっとすばらしい」のは確かなことだからである。

戦争によって島が破壊された沖縄。様々な記録も消失し、元の「沖縄」の姿も曖昧なままである。そのような歴史を踏まえて順さんは「資料」を集めていった。再び破壊される可能性のある場所の再現のために。しかしその「資料館」さえ破壊される恐れはある。それ故に未名子は資料をデータ化し、三人に送信した。デジタル空間上のアーカイブは宇宙、世界各地からアクセス可能となったのである。

おわりに――〈脱身体〉の創造

太宰治賞を受賞した八木詠美の『空芯手帳』（２０２０年・筑摩書房）は、デジタル空間で〈新たな生命〉を産む過程を描いた作品である。[8] 東京の銀座にあるらしい会社の人間関係は、ほとんど会社内部に限られており、社員同士が互いの家庭を訪問することもない。〈社員という人格〉だけの付き合いなので、スマホだけで確認する赤ちゃんの映像をみんなが納得する、という設定となっている。

妊娠したのは紙管専門のメーカーで正社員として働く三四歳の独身で一人暮らしの「私」こと柴田。女性一人だけの部署で、男はしないお茶汲みなどに嫌気がさし、「つわり」だから無理と言い雑用から逃れる。ハラスメントに留意して結婚の有無を問わないのも現代の風潮を反映している。彼女の「嘘」の話は「母子手帳アプリ」の体裁をとって「妊娠5週目」「妊娠24週目」と、妊娠周期を表記しつつ綴られていく。社内の人間関係、友人や妊婦用のエアロビ教室で出会った女性たちとの交流、実家のことなど、「嘘」を孕んだ「私」の日常が、ネットから得た妊婦や胎児の身体変容の情報とともに記されていく。しかも「妊娠のふり」だったはずなのに、「私」の身体は妊婦のように膨らみ「体の中に、あたたかなものが蠢いている。」のを享受する。さらに想像妊娠では起こりえない、病院のエコー検査画面に「赤ちゃんが、いた。」「生起していた。」とも表現される。現実世界に非現実が侵入するという単なる妄想ではなく、彼女の会社が扱う芯は空なのに様々なものを巻くことのできる「紙管」のように、「言葉を巻き続けること」で「空っぽのからにひとで、そらと」、漢字名「空人」と呼ばれる「私の赤ちゃん」が誕生していくのである。

　この小説には三つの空間が描かれている。一つ目は柴田の居る会社や部屋などの「現実空間」。二つ目は柴田の赤ん坊が居るスマホ内の「デジタル空間」。この空間は従来の小説では夢、幻想、妄想、パラレルワールドとして表現されていた。ちなみに会社の同僚に見せる、成長する赤ん坊の写真はネット上の画像を引用している。現実とデジタルの二つの空間はリアル／ヴァーチャル、アナログ／デジタルと見做される二元論的世界を示すが、二元論的世界を一体化した三つ目の空間は『空芯手帳』という書物である。柴田が銀座のビルの最上階の窓のステンドグラスに描かれた「三人の博士に囲まれて赤ん坊を抱く」「女性」と目を合わせる場面がある。女性は聖母マリアであろう。「妊娠19週目」には「ブルーライトの聖書の、最初の記。」と記されており、これは「ヨハネによる福音書」の「初に言があった。言は神と共にあった。言は神であった。この言は、初に神と共にあった。万物は言によって成った。成ったもので、言によらずに成ったものは何一つなかった。」（『聖書』新共同訳一九八八年による）を意味するものであろう。マリアの「処女懐胎」は天使によって言葉で伝えられ、「聖書」に記されて広く定着した。この本を読んだ読者もまた〈そこに赤ちゃんが、居る〉のを見るだろう。

　小説の最後の場面「生後12か月目」では、「私」は働きやすい職場環境と、寛げる自分の空間を手に入れており、第二子の出産を目論んでいる。柴田の「赤ちゃん」は「言葉」によって成ったヴァーチャル空間上の柴田のアバターともいえるだろう。そしてこの「自分だけの場所」「虚」（ヴァーチャル）の世界が、未来の「私」にも希望を持たせている。

『空芯手帳』は「処女懐胎」という言葉で女の性を囲い込んできた男文化を逆手にとって、働く女性の生きづらさを逆転させたユニークな小説といえるだろう。「妊娠」「出産」は女性が生き抜くための思いがけない「担保」となっているのである。

現代の女性作家たちは進歩する生殖医療の現状などを踏まえつつ、セックスやジェンダーの在りようを問い続けている。さらにデジタル空間における身体性もリアルに感じる世界を迎えている。人の脳と電脳、生身とヴァーチャルが交差する現代社会。ここで取り上げた登場人物たちは多くが「生きづらさ」を感じている者たちだった。作家たちはそのような社会の歪みを指摘しつつ、デジタルを味方につけながら社会を生き抜くすべを模索しているといえるだろう。

注

1——拙稿「第Ⅲ章　女の意識／女の身体」（『後期20世紀　女性文学論』二〇一四年・晶文社）参照。

2——メタバースの出現もその一つであろう。「メタバース」に関してはhttps://ja.wikipedia.org/wiki 参照。「インターネットの歴史」「日本のインターネット」についてはhttps://ja.wikipedia.org/wiki 参照。最終閲覧：二〇二二年六月五日

3——代理母はまだ日本では法的に認められていないが、海外では貧困ビジネスとして代理母が問題になっている。桐野夏生『燕は戻ってこない』（二〇二二年・集英社）は、日本を舞台に代理母出産の闇を抉る。

4——子宮移植については、「子宮移植　容認を決定」（『朝日新聞』二〇二一年七月一五日）や、高島響子「ＵＦＩ女性に対する子宮移植の実用化に向けた法的・倫理的課題の検討と代替手段の考察——代理懐胎の倫理的問題を回

避する解決策といえるか？――」（『生命倫理』（30）二〇一九年九月）参照。

5――現代社会のシングルマザーの問題も含んでいるのであろう。また岩川ありさ「村田沙耶香『消滅世界』性と家族の解体と再生」（紅野謙介他編『〈戦後文学〉の現在形』二〇二〇年・平凡社所収）では「家族システム」の消滅と捉えている。

6――「赤ちゃん泥棒」は親の満足感を描いているともいえるが、そのような感情に対して李琴峰の「生を祝う」（『TRIPPER』二〇二一年秋季号）では、子宮内の子供に親の選択を含む出産の権利が委ねられている。親になったことのない子供の視点から産まれることの意味が問われている。

7――「性別適合」に関しては「トランスジェンダー」https://ja.wikipedia.org/wiki 参照。最終閲覧：二〇二二年六月五日

8――単行本の帯には「職場にキレて偽装妊娠」と書かれている。

「ポストヒューマニズム」文学としての日本・韓国の女性文学

小林富久子

汚染された空気が晴れると、再びゴミに覆われた道路が姿を現した。道路には殆ど人影がなく、目に入るのは制服の上に防護服をはおった警官ばかりだ。（中略）これはウイルスのせいに違いない。

（ピョン・ヘヨン『灰と赤の都市』[1]）


もう何年も足を踏み入れたことのない新宿はどうなっているのだろう。廃墟というには賑やかすぎる看板たち（中略）桜の木も、都心から人間たちが姿を消してからは胴回りが太くなり（中略）緑のアフロヘアーが上空で左右にゆっくり揺れている。

（多和田葉子『献灯使』[2]）

はじめに――グローバル化時代における日韓の女性文学

コロナ禍もあり、もはやかなり薄れているかもしれないが、ここ二、三年の間に韓国を巡る幾つかの話題が日本のメディアを賑わせたことを記憶している人も多いのではないか。その第一はポン・ジュノ監督の劇映画『パラサイト　半地下の家族』（二〇一九）が二〇二〇年度のアカデミー賞作品賞を獲得したこと、第二はチョ・ナムジュ作のフェミニズム小説『82年生まれ　キム・ジヨン』[3]（二〇一六）の邦訳版が翻訳小説としては異例のベストセラーを記録したこと、そして、第三は新型コロナウィルス流行のスタート時にはその検査方法の点で韓国が一歩先んじたらしいということである。但し、三番目の事例に関しては、韓国でも度々感染者の増加が報じられていることから、コロナ制圧の先進国とは到底見なされなくなってはいるが。とは言え、検査法自体に関しては、読売系英字新聞『ジャパン・ニューズ』(二〇二〇年三月二日)が「韓国はウイルス検査でいかにして米国に先んじたか」という見出しで大々的に報じるなど、その先進性は世界を驚かせる程であったということなのだ。

以上の話題は、いずれも、一九八〇年代末に民主化を達成した韓国が、以後、経済・文化両面で遂げてきた飛躍的な発展の証と言えるだろう。実際、二〇一四年にコリア系アメリカ人ジャーナリスト、ユーニー・ホンが著した『コリアン・クールの誕生』[4]によると、韓国は、サムスン等のＩＴ技術、アジア全域で人気を得た「韓流」ドラマ、米国のヒットチャートで一位を獲得したＢＴＳ等のＫ－ポップといった、いわゆる「ソフトパワー」を全開させることで、グローバル化時代の世界的覇者となることを旗印にしてきたという[5]。

だが他方では、ホンが「フランス革命」、「産業革命」にも匹敵するとみなすそうした急激な発展・変化は、韓国社会全体に種々の葛藤や矛盾をもたらさずにはおかない。映画『パラサイト』における対照的家族――明白にグローバル化時代の産業化の波に乗って成功したパク一家とそこから落ちこぼれたキム一家――は現代の韓国社会における光と影の落差を象徴する存在と言える。だが何と言っても今日の韓国社会及び韓国人たちの意識を先鋭的に映す媒体として忘れてならないのが、今一つの「ソフトパワー」たる文学作品、とりわけ先述のチョ・ナムジュもその一人として含まれる、今日の伸展著しい若手女性作家たちの作品だろう。

そこで少々私的な話だが、元々日米の女性作家を研究領域としてきた筆者が何故韓国女性作家にも関心を抱くようになったかについても触れておく。その契機としては、二〇一九年二月にロンドンで英語圏の日本文学翻訳者たちが組織した「ジャパン、ナウ」というイベントに参加したことがある。そこではたまたま英訳版が出されて間もなかった『コンビニ人間』の村田沙耶香や『ＪＲ上野駅公園口』[6]の柳美里などが特別ゲストとして招かれており、両者を含め、近年優れた話題作を次々と生んでいる日本の女性作家たちの評判の高さを様々な発表やパネルを通して目の当たりにすることができた。同時にその過程で判明したのは、従来英語圏では無視されがちであった他のアジア圏の女性文学への関心も高まっているということだ。なかでも注目を集めていたのが、二〇一六年に英国の最も権威ある文学賞として知られるマン・ブッカー賞国際部門賞を受賞したハン・ガンの『菜食主義者』に代表される、韓国の女性文学である。私自身はその作品は既に読んでいたが、他の韓国女性作家たちの作品にも目を向ける必要を感じ、帰国後出来る限り目を通すことで現代韓国女性文学の活況ぶりに触れることができたという次第だ。

本章では、そのように国境を超えて関心をもたれている韓国及び日本の女性作家の中でも、その先端的作風で脚光を浴びているハン・ガンとピョン・ヘヨン、村田沙耶香と多和田葉子の作品を取り上げ、英語圏での受けとめられ方を紹介すると共に、その今日的意義を探りたい。その前に未だ日本の読者には馴染みが薄いと思われる韓国での女性文学の流れを簡単に辿っておく必要があろう。[7]

1　韓国女性文学の三世代

長きに亘って儒教的・家父長的な規範に縛られ、日本の植民地支配下で近代化を阻まれてもいた韓国で、本格的な女性文学が現れたのは一九七〇年代から八〇年代にかけてである。いずれも朝鮮戦争の傷跡に抗しつつ生きる女たちを活写することで国民的人気を得た「母さんの杭」[8]（一九八一）のパク・ワンソや「金色の鯉の夢」[9]（一九九四）のオ・ジョンヒなどが、いわば韓国女性作家の第一世代にあたる。だが、同国の女性文学が真の開花を見るには、度重なる軍事政権への抵抗が功を奏して民主化が達成された一九八七年以降まで待たねばならない。結果として九〇年代は「女性作家の時代」と呼ばれるほど優れた女性作家たちを多く排出している。その代表的担い手で韓国女性作家の第二世代とも言えるのが、民主化闘争期を経た三人の女性が仕事と結婚に悩みつつ生の充足を図ろうとする『サイの角のようにひとりで行け』[10]（一九九三）を書いたコン・ジヨンと、ソウル市の工業団地で労働に励む年若いヒロインの変貌を背後の産業化と重ねて描いた『離れ部屋』[11]（一九九五）のシン・ギョンスクである。以上の二世代に共通するのが、国家はどうあるべきか、個人はどうあるべきかといった問いかけで、それはとりもなおさず動乱の果ての時代に即した新たなアイデンティティを求める韓国全体の動きにも繋がるものであっただろう。

これに対して共に一九七〇年代に生まれ、二〇〇〇年代に主要作品を出している韓国女性文学の第三世代とも称すべきハン・ガン及びピョン・ヘヨンは、異なる次元に立つかに見える。結局のところ、前述の先輩作家たちの場合、主人公たちが自らの個人を打ち立てようとする際、明白な輪郭をもつ存在としての国家というものが立ちはだかっていたのに対し、グローバル化時代の申し子的存在であるハン・ガン、ピョン・ヘヨンの場合、そうした国家という概念はより不明瞭で、打ち立てるべき個人というものの輪郭も曖昧化されている。そしてそれは、村田沙耶香と多和田葉子という二人の日本女性作家にも通じることなのだ。

以下ではまず、いずれも家父長的規範を含む社会の「常識」に挑む主人公を描く点に明白な共通項をもつハン・ガンの『菜食主義者』と村田沙耶香の『コンビニ人間』をペアとして捉え、然る後に、共にディストピア的世界を描くピョン・ヘヨンの『灰と赤の都市』と多和田葉子の『献灯使』を別のペアとして捉え、それぞれを比較検討する試みを行うこととする。

2　「正常さ」への問いかけ——ハン・ガン『菜食主義者』と村田沙耶香『コンビニ人間』

まず、ハン・ガンの『菜食主義者』[12]（二〇〇七）から見てゆくと、主人公ヨンヘは、夫によると、「無難さ」だけが取り柄といったごく平凡な主婦として登場する。そんな彼女が突然、今後肉を食べない、肉を家に置くこともしない、と主張し始めたのだから、夫の驚きがいかばかりか想像できよう。その理由としてヨンヘはただ、夢を見たから、と告げるのみなのだ。

三部に分かれるこの作品の第一部では、夫の要望を受けたヨンヘへの実父が娘の口に肉を無理矢理押し込もうとするが、それをも頑なに拒むヨンへはひとまず精神科へと送られる。第二部では、夫に去られたヨンへの身体には未だ蒙古斑があることを知った彼女の姉の夫が、ビデオアーティストとしての職業柄もあり、当の蒙古斑を中心に彼女の肉体に色とりどりの花を描くことを切望するようになる。結局、ヨンへ自身の承諾のもとにそれを果たした彼は、さらに全裸の彼女と性的に交わり、それをビデオに撮るという挙にも出ている。第三部では、精神科病棟に隔離されたヨンへを姉インへが見守るさまが描かれている。最終的に食べること自体をも拒否するに至るヨンへは、自分がついに一本の木になった、と信じるところで物語は終わっている。

冒頭の支配的な夫と従順な妻といった夫婦関係の描写から、この作品を『82年生まれ、キム・ジヨン』にも似た韓国での女性嫌悪批判の書と見ることもできよう。同様に、これは英語圏の批評に見られるものだが、未だ菜食主義を認めない韓国の後進性を示すという捉え方もある。だが、いずれの読みも、それのみにこだわると、極めて多声的・複層的な本書全体の意義を損なう嫌いがある。実際、「この作品には複数の層がある」ことを作者自身が認めた上で、そのテーマとして、「人間の暴力性を問うこと」、「正気と狂気の定義の問題[13]」などを挙げている。つまり、一方では、登場する男性全員を暴力的に設定したり、とくに父親にベトナム戦争で何人も殺してきたと言わせたりしている点から見れば、韓国に内在する男性中心的な暴力性への批判を展開しているのは確かだが、より重要なのは、人間全体が避けがたくもつと作者がみなす暴力性自体を問題視しているということである。さらに、今一つの重要な点としては、「正常さ」と「異常さ」の境界に関わる問題がある。最終的に肉食動物のもつ獰猛さを拒み、水と光のみで生きる植物への変身を切望するヨンへと周囲の人々では、一体どちらが「人間的」なのか、どちらが「正常」ないしは「異常」なのか。このように本作は、特定の性や民族の枠を超える「人間とは何か」という根源的な疑問を投げかけており、それ故にこそ、国境を超える評価を得ることができたとも言えよう。

同様のことは、村田沙耶香の『コンビニ人間[14]』（二〇一六）にも当てはまる。というのも、この作品の主人公もまた、鳥を「焼き鳥」として食べるという日本の食習慣が「暴力的」か否かの問題にとらわれており、さらに、女性は悉く結婚し子どもをもつべきだという日本社会全体を覆う「常識」をも拒否するという「異常さ」を秘めた心性の持ち主だからだ。

　主人公の古倉恵子は、三六歳の独身コンビニ従業員女性。幼少期から死んだ小鳥を焼き鳥にすることを提案することで家族を気味悪がらせたりしていた彼女は、自分が規格から外れているとの思いに悩まされていた。そんな彼女が大学時代に働き始めたのが近くのコンビニエンス・ストアで、そこでマニュアル通りの挨拶や笑顔の作り方などを覚え、併せて同僚の話し方や服装を「真似」たりもすることで、自分が初めて「正常な人間」つまり、「世界の歯車」として機能していると感じる。以後はひたすらコンビニに捧げる毎日に充足感を覚えてきたのだが、未だ夫も子供ももつ気のない彼女を世間は「異物」として扱い、事ある毎に自分たちの規範を押し付けてくる。それを回避すべく彼女が考えついたのが、やはり「異物」として排除されてきたと感じているエキセントリックな白羽という元同僚男性とセックス抜きの同棲を始めることであった。だが、あくまでも怠惰で身勝手な彼に見切りをつけた彼女は、再び自分の唯一の居場所として、「ゆるぎない正常の世界」であるコンビニへと戻っていく。

　『菜食主義者』に比べると、文章が平易で物語展開もわかりやすい本作だが、やはり多様な読みが可能な点では一致している。例えば、コンビニという日本の魅力的な文化への入門的書と捉える見方が英語圏評者から出される一方、現代日本社会の病理とされる少子化や労働力不足、あるいは若者の結婚忌避といった現象を映し出す書ととる見方もある。だが、何にも増して読者の興味をそそるのは、古倉恵子という人物自体の捉えがたさではなかろうか。果たして彼女は、芥川賞選考委員の島田雅彦が示唆していたように、サイコパス的なモンスターなのか[15]。あるいは、他人を一律の尺度で定義付け貶めようとする周囲の圧力にも屈せず、自分なりの居場所を確保したヒーローなのか。少なくとも作者が読者に求めているのは、読み進むうちにモンスターとは、必ずしも古倉のような人物が棲む「あちら側」にのみいるのではなく、読者自身をも含めた「こちら側」の人間たちの中にも存在しえるのだとの認識ではなかろうか。

最終的に、『菜食主義者』も『コンビニ人間』も、主人公の各々が性や民族はおろか、「人間」の枠すら超える「木」ないしは「歯車」になるまでを物語っている。そのように枠を突き崩すことへの衝動をさらに露わに示すのが、次に取り上げるピョン・ヘヨン及び多和田葉子なのである。

3　ディストピア的未来図——ピョン・ヘヨン『灰と赤の都市』と多和田葉子『献灯使』

本論の冒頭にエピグラフとして掲げている二つの引用を前にして一瞬、新型コロナウイルスによって閉ざされたロンドン、ニューヨーク、あるいは東京、といった各国の大都市を浮かべる読者も多いのではないか。だが、いずれの作品も作者各々が自国で過去に起きた別々の出来事からインスピレーションを得て書かれたものである。つまり、ピョンの場合は、二〇〇三年に韓国で流行したサーズ、多和田の場合は、二〇一一年に東日本で起きた大震災及び福島の原発事故というわけなのだ。

とくにピョンにとってのサーズ体験がいかに大きな出来事であったかは、疫病の流行を巡る複数の小編を収めた短編集『アオイガーデン』[16]（二〇〇五）からも窺える。ちなみに疫病体験とは直接無関係だが、同様に不気味な閉鎖的空間を描く同じピョンの長編『ホール』[17]（二〇一六）も、ホラーやダーク・ファンタジーなどのジャンルを専門に扱うシャーリー・ジャクスン賞を受賞するなど、英米でも高い評価を受けている。次に取り上げる『灰と赤の都市』（二〇一〇）は、残念ながら未だ邦訳がないので、ここではソラ・キム-ラッセル（Sora Kim-Russel）による英訳版[18]（*City of Ash and Red*）を底本としていることを断っておく。

物語の主人公はネズミの駆除会社に勤務する男性で、彼は冒頭で上司から突然C国のとある都市への出向を命じられている。そこは、何らかの疫病に冒されているらしく、空港で検疫を受けた彼は一晩留め置かれる。漸く立ち入ることのできたその都市は、埋立地に建てられており、ゴミの悪臭に満ちている。加えて迎えの男から当分ホテルで待機するようにと言われた彼には、その後何の連絡もない。家に残した愛犬が気になり、元同僚に電話すると、実は犬は自宅内で死んでおり、傍には前妻の死体も発見されたという。どういうわけか出発前の全記憶を失っている彼は、殺人の疑いをかけられるのを恐れ、一人見知らぬ暗い街へと彷徨い出る。結局、浮浪者たちの集う下水溝に身を寄せるようになった彼は、そこに棲むネズミたちを殺すことに息抜きを見出したりする。そんな彼にも疫病の危険が迫っていることは、度々襲われる咳や眩暈の発作からもわかることなのだ。

明確な結末なしに終わるこの物語では、人間、ネズミ、汚物等が垣根なしに混じり合っている。最初は戸惑っていた男も、他の浮浪者同様、ゴミから食べ物を漁ったり、皆の前で排泄したりすることを気にしなくなる。そのように、いわばギリギリの「人間の尊厳」をも失いつつ、尚も生き続けようとする男。それを見る時、やはり浮かぶのは「人間であるとはどういうことか」との疑問だろう。結局、男のいる場所も男自身も最後まで名付けられていないということは、そこが世界のどの場所でもあり、男も世界の誰でもありえることを示している。「ものが新しく建てられるのを見る度に破壊を感じとることが多かった[19]」と語るピョンは、この作品を通して、グローバル化の発展が示す煌びやかな表層の裏には底知れない暗さを湛える荒廃した世界があることを物語っている。現在のコロナ禍を見る者には、本作の予言的性格は明白だが、より大きな終末論的未来図を示す点にこそ意義があると言えよう。

最後に、同じディストピア小説として、多和田葉子の『献灯使』[20]（二〇一四）に目を移すと、まずピョンのそれに比べると、はるかに明朗・爽快とも言える印象を醸し出すことが指摘される。それは一つには、他の多和田作品同様、作者一流の諧謔やユーモアがちりばめられていることからもきている。また、形式上、リアリズムを貫くピョンの作品とは違い、近未来ファンタジーに属するこの作品には、様々に奇想天外な設定が施されており、それも笑いの要素となっている。但し、この作品が示す未来図も、無論、明るさからは程遠い。

物語の舞台は、何らかの大事故を被った後の東京都下の「西域」と呼ばれる地域。そこに住む百歳を超える義郎とその曾孫の無名（むめい）が主人公である。事故後の大気汚染のせいで、都心は廃墟と化しており、巨大なタンポポが育つ一方、男性が更年期をもち始めるなど、奇妙な逆転現象が起きている。その最たるものが、頑健な老人たちが不死とされているのに対し、虚弱に生まれついた子供たち全員が成人前に亡くなってしまうといった悲惨ともいうべき事態である。事実、義郎が朝のジョギングを行っている間、脚に力の入らない無名は、毎朝の着替えすらままならない。そんな自分を無名は八本足の「タコ」に譬えたりしているが、そのように、義郎からは不憫がられつつも、ユーモアを絶やさない無名の聡明さがこの作品の救いとなっている。そんな彼が十五歳になった時、ある特殊な使節のメンバーに選ばれたことが判明する。海外のとある研究所で使節の全メンバーが身体的データをチェックされることで、子供たち世代の生き残りを図るという企てのためなのだ。最終的に結果がどんなものであったかは語られぬまま、物語は閉じられている。

老人世代と子供世代の逆転という設定には明らかに日本の少子高齢化現象が関わっているだろうし、他にも、政府がとっているとされる鎖国政策のせいですべての外来語が禁止されているということや、無名を育てているのが母親や祖母より曾祖父であるといったことなどにも各々、今日の日本におけるナショナリズム的傾向や固定的な性役割への作者の痛烈な皮肉が読みとれよう。

だが、何と言ってもこの作品の最大の訴えは、地球規模の汚染とそれをもたらすことになった人間中心主義的な姿勢にまつわるものだろう。無名が自分をタコに譬え、それに応じた義郎が、いつか人間は「進化」の結果として「二本足」で歩くのをやめ、例えば、タコに見られるように、「今とは全く違った移動法」を示すようになるのではなどと考える場面があるが、そこには二本足の人間こそがすべての生き物の上に立ち、残りの動物、植物、ひいては自然界全体を思いのままに支配できるといった従来の奢った人間観を揺るがそうとする意図が読みとれる。現在もなお猛威を振るっている新型コロナウイルスも、気候変動による生態圏の変化から元の住み処を追われた動物の媒介によるとの説が根強いことに鑑みても、本作の今日的意義は断るまでもなかろう。

長年ドイツに居住し、ドイツ語による作品も高く評価されている多和田の本作は、英訳版が二〇一八年度の全米図書賞の翻訳文学部門賞を授与されており、加えて、二〇一一年に出され、後に英訳版も出された同じ多和田の『雪の練習生』[21]も、優れた女性作家の英訳作品を対象とする英国のウォーウィック賞を二〇一八年に受賞している。なお、後者の作品では主要キャラクター全員がホッキョクグマ等、人間以外の生き物に設定されていることも注目に値しよう。

おわりに――「ポストヒューマニズム」文学に向けて

気候変動や食糧危機といったグローバルな問題解決のため、現在の大量生産や大量消費を押し進める資本主義体制を改め、自然との共生を旨とする新たな協同型経済体制を打ち立てるべきと主張して話題を呼んだ書が、二〇二〇年に出された斉藤幸平の『人新世の「資本論」』[22]である。アカデミックな内容にも拘らず、同書が発売直後からベストセラーとなったのは、背後のコロナ禍にもよるだろうが、今一つには、「人新世」という馴染みの薄い語が目を引いたこともあったのではないか。「人新世」、つまり、「地球環境において人間が大きな力を持つようになった一八世紀後半以降[23]」の期間を指すこの語は、二〇〇〇年というごく最近に生みだされたばかりなのだが、忽ちそれが世界中に広まったのは、地球環境、言い換えれば、人類の存続そのものが危機に瀕しているという切迫した認識によるだろう。それと軌を一にするように、近年、同様の文脈で頻繁に目にされるのが「ポストヒューマニズム」という語である。すなわち、人間のみを主体とし、他の生き物すべてを他者として支配の対象とするという従来の見方に代わって、人間－自然間の境界を崩すことで、これまでの両者間における固定的序列関係を廃し、互いの共生を図るべき、という考えである[24]。

ここで見てきた日韓四人の女性作家たちが共通に示すのも、以上のような問題意識であることは断るまでもなかろう。その各々が独自のやり方で永く当然視されてきた「人間」そのものへの固定的見方を根本的に組み替えることの必要性といった「ポストヒューマニズム」的主張を展開しているからだ。そのように、一方では、既に見てきたように、ジェンダー、グローバル化、ナショナリズム等に関わる日韓各々の危機の社会問題にも目を向けつつ、

「人間」、「世界」、さらには「地球」そのものへの姿勢のラディカルな問い直しを迫る彼女たちの作品は、「世界文学」、いやむしろ「地球文学」と呼ぶのにふさわしいものと言えるのではなかろうか。

注

1――ピョン・ヘヨン『灰と赤の都市』。英訳版は以下の通り。Sora Kim-Russel tr. *City of Ash and Red*, Arcade Publishing, 2018）pp.44-45.（引用の日本語訳は筆者による。）

2――多和田葉子『献灯使』（講談社、二〇一四年一月）三四頁。

3――チョ・ナムジュ『82年生まれ　キム・ジヨン』（斉藤真理子訳、筑摩書房、二〇一八年一〇月）

4――Euny Hong *The Birth of Korean Cool*（Picador, 2014）

5――韓国の急激な発展に関しては、ヨーロッパでなら二世紀、日本でなら六〇年かかったものが、韓国では三〇年間でなしとげられたとの主張が以下の論考においても展開されている。Chang Kyng-sup "Compressed Modernity and Its Discontents: South Korean Society in Transition" *Economy and Society*（Vol.28, No.1, 1999）

6――柳美里『JR上野駅公園口』（河出書房新社、二〇一四年三月）

7――現代韓国女性文学に関しては以下を参照。斉藤真理子「物語の中の「他者」と「隣人」「匂い」で読む韓国女性文学小史」（『文藝　韓国・フェミニズム・日本』二〇一九年秋号）。英語文献では以下の二つの論考も役立った。Hwang. Jongyon "A Postnational Turn in Contemporary Korean Literature" *World Literature Today*, Vol.84, No.1 (Jan.-Feb., 2010). Park, Kyung Ae "Representation and South Korean Women" *The Journal of Asian Studies*, Vol.58, No.2 (May, 1999)

8――パク・ワンソ「母さんの杭」（三枝利勝他訳『現代韓国短編選　下』岩波書店、二〇〇二年四月）

9――オ・ジョンヒ「金色の鯉の夢」（『オ・ジョンヒ短編集』波多野節子訳、段々社、一九九七年一〇月）

10――コン・ジョン『サイの角のようにひとりで行け』（石坂浩二訳、新幹社、一九九八年一〇月）

11――シン・ギョンスク『離れ部屋』（安宇植訳、集英社、二〇〇五年六月）

12——ハン・ガン『菜食主義者』（きむ ふな訳、クオン、二〇一一年四月）

13——以下に引用。Elisa Sabbadin “Book Review, *The Vegetarian*”. *Pandora Magazine*（April 3, 2018）

14——村田沙耶香『コンビニ人間』（文藝春秋、二〇一六年七月）

15——島田雅彦「芥川賞選評」（『文藝春秋』二〇一六年九月、三九四頁）

16——ピョン・ヘヨン『アオイガーデン』（きむ ふな訳、クオン、二〇一七年六月）

17——ピョン・ヘヨン『ホール』（カン・ガンファ訳、書肆侃侃房、二〇一八年一〇月）

18——Hye-young P'yun *City of Ash and Red*（Sora Kim-Russel tr. Arcade Publishing, 2018）

19——以下に引用。Jae Won Chung “Dystopia Is Everywhere” *Boston Review*（February 14, 2019）

20——多和田葉子『献灯使』（講談社、二〇一四年一月）

21——多和田葉子『雪の練習生』（新潮社、二〇一一年一月）

22——斉藤幸平『人新世の「資本論」』（集英社、二〇二〇年九月）

23——芳賀浩一『ポスト〈3・11〉小説論——遅い暴力に抗する人新世の思想』（水声社、二〇一八年六月、一三頁）

24——ロージ・ブライドッティ、『ポストヒューマン——新しい人文学に向けて』（門林岳史訳、フィルムアート社、二〇一九年二月）

［付記］ 本論考は、以下の拙論に加筆・訂正したものであることをお断りする。「世界文学としての韓国と日本の女性文学」（『詩と思想』二〇二〇・八）。

ゾンビ表象と原発

——恩田陸『錆びた太陽』を読む

遠藤郁子

1　はじめに

東日本大震災以降、福島原発事故に触発された文学が多く生み出され、放射能汚染の影響によって人間の身体や生命そのものが改変、破壊されてしまうことへの強い懸念がさまざまなかたちで表現されている。恩田陸『錆びた太陽』（『週刊朝日』二〇一五・六・一二〜二〇一六・三・一八、二〇一七年三月・朝日新聞出版）もその系列に連なるものだ。本作では、原発事故によって人間の立ち入りが制限された区域に放置された事故の犠牲者たちが「マルピー」と呼ばれるゾンビとなる事態が描かれる。

二一世紀半ば、過激派の環境保護団体によって国内にあった原発が次々に爆破され、近隣住民三万人以上が急性放射線障害により死亡、国土の二割に迫る地域が汚染によって立入制限区域となった。事故当時、深刻な汚染に曝された現場周辺では、犠牲者の遺体は立入制限区域内にまとめて埋葬された。しかし、事故から一年以上経つと、「死者がなんらかの形で復活している、という噂」が流布し始めた。噂は徐々に既成事実化していったものの公には認められず、暗黙の了解となり、百年余りが過ぎた。

舞台となるのは、そうした立入制限区域のひとつ「東関東立入制限区域」[1]だ。生き残った人間たちによって、そこには「ウルトラエイト」と呼ばれるヒューマノイド（人型ロボット）の集団が配置され、区域内の管理や、除染作業などを行っている。彼らは勤勉に作業しているが、依然として汚染は深刻だ。そこへ、国税庁職員を名乗る財護徳子という女性が突如として現れる。ボスをはじめとする「ウルトラエイト」の面々は、予定になかった徳子の訪問に不信感を抱くが、「人類の利益」に対する奉仕を前提にプログラミングされた彼らは、制限区域内の「マルピー」の実態調査にやってきたと主張する彼女を受け入れ、協力していく。

「マルピー」とは、復活した死者の総称である。「存在を否定すると書いて『存否』、あるいは人という存在に非ずという『存非』という意味で、誰からともなく丸を書いて中にそのどちらか――『否』あるいは『非』の字を書くことで、彼らを指すようになったマーク」に由来する。そこには人間の排他的姿勢がはっきりと刻印されているが、「マルピー」という語感には愛らしさも感じ取れる。

ジョージ・A・ロメロ『ナイト・オブ・ザ・リビング・デッド』（一九六八）などに代表されるゾンビ映画では、ゾンビの脅威に晒された人間たちの恐怖と、その恐怖の中で彼らがどのようにサバイバルしていくか、に焦点を当てたストーリーが、ひとつの典型となっている。しかし、この小説では、そのような人間のサバイバルは焦点化されていない。人間たちは、ゾンビを「マルピー」と呼び習わし、歪な共存関係を保っている。[2] 本論では、『錆びた太陽』における人間と「マルピー」のそのような特異な関係性に着目し、現代的な社会構造が孕む問題とそれを支える人間の意識に対する批評性について、考察を行いたい。

2　人間とヒューマノイド、そして「マルピー」

小説は、人間と「マルピー」の歪な共存状態を、ヒューマノイドであるボスの視点から描き出す。福嶋亮大「西洋のゾンビ、東洋の幽霊」（『ユリイカ』二〇一三・二、p.210-216）は、「ゾンビやロボットなどの西洋的形象は、人間が人間でなくなる臨界点を指し示す」として、両者の類似性を指摘した。そして、人間以上に厳格な「道徳律＝コード」によって行動するロボットを「超－人間的な存在」と見做す一方、「何の規律も目的もなく、ただゴミのような醜い身体を引きずりながら、のろのろと徘徊するばかり」のゾンビを「廃棄物としての身体」と位置づけ、その相違を焦点化した。この構図では、ロボットとゾンビは、「中庸の徳を備えた人間」を挟み、道徳律の過剰と欠落、有用の身体と無用の身体という要素において、対照的な存在としてイメージされている。

福嶋が示したこの対比的構図は示唆に富むものだが、ここで、「道徳律」が過剰であるか欠如しているかを判断しているのは誰なのか。また、有用と無用の選別をしているのは誰なのか。この構図では、両者をそのように価値づけたであろう人間自身が、あたかも両者に対する透明で中立な基準点として機能するかのように配置されており、その自明性自体は問われない。人間であるものとないものの「臨界点」という言葉によって浮かび上がるのは、その「臨界点」を設定する人間の恣意性である。

ロボット、人間、ゾンビ、それぞれの存在を区別するそうした境界の自明性こそを、改めて問い直す必要があるのではないか。むしろ、境界線を設けた人間の価値基準自体を疑うことで、それに照らして過剰か欠落か、有用か無用か、と判断される対象が、人間の利己的な価値観の内に留め置かれる存在か、外側に立つ存在か、という相違が明確となる。ロボットは、ときに過剰であっても、人間が規定した「道徳律」を共有し、人間にとって有用な道具として機能する。一方、ゾンビは、人間が規定した「道徳律」を共有することなく、人間にとって有用な道具とはなりにくい。こうした点から改めて両者を比較するなら、ロボットと人間の融和性とは対照的なゾンビの疎外状況が明確に浮上する。

さて、『錆びた太陽』で徳子は、「マルピー」と人間との関係を「以前は緩衝地帯で衝突があったり、制限区域の外まで出てきて人間を襲ったりしていたんですが、ここ数年はすっかりおとなしくなって、棲み分けが進んだとでもいいましょうか」と説明している。現在、「マルピー」の大部分は、立入制限区域内におり、人間たちとの接触はほとんどない。そのため、人間たちは「マルピー」の実態を把握しようともせずに、ただ放置してきた。そして、それはヒューマノイドも同様である。人間が立案した作業工程に則って活動をする彼らもまた、「マルピー」の存在を認識してはいても、「彼らの存在が作業工程で考慮すべき事項に入っていないので、これまで極力無視してきた」のだ。

しかし、徳子の訪問と軌を一にして、これまで無視されるままになってきた「マルピー」の集団の中に、ヒューマノイドとの接触を企図するものが現れた。その接触の方向性は、主に二つに分かれる。一つは、ヒューマノイドに敵意を示すものであり、もう一つは、彼らに協力を求めようとするものである。ヒューマノイドを襲う前者のグループは、人間を襲う一般的ゾンビのイメージを踏襲している。特異なのは、後者のグループだろう。

後者の中心的存在に、湯川真奈美という生前の記憶を保持している「マルピー」がいる。生前から使用していたという目の動きで入力できるキーボードを利用し、「マルピー」となった現在も、他者と会話し、意思疎通ができる。そうした彼女の設定は、「マルピー」の中に、記憶とともに知性や思考力を有する個性的な存在がいる可能性を喚起する。

徳子もボスたちも「マルピー」という呼び名を使うが、それで事足りてきたのは、彼らをひとつの集団としてのみ認識してきたからだ。真奈美と行動を共にしていた二人の「マルピー」に対し、ボスが「その二人も名前を教えてもらえるか？　どう呼んだらいいのか分からない」と名前を尋ねるように、「マルピー」という呼称は、人間が自分たちと彼らを区別するために恣意的に引いた境界線でしかあり得ず、彼らに対する呼びかけの機能を有してはいないのだ。

一方で、同じ規格で作られ、個体の見分けがつかないヒューマノイドには、ボス、マカロニ、ジーパンなどという個別の名前がある。さらに、髪型や話し方など、個性が意図的に付与されている。それは、「マルピー」と異なり、ヒューマノイドが人間にとって有用であり、彼らを使役するために、呼びかける必要性があるからなのだ。

真奈美が免疫学の世界的権威であると知った徳子とボスたちは、彼女を「マルピー」ではなく「博士」と呼ぶようになった。徳子は、「博士に会って、ますます彼らには将来性があると確信しました」とボスに語る。そして、「財源としてか」と問うボスに対し、「人的資源として」と断言する。「財源」というモノ扱いを否定し、「人」という言葉を使って「マルピー」を再定義する徳子の姿勢は、人間と「マルピー」との間に引かれた境界線を消失させる方向性を有するようにも見える。しかし、「資源」という捉え方は、人間社会にとっての利用価値の範疇に「マルピー」を再配置する立場でもある。その意味では、徳子には「マルピー」を人間社会の価値基準に沿わせて領有しようとする利己的な欲望が内面化されている。

一方で、真奈美とは異なる「マルピー」の集団との衝突の際、ボスは「俺たちは、人間を彼らから守らなければならないらしい。だが、彼らとて、元々は自分たちが守るべき人間だった存在なのだ」と、自分たちの敵対関係に疑問を持つ。こうしたボスの自問もまた、人間と「マルピー」との境界線が決して自明ではないことを告げる。衝突の最中でも、ボスは「極力、マルピーたちを傷つけるのは避けたい」と考える。こうしたボスの志向性は、相手の利用や領有とは異なり、むしろ利他的発想に立脚している。

人間とも「マルピー」とも異なるヒューマノイドの視線は、それぞれの存在の間に引かれた境界線の恣意性を浮き彫りにする。人間の徳子と「マルピー」を相対化する視点を有するボスの語りは、ヒューマノイドが、人間に奉仕する存在ではあっても、単なる操り人形ではないことを示唆する。だからこそ、真奈美は「ウルトラエイト」との接触を企図したのだ。人間の徳子と「マルピー」の真奈美との交流も、ボスたちヒューマノイドがそこに存在してこそ、初めて実現した。ここには人間、「マルピー」、ヒューマノイドの相互補完的な関係性の可能性が描き込まれている。

3 被曝の表象と「護美箱」

人間のサバイバルを焦点化したゾンビ映画では、多くの場合、ゾンビは個別性を剥奪された無個性な集団、死者の群れとして表象される。そして生者は、ゾンビの排除を目的として、彼らに対する無差別的な暴力を行使する。しかし、もしもゾンビの中に知性や感性、個性が残っているとしたら、あるいは、その可能性を思い描くことができたならば、そのように単純な他者化はできないだろう。従来のゾンビ映画における一方的排除の構図を、『錆びた太陽』の、知性も固有の名前ももつ真奈美という「マルピー」の存在は逆照射する。[3]

そうした他者化と暴力的排除の問題を考えるとき、「マルピー」が被曝者として描かれる点もまた重要な問題を提起する。原発事故による急性放射線障害で亡くなった「マルピー」には、人間を暴力的に破壊し、死に至らしめる放射能汚染の恐怖が直接的に刻印されている。広島、長崎の原爆投下から七〇年、福島原発事故から四年の後に発表されたこの小説では、「マルピー」の中に被爆者と被曝者の両者が二重写しとなって投影されている。[4]

そんな「マルピー」を、人間たちは「国の負の遺産の象徴」と捉える。真奈美は人間の内心を、「いつまでも負の記憶を呼び覚ます我々がこの地に存在していることを、彼らは疎ましく思っている」と喝破する。「マルピー」を没交渉の他者へと追いやったところで不安は拭い切れないが、「危険なゾンビなど退治してしまえという強硬な意見」は根強い。「マルピー」の存在は、人間の暴力性が、身勝手な忘却の欲望によって発動する様相を明らかにする。

こうした時間の経過に関わる忘却という問題を提示するために、小説は、原発事故から百年後の未来を舞台としている。原発の使用を巡って徳子が発する「ご先祖の皆様方。(略)なぜこれほどの負の遺産を残すことに躊躇しなかったのか」という問いは、「ご先祖」たちに対する非難の響きをもつ。しかし、そんな徳子の知らぬところで、一部の人間たちによって、「どうせ再び人が住める可能性はゼロに等しいのだから、世界で処理に困っている核のゴミを集めれば、てっとり早く現金になる。むしろ、土地の有効活用だし、生産的」という発想のもと、そこに核廃棄物の巨大な「護美箱[5]」を作る計画が始動していた。

この「護美箱」が何の「美」を「護」るのかといえば、もちろんそれは人間の活動領域の「美」である。ヒューマノイドの除染作業に託されたはずの人々の切実な思いは、ここでも意図的に忘却され、一部の「権力者」による利己的な判断が、国民の同意もなく、強行されようとしている。この計画に対して徳子が怒りを表すように、人間の考えは一枚岩ではない。しかし、「権力者」による利己的な権力の行使が可能となる背景には、「負の遺産」を「マルピー」に転化し、立入制限区域の管理をヒューマノイドに代行させ、それらを自らとは関わりのない問題として都合よく忘却し、判断を「権力者」に頼ってきた、多くの人間たちの存在が透けて見える。

しかし、長らく放置されてきた立入制限区域に初めて入った徳子の眼は、草花が咲き乱れ、大量の蝶が舞い、川べりを野生の鹿が駆ける「野生の王国」の光景を捉えている。人間以外の動植物たちのそうした旺盛で逞しい営みは「もうこの土地は駄目だ。だったら、いっそゴミ捨て場に」という人間の利己的発想の範疇にはない、地球の「生産的」あり方を可視化している。人間が存在しない立入制限区域では、むしろ他の生物にとって「有効」で「生産的」な生の営みが実現しているのである。

人間の活動が地球規模の環境変化をもたらし、その痕跡が地球の地表や生態系に刻まれつつある現代を、「人新世」という新たな地質学上の時代区分として位置づけようという動きがある。人間が作り出した重金属や放射性物質などによる土壌の汚染は、「人新世」の地層に現れる明確な痕跡として、一般に取り上げられるもののひとつだ[6]。このような地球環境の深刻な汚染を想起するとき、人間たちの身勝手な振る舞いによって、本当の意味で一方的に「負の遺産」を背負わされ、傷を負っているのは、その傍若無人な一挙手一投足を避ける術なく受け止める地球そのものであると気づかされる。小説において、核廃棄物の地中への投棄を「土地の有効活用」と位置付ける「護美箱計画」の欺瞞は、地球に対する人間の加害性を明瞭に指し示している[7]。

こうした地球の汚染の問題と関わって、小説には「青玉」と呼ばれるタンブルウィードが登場する。タンブルウィードは、丸いかたまりに育ち、夏の終わりごろに枯れて根元から折れ、風で転がり移動していく植物である[8]。小説内では、通常のタンブルウィードが「赤玉」と呼ばれるのに対し、立入制限区域の汚染物質を吸い上げて形成されるタンブルウィードは「青玉」と呼ばれ、区別される。

茎から離れて地上を転がる「青玉」は少しの摩擦で引火、爆発して、汚染物質を再び地上にまき散らす。爆発の威力に加え、それに伴って拡散する汚染物質が、人間の生命を脅かすほどの毒性をもつ。制限区域の一部には、大規模な爆発によって「そのあと草が生えない」という不毛な土地が広がり、その毒性の強さを物語る。人間が生み出した汚染物質を再び地表へ、人間へと送り返しているかのような「青玉」のこうした働きは、人間の傍若無人な振る舞いを一方的に受け止めることを拒否し始めた地球の自浄作用にも読み取れる。

そして、「青玉」の働きをこのように捉えると、地中に埋められた原発事故の犠牲者の遺体が「マルピー」となって地上を彷徨うという事態との類似点が見えてくる。「マルピー」の存在は、土に還り得ない放射性物質を複雑なかたちで体内に取り込まざるを得なかった遺体が、それとともに地球の身中から排出される現象として捉えられるのではないだろうか。

真奈美は自身の中にも、人間ではないものにさせられた怒りと憎悪があると語った。「いっそ他の者もみんなゾンビになってしまえばいい」、日本が「ゾンビだけが暮らす国になってしまえばいい」という考えは、他の制限区域の「マルピー」とも共有されている。「マルピー」や「青玉」を地球の自浄作用の一環と位置づけるならば、「マルピー」に共有された人間に対するそうした怒りもまた、汚染物質を取り込まされた地球の怒りの発現と読み取ることが可能となるだろう[9]。

一方で、真奈美は「我々の存在に、汚染された土地を回復させるヒントがあるのではないか」という見解も示している。「マルピー」は汚染物質に対し、ある種の耐性を獲得しており、制限区域内の微生物や植物の中にも新たな生命の循環作用の兆しが宿っているという。こうした記述は、汚染に対する楽観や自然の回復力に対する人間の身勝手な期待の地平で捉えられるべきではないだろう。むしろ、そうした人間の利己的発想から逃れた場所に位置するものこそが「マルピー」なのだ。真奈美が語った可能性は、「マルピー」が体現する地球の怒りと生命の循環の複雑な様相とに対し、人間たちが真摯に向き合う姿勢を持ち得るか否かを、改めて問うているのである。

4　錆びたナイフ／錆びた太陽

「錆びた太陽」という題名について、円堂都司昭は以下のように指摘する。

> 『太陽を盗んだ男』という映画があった。原発からプルトニウムを盗み小型原爆を手作りする話だった。核エネルギーを太陽に喩えることは昔から行われている。恩田陸『錆びた太陽』の書名もそれに連なる比喩である。[10]

ここで、円堂は「太陽」という言葉を「核エネルギー」の比喩と捉えている。発電事業自体を表現するときにも一般的に「太陽」が使用されてきた経緯[11]を考え合わせても、『錆びた太陽』の「太陽」は、当然、原発である。小説内には、「青玉」の爆発によって拡散した汚染物質をボスが一息で吹き飛ばす様子を見て、徳子が「ここでは『北風と太陽』の立場は全く逆なんですね」と言う場面がある。民話の中で燦燦と輝いて旅人を温めた「太陽」とは逆に、ここでの「太陽」には、「錆び」が生じるほどの時間を経てもなお、温めるどころか害をなし続ける冷えた原発の姿が投影されている。

前述したようにヒューマノイドはボス、マカロニ、ジーパン、デンカといった名前で呼ばれる。これらの名前が、往年の刑事ドラマ『太陽にほえろ！』（日本テレビ系列、一九七二～一九八六）の登場人物たちからの借用であることは、ドラマを知る読者からすれば明瞭である。円堂は、この設定について「そのせいもあって、原発事故後のシリアスな状況を描いた小説なのにコミカルなノリで終始する」として、「シリアスな状況」を笑いの中に描く構造を読み取っている。恩田陸自身も「昭和ネタ」の多さを認め、この小説を「お笑いＳＦ」と呼ぶ[12]ように、ヒューマノイドの「ウルトラエイト」というユニット名や、彼らが使用するトラック「一番星号」など、「昭和ネタ」のパロディを用いて表現されたシニカルなユーモアは、たしかにこの小説の大きな魅力のひとつである。

本章では、『太陽にほえろ！』でボスを演じた石原裕次郎の主演映画『錆びたナイフ』（舛田利雄監督、一九五八）を手がかりとして、モチーフの単純な符号に留まらない題名の意味づけを試みたい。

『錆びたナイフ』は、町に蔓延る悪を倒すヒーロー、橘というアウトローが活躍する日活無国籍アクション映画の一つである。戦争中に建造された軍需工場が戦後そのまま平和目的の諸工場に切り替えられて発展した架空の新興工業都市を舞台に、町を牛耳る暴力組織によって恋人を傷つけられた橘が、その犯罪を暴くために立ちあがる。そして、彼らを裏で操っていたのが、欺瞞と利権にまみれた一人の政治家だったと知る。

戦争時に軍事目的で構築されたものをそのまま基盤とし、平和目的という名のもとにそれを隠蔽することで、利権が戦後に温存される。その利権をめぐり、権力の癒着と暴力が発動するという構図は、戦後日本における原子力をめぐる構図と相似形をなす。『錆びたナイフ』では、そうした悪を挫く役割は、橘という一人の男性のマッチョな活躍に担われていた。しかし、力と力の衝突によって悪を退治するヒーローの物語は、暴力の応酬で問題解決を図る姿勢において、暴力の再生産となる。その意味では、暴力の連鎖の根本的な批判とはならない。

それに対し、『錆びた太陽』では、むしろ暴力的な衝突を避けるために、徳子と「ウルトラエイト」と真奈美の協力関係が結ばれる。別の「マルピー」集団が「護美箱計画」の演習にやってきた人間たちを襲撃すると勘違いした真奈美は、その襲撃を阻止するため、「ウルトラエイト」に協力を依頼する。戸惑う彼らに対して真奈美は、彼らが奉仕すべき「人類の利益」とは何か、を改めて問う。小説において、ヒューマノイドは、あくまでも人間の代理として、人間が定めた価値基準のもとに立入制限区域を管理している。しかし、その指針となるべき人間は、そもそも信じるに足るのか、と。

人間である徳子を交え、ボスたちは思考と対話を重ねる。そして、演習を一旦妨害し、「護美箱計画」を世間に暴露することで、その後の判断は国民に委ねるという決断に至る。こうして成立した彼らの協力関係は、立入制限区域の内外を断絶させる境界を無力化し、本当の「人類の利益」とは何か、という問いを制限区域の外へと波及させる可能性へとつなげられている。ただし、彼らの問いかけが、実効力をもって制限区域の内外で共有されるまでには、さらなる時間と対話を要するはずだ。

『錆びたナイフ』の「ナイフ」は、恋人を失った橘が怒りのままに犯したかつての殺人の罪を象徴する。映画のラストでは、暴力の連鎖に虚しさを覚えた橘が、ナイフを砂浜に投げ捨てて去る。しかし、『錆びた太陽』の「太陽」は、原発である。砂浜に打ち捨てて容易に決着がつくものではない。だからこそ、この戦いにはユーモアが必要なのだ。『錆びた太陽』は、このように多層化された符号による笑いの構造を用い、原発をめぐる「負の遺産」による暴力の発動を象徴的に表す一方で、容易には捨て去れない過去を暴力の連鎖を断つ試みの中に引き受け、未来へ向けた対話の視座をユーモアの中に開こうとしている。

5　おわりに

以上のように、『錆びた太陽』は、原発事故の被害者が「マルピー」化する事態をヒューマノイドの視点から描くことで、自身にとって利用価値のない存在を疎外する人間たちの利己的なあり方を相対化し、その暴力構造を批評的に表現している。

遠くに見える九十九山の稜線。
こととことと小川で回る水車。
満開の美しい合歓の木。

小説の終盤において、ボスと徳子は遠い未来に実現する右記のような景色、「再びこの地に帰ってきた人間たちの手によって築かれる風景[13]」を共有している。小説冒頭において、未来予知の能力は持っていないと語られたヒューマノイドに共有されたこのヴィジョンは、単なるノイズだろうか。たとえノイズだとしても、徳子や「マルピー」との関わりがなければ生じ得なかったものだろう。

人間が決めた作業工程に則ってルーティンワークをこなしてきたボスもまた、徳子や真奈美という他者とともに「護美箱計画」という難問に対峙したことで変化している。演習を阻止する作戦の実行中、人間のためでも「マルピー」のためでもなく、「自分のため」に行動しているという意識がボスの中に芽生えている。こうしたボスの変化は、主体的な思考が主体的な利他性を呼び込み、現実を変革する力となる可能性を示唆するものと言えるだろう。

このような変化を考えると、ボスと徳子が共有する未来のヴィジョンは、2節で述べた人間の価値基準を内面化したヒューマノイドと人間との従来的な融和性とは異なる可能性を秘めたものと捉えることが可能である。ここに描かれた風景は、人間とヒューマノイドとの従属関係によって成立するのではなく、それぞれに異なる主体性に基づく協働によって、実現可能となるはずだ。

ただし、このヴィジョンは、「マルピー」とはまだ共有されていない。「マルピー」には別のヴィジョンが存在する可能性も否定できない。被曝の表象としての「マルピー」には、身勝手に大地を汚染する人間たちに対する地球の怒りが重ねられる一方で、そのような人間の利己的発想から逃れた先にこそ、新たな生命の可能性を見出し得ることもまた示唆されていた。彼らとの協働は、今後も緊張を孕むものと予想される。しかし、そうした緊張関係を保ちつつ、異なる存在同士のままに、相互応答的、相互侵食的な関係を築けたならば、未来をゆるやかに共有することも可能となるのではないか。そのときこそ、暴力の連鎖を内包した歪な共存関係は、別の新たな関係性に開き得る。このような希望を、小説は描いている。

注

1―――恩田陸自身は、小説を書く上での原体験は、一九九九年九月三〇日の茨城県東海村の臨界事故だったと語っている（『アエラ』朝日新聞社、二〇一七・三・二七、p.9）。

2――『錆びた太陽』においては、「マルピー」という言い換えに重要な意味があると考えるため、小説に登場するゾンビについては、以降、「マルピー」という呼称で統一した。

3――近年では、S・G・ブラウン『ぼくのゾンビ・ライフ』（Crown、二〇〇九）、アイザック・マリオン『ウォーム・ボディーズ――ゾンビRの物語』（Vintage Books USA、二〇一〇）など、ゾンビの視点による社会批判の試みもなされている。藤田直哉『新世紀ゾンビ論』（筑摩書房、二〇一七・三、p.87）などでは、こうした近年の傾向を典型的な〈ゾンビ・フォーマット〉に対する抗いのひとつと指摘する。本論では、そうしたゾンビの視点の採用について、人間の利己的な論理や価値基準の枠組の外から捉え直すことによって、彼らがゾンビとして表現される必然性を問題化したい。

4――被爆者／被曝者としての「マルピー」像には、「核時代」の世界を象徴するゾンビ像が深くかかわっていると思われる。『ナイト・オブ・ザ・リビング・デッド』ではゾンビ発生の原因は金星探査衛星の事故による放射性降下物の影響が示唆されていた。またサラ・J・ラウロらのゾンビ論集『Better Off Dead』（Fordham University Press、二〇一一）にも、広島、長崎への原爆投下以後、世界が晒された核の暴力性をめぐる死の恐怖とゾンビ表象との関連を指摘する論考がある。「マルピー」を読み解く上で重要だが、ここでは指摘するにとどめる。

5――「護美」という用字については、一九五九（昭三四）年七月の『都道府県展望』に「観光と護美箱」と題された記事があるほか、一九六二（昭三七）年一二月一〇日の『朝日新聞』夕刊（一面）に「護美箱」という当て字の普及を伝える記事がある。この記事では、戦後の経済発展とともに浮上したゴミ問題が論点となっている。「護美」という言い換えの中に、それをゴミとして廃棄する側の利己的な価値基準が隠蔽され、大量に物を消費し、ゴミを排出し続ける現代社会の在り方が本当に「美」を「護」ることとなるのか、といった問題が浮上する。

6――現在の地質学上の区分では、現代は完新世と位置付けられているが、二〇〇〇（平一二）年に、地球環境に対する人類の影響に着目したパウル・クルッツェンによって、現代を新たに人新世と位置づけることが提唱され、検討が行われている。加三千宣「人新世」（「イミダス情報・知識&オピニオン」https://imidas.jp/newjijiword/?article_id=l-91-024-21-05-g846 ※二〇二二・六・一八閲覧）などでは、地層中に蓄積される人類の活動の痕跡として、重金属や放射性物質とともに石油由来の物質や有機化合物などもあげられている。

7――林京子『トリニティからトリニティへ』(『群像』二〇〇〇・九)にも人間より先に「大地」が被害を受けたことが語られている。その視点は『錆びた太陽』にも継承されている。

8――乾燥地を中心に分布するタンブルウィードは、日本にはもともと自生しない植物だが、「近年、制限区域で最も増えた」とされ、立入制限区域の生態系が複雑に改変されていることが示唆されている。

9――このような「青玉」と「マルピー」の共通性を視野に入れると、「マルピー」が「青玉」を武器とすることも象徴的である。

10――引用は、円堂都司昭「原発事故後の日本をコミカルに描く『錆びた太陽』恩田陸」(『小説宝石』二〇一七・五、p.250)から。『太陽を盗んだ男』(長谷川和彦監督)は一九七九年に公開された。

11――木本正次『黒部の太陽』(毎日新聞社、一九六四・一二)は、水力発電所建設に関わる困難を描き、一九六八(昭和四三)年には、熊井啓監督、三船敏郎と石原裕次郎の主演で映画化された。一九七三(昭四八)年に通商産業省が進めていた新エネルギー技術研究開発事業は「サンシャイン計画」と命名されたほか、現在研究開発が進められている核融合発電も「人工の太陽を地上に作る」プロジェクトと喧伝されている。

12――林真理子「マリコのゲストコレクション８７６　恩田陸」(『週刊朝日』二〇一七・八・四、p.45-46)による。

13――紙幅の関係上、ここで詳細な検討はできないが、小説終盤に明かされる徳子が生殖機能を持たないという事実は、区域内の鹿に一時は奇形種が多く出て子孫が作れずに絶滅しかかったとする記述とも相俟って、身体に対する放射能の重大な影響を喚起する。人間たちがどのような姿で帰ってくるかが描き込まれていないこの未来の風景もまた、軽視できない問題の所在を告げている。

[付記]　本文の引用は、『錆びた太陽』(朝日新聞出版、二〇一七・三)に拠った。

木村紅美『あなたに安全な人』論

――「向う側の闇」とアバター化する身体の示すもの

山田昭子

はじめに

木村紅美は一九七六年に兵庫県で生まれた。親の転勤に伴い各地を転々としたあと、小学校六年生から高校卒業まで宮城県仙台市で育ち、現在は岩手県盛岡市に在住している。二〇〇六年に「風化する女」（『文學界』六月号）で第102回文学界新人賞を受賞しデビュー、本作は自身の将来に不安を抱えた女性が、突然死した一人暮らしの年上の同僚に成り代わり、彼女が思いを寄せていた人物に会いに行く物語だ。旅を通して、「肉体は消滅」したとしても、「私の中に住みついて離れない」彼女の存在を「私」は感じ取る。ここには「存在」そのものではなく「存在感」を描こうとする木村作品のテーマの一つが読み取れる。『月食の日』（二〇〇九年　文藝春秋）は「存在感」を敏感に察知し生きる盲人の世界と、目視できる「存在」に囲まれて生きる健常者の世界が、月食という現象の認識を通して重なり合う物語である。『夜の隅のアトリエ』（二〇一二年　文藝春秋）は保険証を盗み、次々他人になり代わって放浪する女性の物語だ。自身の「存在」を消し去りながら生きていこうとする意識の根底には、助けなかった恋人の死に対する後ろめたさがある。『月食の日』と同じく芥川賞候補となった『雪子さんの足音』（二〇一八年　講談社）は、アパートの大家である雪子さんを、住人の大学生の回想を通して描く。豪華な食事の数々、手紙、階下の物音といった雪子さんの「存在感」が生活の中に入り込み、青年は次第に追いつめられていく。

木村は学生時代、沖縄の文化に魅了され、辺野古の座り込みにも参加している。実家のある岩手県が東日本大震災で被災し、がれき撤去に通っていた時に、東北と沖縄がつながっていると感じた。「あの子が石になる前に」（『しんぶん赤旗』二〇二〇年三月六日〜一〇月一九日）は「原発を押し付けられた東北と米軍基地を押し付けられた沖縄」という二つの土地から構想を得たという。[1] この作品同様、実際に起きたいくつかの出来事から着想を得たと木村が述べているのが『あなたに安全な人』（二〇二一年　河出書房新社）である。その出来事とは、二〇一五年に岩手県内で起きた中学生いじめ自殺事件、辺野古で座り込みの抗議活動に参加した際に機動隊員に両手足を取られて運ばれた体験、新型コロナウイルスの流行などだ。[2] また、タイトルについて木村はインタビューで次のように語っている。

「空気は顔を合わせている人同士で『読む』もので、そこに軋轢（あつれき）も起こります。でも、この二人の場合はその段階にも行きつかない関係なんです。だから、いまのところは、『あなたに安全な人』なんですね[3]」

「安全」に似た言葉として「安心」が挙げられるが、前者は客観的、後者は主観的な意味を持つという。[4] 個と個の密接なつながりの中で生まれる「安心」が、この作品の男女の間に生まれることは決してない。本作は、妙と忍という二人の人物の過去と現在を軸に展開される。二人の関係性を通して〈あなたに安全な人〉が具体的にどのように表象されているのか考えてみたい。

1　「見る」ことへの恐怖

舞台は東京が「新型肺炎の感染者増加時期」を迎えた頃の東北のとある街。[5] 妙と忍の視点で交互に描かれる。妙は地元で教員をしていたが、元教え子の陸が妙に宛てて遺書めいた手紙を遺し、水難事故で亡くなった。その後、教師を辞めて上京したが、最後に住んでいたアパートの取り壊しをきっかけに、昨年春、九年ぶりに帰郷。相次いで両親も亡くなり、現在は一人で暮らしている。忍は十九歳で実家を出て、肉体労働の仕事を転々としてきた。一昨年の暮れ、正社員として入った警備会社の仕事で派遣された沖縄で、もみ合いになり倒れた女のことが気にかかっている。昨年夏、家賃の滞納が原因で十三年ぶりに帰郷。ＳＮＳで知り合った彼女に騙され兄に借金していたこともあり、兄夫婦一家と同じ敷地内の蔵で肩身の狭い思いをしながら暮らしている。二人は、妙が便利屋である忍に仕事を依頼したことがきっかけで出会うが、その二週間前、妙の家の近所に東京から引っ越してきた、本間という男の死が共通の話題としてあった。本間は東北好きで移住を考えていたが、その時期が東京での感染者増加時期と重なってしまう。ウイルスの潜伏期間が過ぎるまで、廃屋同然の仮住まいでの生活を要求された本間は、そこで原因不明の死を遂げていた。

　二人は共に、直接の原因は自分ではない、としながらも、元教え子の死と、もみ合いになり倒れた女の死にそれぞれ関与してしまったのではないかという不安に駆られながら生活している[6]。陸の死から十一年後、突如かかってきた陸の父親を名乗る電話は、「陸、を海の底へ追い詰めた証拠」をつかんだことを知らせるものであった。陸の父は膵臓がんを患いながら、妙との面会を求める。忍は、沖縄でもみ合いになり倒れた女が死んだことをあとになって知る。いつ家を訪れるか分からない陸の父に怯えた妙は、忍を同居させ、見張りの仕事を頼む。妙は忍に「このまま、けっして、顔は見せあわないで。互いの気配は、ときどき、幽霊がいるのかな、とでもびくっとさせるくらいに漂わせるのが理想です」と告げる。

　顔を見せ合わないで暮らすルールの根底には、妙の「見る」ことへの恐怖がある。妙は、陸が当時置かれていたいじめの状況について、「見ないようにしていたわけではない」と自分に言い聞かせているが、それは陸の父親にとって「見て見ぬふり」と見なされる行為であった。「見て見ぬふり」は、木村の作品『まっぷたつの先生』（二〇一六年　中央公論新社）で重要な意味を持つ。元教員である沙世は、「横浜から来た転校生の女の子が仲間外れにされるのを、見て見ぬふりをした」ことを今でも後悔していたが、見て見ぬふりをされた生徒側の志保美も、その過去にとらわれていた。当時の沙世は、自身の恋人との関係に悩み、自分と子供たちとの間には「透きとおった膜が一枚張られ、向こうで起きていることは、つねに、近くて遠い別世界の出来事のように感じていた」が、二人は再会することによって、互いに過去から救済される。沙世にとっての「透きとおった膜」は、妙にとっての「眼鏡」である。妙の眼鏡の描写は初出誌の段階ではそこまで強調されず、挿絵の妙は眼鏡をかけていない。だが、単行本化の際、数ヶ所にわたり加筆されていることがわかる（以下傍線部、論者）[7]。

起きあがって廊下へ出て階段の灯りを点けようとして、（『文藝』二〇二一年秋季号）

←

起きあがって眼鏡をかけた。廊下へ出て階段の灯りを点けようとして、（『あなたに安全な人』河出書房新社　四〇頁）

妙は、自分はわるくない、と声には出さず呟き溜息をついた。暗やみのなか、風呂場の換気扇の回りつづける音が漏れる洗面所の引き戸へ向って、両脚を伸ばした。（『文藝』二〇二一年秋季号）

←

妙は、自分はわるくない、と声には出さず呟き溜息をついた。重い眼鏡をいったん外した。暗やみのなか、風呂場の換気扇の回りつづける音が漏れる洗面所の引き戸へ向って、両脚を伸ばした。（『あなたに安全な人』河出書房新社　一〇二頁）

通常、眼鏡はものをはっきり見るためにかけるものだが、そのための眼鏡は妙にとって「重い」。重い眼鏡を敢えてかける理由、それは現実を直視したくないという気持ちの表れだ。妙にとっての現実は、自分が生きているという事実である。自分が生きていることを実感せざるを得ない生者の世界を「見る」ためには「眼鏡」という透明な膜が必要なのである。

　妙は、「暗やみのなか、風呂場の換気扇の回りつづける音が漏れる洗面所の引き戸へ向って、両脚を伸ばし」ながら「重い眼鏡をいったん外し」ている。忍の生活音を聴き、死者の気配を感じ取っている妙にとって、視覚を遮断する「暗やみ」は死者の世界であり、眼鏡を外すことができる場所でもある。だが、この物語の最後、本間への供養を終えた妙は「手袋をしていてもこごえる指さきでレンズを拭い、オレンジの常夜灯の光が柔らかく闇に滲む家」に向って坂道を登っている。ここでの妙の「見よう」とする姿勢は、眼鏡に現実と向き合うための役割を与えている。妙にとって眼鏡の意味が転換した瞬間、それは自分は生きているのだという現実を受け入れ始めた兆しであるともとれる。

2　「汚れ」と「向う側の闇」

　妙は忍に三度仕事を依頼している。最初の依頼は風呂場の排水口の掃除、二回目は家の周りの不審者を追い払うこと、三回目は〈ひとごろし〉〈よそものをつれこむな〉〈町からでてけ〉と書かれた車と壁の落書きを消すことである。妙は排水口の「たまに鼻につくどぶっぽい臭いが気になりつつ、蓋は外してみたことがなかった」。「向う側の闇」は「意識しないように」していたからだ。三回目の仕事を頼む前、外出した妙は民家の軒先に巣を作った燕の親子の姿を見ようと近づき、家主に「あんた、部外者でしょう。ここは」と追い出されている。その時、背中に付けられた糞の汚れを、忍に指摘され拭いてもらっているように、妙と忍の関係は「汚れ」によって結びついている。これらの「汚れ」は妙の触れられたくない過去や、本間を部外者であると見なした自分もまた、「部外者」だと見なされている事実を示す。では、妙が「意識しないように」していた「向う側の闇」とは何であろうか。

　無職である妙は普段から贅沢をせず、つつましい生活を送っている。だが、その生活の根底にはただの「倹約」にとどまらない理由がある。それは二〇一一年三月一一日の「東日本大震災」だ。妙は「東日本大震災のときの大津波で泥や海藻にまみれた地デジ対応テレビが山積みになった光景をニュースで見て以来、燃えないごみと化す電化製品をこれ以上家に増やすのには抵抗をおぼえるように」なる。地元に戻って以来、「季節ごとにむしょうに海を見たくなった」妙は、海を見ながら過去に津波のあった日付を唱えることで、及川陸の死が「流されて亡くなったおびただしい人の死に紛れてゆく錯覚」を覚え、「瞬間、胸のうちにつっかえつづけているものが消える」。妙が地元に戻ったのは震災後のことだが、忍もまた同じだ。実家の敷地内の蔵で生活している忍は、「睡眠中に震度五か六の地震が起きたらかなりの確率で、頭側の箪笥が倒れ圧死しそうで、落ち着かなくなり起きあがって体の位置を逆にする」が、こんどは「下半身が下敷きになる予感におそわれ」ている。

二人の間には一度だけ、震災についての話題が出たことがあった。「津波のときって、東京にいたんですか」という問いかけに妙は「へぇ。……わたしは、どこにいたんだったかな」と答えており、忍の眼に「あからさまに興味を欠いていそうにまばたきし頷」いているように映る。だが、妙は興味がないのではなく、故意に震災の話題を避けようとしたのではないか。それは「健康なのにたまに寝たきりになるのはレストランやデパートでお金を浪費するより贅沢をしている錯覚がする」という、「生」そのものに対する罪悪感、後ろめたさが見てとれるからだ。読書好きで国語教師になったにもかかわらず、陸の死後、本や雑誌、ネット記事を読むことができなくなったことを、「それがなによりの罰かもしれない」と考えており、徹底して「生」の喜びから自身を遠ざけている。木村の『夜の隅のアトリエ』に登場する、助けなかった恋人の死への自責に囚われた女性の「いわゆる生きる楽しみのようなものを、遠ざけたい。罰するみたいに断ち切っている状態が、いまの自分には、心地よいほどにしっくりした」という独白は、妙のそれへと重なる。妙の中では陸の死と津波の死者が結び付けられており、自分にはどうすることもできなかったとする一方で、自分が生き残っているという事実は、震災時に地元にいなかった事実と相まって、サバイバーズギルト[8]となり「向う側の闇」となっている。

忍が妙の「汚れ」にかかわっているのと同様に、妙もまた忍の「汚れ」にかかわっている。妙は二回目の依頼で訪れた忍の手の膿を出してやろうとして断られる。忍の怪我は、自分の中の〈人殺し。人殺し〉という声から逃れるためにライターを手に押し当てた結果によるものだ。その夜妙は、架空の忍を相手に「ほら、ちょっと腐ったようなにおいがする。だいぶ放ってたんでしょう」とつぶやき、膿を出してやる想像をする。小遣いと引き換えに膿を出すことを承知した姪の瑠奈が「凄く、凄く不潔な感じで逃げたかったの、我慢してやった」という態度とは対照的だ。忍は家族に疎まれた結果、家を出て野宿をしながら過ごしており、三回目の依頼の前、待ち合わせのファミレスの店員が「ただならなさを察し」立ち止まるほどの異臭を放っていたが、忍の眼に妙は「まるで超然としてみえる」。

尾崎世界観は、「忍の体や妙の家からは、真っ直ぐな不潔さ」を感じるとし、「張り詰めた気配の中だからこそ、その汚さをはっきりと感じる。磨けば磨くほど逆に細かい汚ればかりに目がいってしまうように、妙は忍に徹底して厳しい眼差しを向ける。忍もまた、その汚れにとても自覚的だ。汚れ慣れているし、そんな目に見られ慣れている。まるで、不潔であることで何かに応えているようだ」と述べ、汚れを通じた両者の関係性を指摘する。[9] だが、買ってきたものをすべて消毒し、常にマスクを心掛け、尾崎の指摘するところの「徹底して厳しい眼差し」を向けるほどの妙が、なぜ忍を家の中へ入れたのであろうか。

二人は作中、一度も相手の名前を呼んでいない。忍はこれまで「そんなつもりじゃなかった、と振り払いたくなる出来事ばかり」を引き起こしてきたが、それらの出来事にかかわる恋人、義姉、義姉のなじみの喫茶店の奥さん、秋祭で会った女の子、沖縄でもみ合いになった女たちは、いずれも個人が特定できる人物である。だが、妙はただの「女」であり、「お客さん」に過ぎない。正確には妙が隠し持っていた陸の手紙から、「工藤妙」と「及川陸」という名前をインターネットで検索しているが、両者の関係性を妙に確認してはいない。「世の中は、知らないほうが心穏やかに日々をやりすごせそうなことで溢れていて、ただでさえ疲れる。これ以上深くは探りたくもなかった」忍にとって、妙という人物を特定することは「安全」ではない。自身が沖縄で突き飛ばした女が中村鮎子という名であることを知っても、「訃報や、だれかが彼女を追悼する文章」を眼にしなければ、「自分にとってあいつは生きているのと同じ」であると踏み込むことはない。妙がわざわざ「車で三十分も離れた町」から忍に仕事を依頼したのも、互いの素性を知らないからだ。匿名の存在でありながら、互いに触れたくないものを象徴する「汚れ」にためらいなくかかわれる関係こそ、二人が共棲していくためには必要であった。見知らぬ他人が関係性を築いていくための第一歩は、名前を知ることにある。だが、マスクで顔を隠し、名前を名乗り合わないことこそが、相手と距離を保ち、「安全」な関係でいるために必要なことだったのである。

3 「食事」とコミュニケーション

　二人の間に交される会話は襖越しになり、次第に筆談や鈴の音による合図へと変わっていくが、「言葉」によるコミュニケーションの欠落は、二人が出会う前からはじまっている。妙は父の死をきっかけに、会話の機会が減っていた。その結果、「お煎餅、工藤さんのうちだけ、ごみに出てないみたいよ。ほら、お父さん、信金勤めだった。ひとり娘さんは……、問題を起こして、県内にいづらくなって。上京したけど、佳いお相手も見つからず、去年、出戻ったのよ」と、「呟いてから我に返り辺りを見回し」ている。一人で呟く他者の声は「会話」になり得ず完結する。「残っていた感熱紙」が全部なくなるほどのＦＡＸは番号違いで誤って届けられたもので、電話のメッセージは常に留守番電話を通して届けられている。

　忍は過去に「ちいさな女の子になにかいたずらをしようとしていたかもしれない」という噂が立った時も、姪である瑠奈が自分に有利になるよう兄に報告した時も、言い返すことができない。瑠奈が再び小遣いをせがみ蔵に入り込んでくることを想像した忍は、「おできを掻いた痕のある喉を絞めあげ殺してしまうかもしれない。あるいは、衝動を止めようと河原へ走り出てガソリンを被り自身に火を放ってもおかしくない気がする」と思う。たびたびよみがえる「人殺し」の声も、自身の肉体を傷つけることで断ち切っている。

相手からのメッセージを自己完結させる行為、言語化できない感情を肉体への暴力に転換してしまう行為は、いずれもディスコミュニケーションである。それは二人の「食べ物」のやり取りにもあらわれている。二人の共同生活は、妙が食事を与え、忍が見回りの仕事をすることで成り立っている。[10] 同じ建物の中で一方が食事を与える関係は木村の『雪子さんの足音』にも確認できる。雪子さんが出す豪華な食事の数々は距離感の取り方がおかしくなってしまった厚意の表れだ。「わたしの拾った男」(『文學界』二〇一八年一一月号)で与えられる食事は、自称記憶喪失の男の命を握る。だがその役目は近所に住む少女に簡単にとって代わられてしまうものであり、食事を通して築かれた関係性が、容易に他者に交換可能な程度のつながりでしかないことを示している。[11] この二作における食事は一方的に与えられており、そのことが食事を挟んだ両者のディスコミュニケーションを象徴してもいる。『あなたに安全な人』でも妙から忍へと食事が与えられるが、他の二作と比べて異なるのは、妙と忍が食べ物を与えあっている点である。妙は初めて忍に仕事を依頼した日に、貰い物の煎餅を渡す。だがそれは、妙が玄関先で顔も見ずにあしらった本間の引っ越し挨拶の品物で、一晩ドアの外に出しっぱなしにしていたものだった。一方、夜中に家の周りの不審者を追い払うことを依頼された忍は、「甘いもの」を希望した妙のために、牛乳プリンを渡す。忍は手渡された煎餅にいきなりがぶりつき、むせ返り吐き出している。妙は「せめて無添加ヨーグルトがよかった」と不満を抱きながらも「我慢し平らげ」る。しかも「甘いもの」を頼んでおきながら一度撤回したうえで受け取っているのだ。煎餅は本間への仕打ちに対する自身の後ろめたさの象徴であり、牛乳プリンはもはや自分の居場所ではない実家の冷蔵庫から持ち出したものであった。妙と忍の交換行為には、他者には知られたくない秘密の共有行為と、相手の厚意を素直に咀嚼し、返すことへの抵抗感や不器用さが見てとれる。

4　アバター化する身体

妙にとって忍との共棲は「自分のためでもある」ことであった。妙は「襖や二階の部屋の床越しに、男の足音やくしゃみ、はなをかむ音を聴き取る」ことで「じつは生きていて成人した及川陸をかくまっているように思いかけたり、本間さんの幽霊が人恋しさからこちらへ忍びこんできたように感じたり」している。忍に死者の姿を重ね、「怖さ」や「不満」のない生活を送っているが、それは家の中に限られている。忍もまた「自分と女のふたりがそっぽを向きあったまま果てのようなところへ流されてゆく空想」を抱くが、「この安らぎにはいつあっけなくひび割れ足もとに穴があき、ぶ厚く張っていたはずの氷の下に広がる暗く冷たい水の底へ投げ出されるかわからない、ひりつくスリル」を感じてもいる。

下痢と吐き気に見舞われた妙は、忍に買い物を頼む。忍は「このまま、自分は家には戻らずどこまでも好きなだけ走っていったってかまわないのだと思い当たった」が、「雨戸を閉めた暗やみで、全身に寝汗を滲ませ布団にくるまり腹痛に耐えている女のシルエットを想像」し、「明日には自分も同じ症状に見舞われそうな予感が」よぎる。その予感通りに、翌週忍もまた下痢に襲われるが、妙から伝播した身体感覚を共有する忍のさまは、まるで「アバター」のようである。「アバター」とは、通常「ＩＴの分野では利用者のシステム内での分身として画面上に登場するキャラクターなどのこと」を指す[12]。忍は家の中で妙の提示したルールを忠実に守り、出ていくことはない。一度だけルールを破って見張りの仕事の最中に肉まんを買いに出かけるが、胃は「苦しいほどもたれ」てしまう。忍は食事の好みが妙と全く異なっていたが、次第に妙の食の嗜好へと近づき、粗食になっていたからだ。忍の体の反応は妙の意に反した結果与えられた代償と読むこともできる。

忍が妙のアバターのような存在として生きることを可能にしたのは、忍の側にもそれを望んでいる節があったからだ。二回目の依頼で不審者を追い払うことを依頼された忍は「夫、とか、旦那、ではなくて、甥、だとか、嘘をついて、家に入ってきてほしい」と頼まれる。忍の寝息は妙の「母のものとリズムが似て」おり、妙の父の衣類は忍にとってサイズが合うものであった。ここでは容易に他者に重ねられる人物としての忍が描かれている。

沖縄で警備の仕事をしていた忍は、デモ隊の女性たちから、「自分をとことん殺さなきゃならない、つらい仕事に見えるわよ。気の毒に。もっと考えたほうがいい」と言われている。実はこの台詞は、初出時、「若いんだから、辞めてもっとましな仕事を探したほうがいいよ」であった。書き換えによって、忍の仕事が「自分をとことん殺さなきゃならない、つらい仕事」であることが、より明確になっている。だが、「自分をとことん殺」すことこそ忍が受け入れてきた生き方であった。結局、落書きは忍ではなく妙が消すことになったが、「しゃがんでずっとなにもしないでいる」ことに対し不満を訴えず、「見張り」の仕事も「得意」であると答えている。この忍の性質が妙の意のままに動くアバターとしての役割を引き受けさせたのである。

二人の生活に転機が訪れるのは、十一月のことだ。買い出しの帰り、本間が仮住まいをしていた青空クリーニングの前のベンチに「お供えらしきもの」が置かれているのを「見た」妙は、古くなったお供えを取り除き、花を買い忍を供養に誘う。その花は結婚式やパーティがなくなり「行き場を失くした」白い薔薇三本である。野草を摘んで飾る習慣がある妙にとって「買うのは滅多にないこと」であり、行き場を失ったものに対する眼差しの芽生えが読み取れる。「しゃがんで眼を瞑り手を合わせた」妙の脳裏には「だれなのかよくわからない影絵めいた男」が背中を丸め、食事をする様子が浮かぶ。それは「本間さんとも、陸の父とも区別のつかない男」だ。妙は誰かが置いたお供えを目にし、自身も手を合わせて初めて本間の置かれた境遇に同情し、死者としての本間を認識している。後ろにいる男に対し「夏以来で男の全身を見てみたい衝動に駆られる」が、振り返ることはない。その様は、黄泉の国の住人であるイザナミの姿を見ることを禁じられたイザナギを想起させる。妙の家と本間の仮住まいを結ぶ坂は、まるで生者の住む現世と死者の住む黄泉との境目にあるとされる黄泉平坂のようだ。「じゃあ、あなたも手を合わせていって」と妙が話しかけた相手は「うしろにいるだれか」であったが、「もう眼鼻立ちはよみがえらせられなくて、中二のままの陸にも、陸の父、空想のなかの本間さんにも置き換えられる」相手であった。「うしろにいるだれか」は妙をとりまく死者たちの姿であり、ここで振り返ることは、妙にとって死者の世界に取り込まれることを意味している。

木村は、本作の執筆において、東日本大震災の被災地のタクシー運転手が語る幽霊現象の論考などをまとめた『呼び覚まされる霊性の震災学　3・11生と死のはざまで』（東北学院大学震災の記録プロジェクト　金菱清〈ゼミナール〉編　新曜社　二〇一六年一月）に触発されたという。「宮城県内で復興業務に携わる友達にこの話をしたら『ありふれてるよ』と言われて、また驚いた。幽霊かもしれない死者と生者が対等に東北に存在している。この衝撃が今回の作品につながりました」と述べている。[13] 死者と対等に関わろうとする人々の姿は、妙の姿と重なる。だがその共棲がいつまでも続かないことを自覚してもいる。何度も忍を家から出すことについて逡巡しているからだ。本間を供養することは、死者を死者と認識する行為であり、妙と忍にとって、陸や中村鮎子、そして震災で亡くなった死者の供養へと通じるものである。

　妙は家の中で忍を「アバター」とし、死者の気配を重ねることで精神的平穏を保っていたが、アバターの語源は、シヴァ神と並んでヒンドゥー教の最高神とされるヴィシュヌ神のアヴァターラ（権化・化身）だ。化身の意義は「正義・道徳（ダルマ）がおとろえ、不正義・不道徳（アダルマ）が興るたびに、ヴィシュヌがこの世にあらわれてダルマを興す」ことにある。ヴィシュヌ神は「古来の神々や民間の信仰のなかにあらわれる神話的な動物や人物」の姿となって、それぞれの場合に応じて姿をあらわす。[14] ヴィシュヌ神は「もともとは個別の独立した存在であった神々が融合して出来上がったもの[15]」であるが、それはまさに死者たちの気配をまとい、妙に精神的平穏をもたらす忍の存在と重なる。複数あるヴィシュヌ神の化身のうちの一つがブッダであると言われているが、忍が滞在していた部屋は妙の両親の位牌のある仏間であった。

　妙は「世話してやっているようで、自分も支えられているとは認めたくない。自分には、だれからも支えてもらう価値はない」と言い聞かせているが、本間の供養のあとで「襖のすきまから仏間の闇へ新しいボールペンを差し入れてやろう。明日は、あの人はごはんを食べるだろうか。食べないと死んでしまうから、明日もあさっても、鈴が鳴る限り用意してやろう」と決意しており、これまで「見張り」の報酬であり肉体を維持するために過ぎなかった食事が、命を支え、「生きる」ための糧へと変わっている。その意味で本作は、食事を通じて関係性を描く木村作品の中で、食事の持つ意味を変えてみせた作品であると言えるだろう。「鳴りやんでも自分はお供えをつづけるだろう」という台詞は、鈴が鳴りやむ時を忍の死と解釈すれば、忍へのお供えであるともとれる。だが死者との決別を果たした今、妙は忍が家から出て行ったとしても、本間や陸たち死者に供養をし続けることができるという「生」への意欲が見てとれる。妙は忍がまとった死者の「存在感」に救われたが、生への気力を取り戻しつつある今、今度は忍の「存在」に新たな感情を覚えかけている。

妙は供養に向う途中、自分に合わせて止まった後ろの足音に「安らぎ」を覚えかけ、「これ以上、余計な情を湧かせないためにうつむい」ており、自分の中に湧きかけた情を実感していた。だが本作では忍のその後については触れられず、互いに支え合う姿が描かれることもない。「描かれない」という事実はこの物語に、ある「余白」を生む。忍との共棲を通して「生」への意欲を取り戻しつつある妙が、忍にとって「安全」な存在であり続けるのかどうかを描かない、という慎重さを残して物語は終わるのである。

注

1——「きょうの潮流」(『しんぶん赤旗』二〇二〇年四月二六日　https://www.jcp.or.jp/akahata/aik20/2020-04-26/2020042601_06_0.html 二〇二二年九月二〇日閲覧)参照。

2——「加害の記憶携え生きる　秘密抱えた男女の共同生活　張り詰めた筆致で描く」(『河北新報』二〇二一年一二月二一日)参照。

3——南陀楼綾繁「人を「死なせてしまったのかもしれない」という2人の主人公…木村紅美の最新小説」(「週刊朝日」二〇二一年一二月三一日号　https://dot.asahi.com/wa/2021122300075.html?page=1 二〇二二年九月二〇日閲覧)内著者インタビュー。

4——内田勝也「安全と安心を考える」(総務省「平成21年度版情報通信白書　有識者コラム」https://www.soumu.go.

jp/iohotsusintokei/whitepaper/column_uchida.html 二〇二二年九月二〇日閲覧）

5　ここでの「新型肺炎」は新型コロナウイルスのことであろう。東京で初の緊急事態宣言が発令されたのは二〇二〇年四月七日から五月二五日のことであった。

6　長瀬海は「妙の心で起きている」ことを「加害恐怖」であるとし、忍にもその加害恐怖があるとする（「不安が生み出す孤独の姿」（『すばる』二〇二二年二月号））。

7　初出誌掲載の挿絵は星野ちいこによる。眼鏡に関する描写は他にも単行本一一頁と一二七頁の改筆を確認している。

8　日本心理臨床学会編『心理臨床学事典』（丸善出版　二〇一一年八月）によると、「2000年代に入ると、性暴力、DV、児童虐待、犯罪被害、自然災害などさまざまなトラウマに関して、当事者の視点で書かれた本では、サバイバーというカタカナ表記が好んで用いられるようになった」という。またイミダス（https://japanknowledge.com/lib/display/?lid=50010N-05-9-707-06　二〇二二年九月二〇日閲覧）によると「サバイバーズギルト」とは「生存者の罪悪感。大きな災害や事故、戦争などで生き残った人々が苦しむストレス症状であり、助かったことを感謝する一方で、「なぜ、自分だけが生き残ったのか」という自責の念に苦しむこと」を指す。

9　尾崎世界観「尾崎世界観が読む、人生に影を抱えた二人の物語。木村紅美『あなたに安全な人』」（Ｗｅｂ河出、『文藝』二〇二一年冬季号掲載書評より　https://web.kawade.co.jp/bungei/24872/　二〇二二年九月二〇日閲覧）

10　中俣暁生は「妙は親の残した家に自らを幽閉し、そこに忍を巻き込み自身はあたかも看守のように振る舞う」（「文学の境界線（2）」『三田文学』二〇二一年秋季号）とし、妙の存在を「看守」と見なしている。

11　根岸哲也は、「奇妙な同居を描いた」木村の類似作品に「わたしの拾った男」を挙げている（「窓　詩文芸書を読む　木村紅美『あなたに安全な人』」（『澤』二〇二一年二月号））。

12　「ＩＴ用語辞典」（https://e-words.jp/w/%E3%82%A2%E3%83%90%E3%82%BF%E3%83%BC.html 二〇二二年六月二六日閲覧）参照。

13　『河北新報』前掲紙。

14　『インド神話伝説辞典』（東京堂出版　一九八五年三月）

15　赤松明彦『ヒンドゥー教10講』（岩波書店　二〇二一年二月）

Ⅳ

循環する自然／いのち／セクシュアリティ

いのちと希望の詩人・高良留美子

渡辺みえこ

はじめに

詩人・評論家・作家の高良留美子（一九三二・一二・六〜二〇二一・一二・一二）は、様々な表現方法で多くの作品を発表してきたが、そのすべてに流れているのは平和、自由、平等、反差別、循環的世界、などだった。最後の著書『見出された縄文の母系制と月の文化〈縄文の鏡〉が照らす未来社会の像[1]』では、これらの思想を縄文文化に見出し、アイヌ民族、海民などの母系・母権社会での存在、月女神の文化を浮かび上がらせ、現代の問題として提示している。

また高良氏は詩人の直観によって文献以前の神話や伝承、遺跡の中からも「不平等を抑制する文化」について注視し、一万年以上もの間平和、平等が続いた女性中心の縄文文化がどのように保たれたのかを多くの文献からも検証し、縄文文化は死と再生の世界観を土器や土偶に表現した月の文化であるとともに、また自然と共に生きた森と海の文化でもあり、太陰的世界観を持っていたことを実証している。そこからあらゆる自然の賜物、空気、水、大地の恵み、知識や情報なども地球というエコシステム全体を〈共《コモン》〉として捉えることを提起した。

本稿では、詩「狭い海[2]」を中心に一人の少女の「少し変わった形の右手」の中に閉じ込められているこの世界の規範から逸脱したものに向けた高良氏の視線に焦点を当て、「自伝的長編ノベル」『百年の跫音 下[3]』に表現された「暗く、孤独」な少女時代から、どのようにあらゆる自然をも含む他者への共感に至ったのか、その道筋について探ってみたい。

1　「女――私の人生の最大の強迫観念」

表現の出発が女性差別社会での「女」という自覚からであったという高良氏は、『自選評論集6　高良留美子の思想世界』[4]で次のように記している。「女という問題は、私の人生の最大の強迫観念《オブセッション》であり、矛盾の集約点であり、すべての問題意識はここから派生したとさえいえる難問中の難問であった。それは（中略）アジア（アフリカ・ラテンアメリカ）の問題と共に、近代によってはけっして解決することのできない、しかしその彼方にしか、人類の未来の地平は見えてこない問題なのである」。

女の他者化、排除については、ニコラウス・ゾンバルトが、「男性同盟」[5]と女性嫌悪の制度として「ヴィルヘルム期ドイツ」で男性同士の性的絆として作られたものだとしている。また『男の歴史』では、「第一次世界大戦前後のドイツの精神的・政治的状況」でもあったと次のように記している。「国家の基礎は、友情の同盟であって、別の言葉でいえば「男性同盟《メナーブント》」なのである」[6]、これは、男性間の「「友人」と「友情」の奇妙な熱狂状態」であり、「独身、服従」は軍規であって、「加入儀礼において授精が行われる」のは、「男性の男としての「エロス」と、男らしい「精液という形をとったロゴス」は一緒に体内に流れ込むのである」。そして「同性愛の禁圧はいつの場合も「女性的なもの」の禁圧である。それは雄々しく戦闘的な「生粋の」男性性の理念を完遂するための措置であり、一種の悪魔祓いなのである」。　一方女性は「この時代は梅毒はなかったが、不潔で感染の危険があるもの」として、また「異教徒や異民族のように、女性は社会的ばかりか神学上も劣った段階に位置づけられ、魂をもたず、むしろ動物に近いものとして位置づけられていた」としている。

またイヴ・コゾフスキー・セジウィックは、『クローゼットの認識論　セクシュアリティーの20世紀』で、ホモソーシャル概念として男性同士の絆を深めるために女性が交換される制度の中には、女性嫌悪《ミソジニー》と同性愛嫌悪《ホモフォビア》が組み込まれていると指摘している。[7]

2　女性が女性に差し伸べる手「狭い海」——ホモソーシャル制度を超えて

このような男同士の強固な絆を基盤とする社会にありながらも、以下の詩「狭い海」の「わたし」は、女から女へと手を差し伸べようとしている。

> その女の子はすこし変わった形の右手をもっていた／（それだけで　この国では一つの運命を荷うのに充分だ）／その子がわたしの方へ泳いできたとき／わたしは手をさしのべた／顔に疲れが出はじめていて／右手がわたしの手に一番近かったのに／その子は右手で水を掻き／左手でわたしの手につかまった／／わたしが手をひっこめると思ったのだろうか／わたしがたじろぐと？／わたしは眼をそらして笑ったが／そのときのことを忘れない／その手がもし右手でつかまったら／わたしの手の筋肉は／少しも緊張しなかっただろうか／眼の端には／少しのひるみも現れなかったろうか／（中略）いまわたしはあの海を越えて／少女の右手をつかまえにいくことができるだろうか／海の幅はほんとうに狭く／少女のからだは沈みかけていて／眼は助けを求めているかもしれないのに

父権的な男同士の絆《ホモソーシャル》制度の中で男性の介在なしに女が女に差し伸べた手によって、呼びかけたものとは、仮に少女の右手に象徴された秘匿された傷、あるいは「障害」、マイノリティ性のようなものだったとしたら、それが「狭い海」を超えて泳ぎ着く果てとは、時も超え、差別のない自由の世界とも考えられるのではないか。

しかし少女が応答してきたものは、父権制度に容認された左手なのであり、それは、深いところで「わたし」が共有しようと思ったものではなかった。「わたし」は、右手のクローゼットの奥深くに追いやられたものに向けて、手を差し出す。これは、「わたし」にはさらに意識されないほどの深い場所に押し込められている著者自身の「暗く、孤独」な少女時代とも重なる。そこで泣いている小さな「わたし」を、迎えに行くこともできる。母からは与えられなかった愛と、その傷を乗り超えた言葉を持った力のある現在の「わたし」が。

竹村和子は、ハリウッド映画『悪魔のような女[8]』の分析の中で「女の「ホモソーシャルな欲望」」について次のように言う。「制度にとってはもっとも「語りえぬもの」、もっとも危険なもの、女たちにとってさえ、内部抑圧を避けて保持しつづけることが（少なくとも現在では）むつかしい経験である」。

ホモソーシャル制度を基盤とする社会にありながら「狭い海」の「わたし」が、女性に差し伸べる手は、竹村氏の言う「制度にとってはもっとも「語りえぬもの」、もっとも危険なもの」と知りつつ、父権言語の届かない場所へ差し伸べる手ではないだろうか。

セジウィックは『男同士の絆　イギリス文学とホモソーシャルな欲望[9]』のなかで、女性の「ホモソーシャル」については、男性同士との差異を以下のように示している。

> 政治的立場がいかに対立し、感情がいかに衝突しようとも、女を愛する女と、他の女の利益を促進する女——教え、学び、育て、授乳し、女について物を書き、女のために行進し、女に投票し、女に職を斡旋する女——は、相互に重なり合い、密接に関わり合うことをしているのだ、と。（中略）女の連帯を「ホモソーシャル」という用語で形容しても、それは「ホモセクシュアル」と真っ向から対立するとは限らない。明らかにこの用語は、途切れのない連続体を指しうるのである。

その手は、ホモソーシャル制度の規範をかいくぐって女性の非性的な姉妹愛《シスターフッド》と性的なもの《レズビアン》の分離を超えて、共に生きるための呼びかけとも捉えられよう。その親密性の形もまた一つではなく、形を変えながら共に在る方法を創造していくのだろう。それこそが父権制度の中で女性たちの生き延びる手立てであったし、生きることの底流でそうせざるを得ずに渡してきた「いのち」の橋でもあった。

高良氏は、『百年の跫音 下』で母親による七歳の主人公江利子の「追放」について以下のように記している。

「家庭の平和を乱」す娘であるとして、母、藤代が、江利子を林間学校に入れた。そこで「林間学校に置いていかれたとき、彼女（主人公江利子、以下同じ——筆者注）が感じていたのは絶望だった」、そして「江利子は自分が母親に見捨てられたことを骨身に徹して感じていた」のだが、「生きのびるための擬態」として「その傷そのものをも親の目から隠し」て大人になっていった。

そして大人になろうとしていく自分と「限りなく嬰児に近い状態に戻ろうとする自分が、彼女のなかで分裂したまま共存していた。六歳か七歳ぐらいのところに一つの壁があり、彼女のなかのある部分はそれをのり超えて青年になり大人になったが、ある部分はそれをのり超えられずに幼児のままでいるのだった」。その「ある部分」を主人公は見つめ続ける。

「江利子の内面で、あの強迫的で奇怪な物体が暴力的な力を発揮しはじめてい」て、「それは自分でも制御しがたい〝もう一人の自分〟であり、彼女のなかに住みついた奇怪な幼児だった。もしそれが彼女の身体の成長とともに成長していたら、その人格は殺人者になっていたかもしれない」と言う。「しかしその子どもは成長しなかった。彼女が成長させたくなかったのだ」[10]と続けているが、それを乗り越えたのは、書くこと、思考することであったのではないだろうか。そのような鬱屈した暴力を押しとどめるものとして、芸術の自己表現は、重要な一つであろう。

また、母に溺愛されながらその後拒食症によって、自死にまで至ってしまった妹、美世子の手紙や日記などをもとに、母・高良とみとの関係をモデルにした『誕生を待つ命　母と娘の愛と相克』[11]をも書き留め、分析している。

3　父権制社会の「押入れ《クローゼット》」に隠されたもの

では父権社会の押入れ《クローゼット》の中にはどのようなものが隠されているのだろうか。鬼や妖怪や、時の権力にまつろわぬものとして抹殺され、死にきれなかったものの声や、そんなものが押し込められているのかもしれない。日本では、納戸に祀られる納戸神は、恵比須や大黒など、また隠れキリシタンは聖画像を祀った。

その押入れ、納戸は、高良氏が『見出された縄文の母系制と月の文化』の中で追及してきた、縄文の文化に見出されたアイヌ、海民、月女神……などと出逢える場所かもしれない。また何よりも母系制の文化にあったもの、あるいは歴史の痕跡さえ残せず、生き死にした人々の姿さえ見いだせるかもしれない。高良氏がこの大著で追っていったものはそういうものでもあった。

また女神としてのイザナミについては次のように述べている。

人々は祭りの中で、死と再生の太陰的循環を繰り返してきたのだが、ヤマト政権は、「制度によるイデオロギー操作によって、縄文・弥生以来の月の信仰文化を周縁や地下に追いやり、太陽神信仰のもとに専制的な支配を確立」した。そしてまた「真の神話的始祖である大地母神イザナミを悪女として天皇家の血縁から切り離し」、アマテラスを女神とする「虚構の始祖神話を作り上げた」[12]と記している。

高良氏が見出そうとしていた人々は、主にこの世界の向こう側に住む人々、あるいはかつてそこで生きていた人々だったと言えよう。

そのような少女の右手の奥の押入れ《クローゼット》に住まうものに「わたし」は、手を差し伸べたのであろう。少女の右手の奥に隠されている社会的に圧殺され、棄却され、狂気と名指されたようなものを隠し持っているのを「わたし」は透視していたのかも知れない。「わたし」をためらわせるその「右手」を掴んだとたん、「わたし」はその「少女」に負わされた「一つの運命を」共に担うことになるのだ。他者として当事者の運命を担うことはさらに深い想像力を必要とし、大きな受難を引き受けることになるのかもしれない。その「右手」の奥にあるものが、名指された侮蔑的蔑称に応答し、深く内面化されているものだとしたなら、意識の底にその名が沈められているところまで降りて行かなくてはならないのだろう。「わたし」が、掴んだかもしれない「少女」の「右手」のその場所は、「わたし」と「少女」が一体化する女の繋ぎ目だが、それでも「その手がもし右手でつかまったら」、「眼の端には」少しのひるみが現れたとしても、「少女」を引き上げ、「すこし変わった形の右手」のまま、それを共に自認し、形も名も変えながら、生きる場での多様な公的表現《カミングアウト》をして、共に生きることもできたかもしれない。「わたし」の想像世界の一つにそれは在ったであろう。

高良氏には「あなた」に向けて書いた次のような詩「出逢い[13]」もある。

あの銀杏《いちょう》並木のどのあたりで／わたしはあなたと別れたのだろう？／／（中略）／／わたしたちのあいだに／共につくるべき未来はすでになかった／まだ何もしないうちから／奪われつづけてきたものを／わたしは銀杏並木の／きらめきのなかに感じていた／／あなたと再び出逢ったのも／あの銀杏並木の街だった／でもわたしにはもう／あなたを見分けることができなかった／あまりにもあなたは／ほかの女《ひと》たちと似ていたから／／わたしは忘れてしまった／わたしがあなたを裏切ったのか／それとも　どこかで／見失ってしまったのか／／あなたと三たび出逢うためには／なお遠い道を歩かなければならないだろう

「ほかの女《ひと》たちと似ていた」「あなた」は、「狭い海」の「少女」の「左手」と読むこともできよう。「あなたと三たび出逢うため」の道は、「少女」の「右手」を「捕まえに行く」ための「遠い道」を暗示しているのではないだろうか。

女同士の関係の言葉が「奪われつづけ」た世界では否定の言葉や比喩や、沈黙の中で、「三たび出逢うため」の旅は、すべての父権社会の言葉《ロゴス》を捨てた地点からの出発かも知れない。これまでの旅とは違い、創造的で総合的、豊かな新しい関係を「あなた」と生み出していく旅ともいえるだろう。「見失っ」たものを取り戻し、「ほかの女《ひと》たちと似ていた」ようであったと思っていたものが、まったく違ったものになっていくのを発見していく生命《エロス》の旅でもあるのだろう。

このように高良氏は、詩から出発し、評論の言葉で思考し、また詩に立ち返っていくという往還運動をしてきた。上代・古代日本文学研究の西郷信綱「詩の発生」[14]によれば、「詩人の精神には原始人が棲」み、その「詩の発生」の場所は、「自然を共感せしめんとする」もので、「そこで発せられることばは、「うた」であったと言う。「遠い道を歩かなければならない」始まりの場所は、「うた」の発生する場所なのかもしれない。

4　女性と戦争

高良氏は、一九九三年刊行の論「見えてくる女の水平線——父権的文明から未来の文明へ」で父権制の行きつく果ての「墓場」としての「戦争」について　次のように警鐘を鳴らしている。

> なによりもいいたいのは、武力による人間の殺戮《さつりく》や支配に価値をおく考え方は、もっとも父権制的なものであり、疎外された意味での男性的なものであって、人間による人間支配の文明の行きつく果ての墓場だということである。核戦争や化学兵器戦争、地球破滅の悪夢がその窮極にある。人類は他のさまざまな父権制的価値観と同様に、この武力を価値とする価値観からも、抜け出す時期にきているのではないだろうか[15]。

レイプと戦争の関係、そして女性や他民族への差別、非人間化との連動について、ベティ・リアドンは『性差別主義と戦争システム』の中で「レイプは、戦争システムの究極的な陰喩であり、この体制下では、暴力が社会関係の最終的決定者、力が公衆秩序の構造を支える接着剤なのだ」と述べ、またそれが女性嫌悪を根底に持つことについて「女性嫌悪は、軍事主義、性差別主義双方の核心であり、男性権力構造が、戦争を育んでいる社会的土壌からこれを完全に取り除かない限り、戦争システムの根を断ち切る希望はない[16]」と明言している。

そしてまた女性の絆について「女性を互いに分離させ、疎外させ、男性の歓心をかちとるための競争に追い込んでいた社会化を乗り越えて、女性の間に絆が育ちつつあるのも、希望の光である」と述べ、「男性間の絆が、狩りと戦場と競技場であるのに対し、女性は今や、フェミニストの運動と平和運動のなかで絆で結ばれ」、「互いに支援し育て合っている」と主張することで、女同士の結束により「自己変革と環境変革の能力を得る[17]」ことができると示唆している。

昭和七年生まれの高良氏は、多くの反戦詩を書いているが、詩「ひとりの女のかたわらで[18]」で人類への希望を伝えている。

> じっと耳を澄ましていると／地球のふところから／女たちの　足音が聞えてくる／深い　森のざわめきのような／女たちの　ことばが聞えてくる／／（中略）／／国家のつくる　恐怖の平和は／わたしたちのものではない／ほんものの平和は／わたしたちが　つくる／／じっと耳を澄ましていると／大地の　深いところから／名づけられないものの　響きが聞えてくる／その足音は　わたしたちの　足音／その声は　わたしたちの　声

リアドンの以下の記述は、まさに「いのち」の詩人・高良氏の拠り所となる視点の重要性を示している。「科学主義が育んできた二元主義は、知識を分別し、経験を寸断し、そして、現時点で私たちが切実に必要としている直感力、想像力を蔑視する。これら、直感力、想像力は、基本的に女性的要素であり、男性的合理主義と還元主義によって、知的、政治的議論からは閉め出されている。こうした精神は依然として科学的主流の流れを支配してはいる[19]」。

高良氏は最後の著書の中で縄文を「半栽培漁撈文明」として位置づけ、安田喜憲の『稲作漁撈文明——長江文明から弥生文化へ』の次の論に共感し引用している。

縄文時代の人々は狩猟・漁撈・採集活動と堅果類の半栽培を生業の基本とし、森と海の資源を極限にまで循環的に利用する技術を有し、平等主義に立脚し、戦争を回避する社会制度を維持し、土器作りや芸術活動に異常なほどのエネルギーをかたむけ、大規模な木造建築物を作り出す技術を有していた。そして女性中心の社会であり、生命の誕生と死をもっとも重要なことがらと考え、アニミズムの世界観を共有し、生きとし生けるものの命に畏敬の念をもって自然と調和的に生きていたのである。

しかも、こうした生活が一万年以上にわたって北海道から沖縄にいたる広い範囲でくりひろげられたのである（略）こうした縄文時代こそ、現代の文明が見失ったものをその文明原理の根幹にもち続けた文明なのではあるまいか。[20]

さらに高良氏は、縄文人が農耕の拡大だけでなく「稲作の受容に抵抗した」ということについて、初期農耕社会がそうであったように、貧富の差ができることを縄文人は拒否したのではないかという安田氏の論『古代日本のルーツ　長江文明の謎』[21]について以下のように主張している。

縄文文化の諸要素の中には新石器的といえるものが多くありながら、最も肝心な食糧生産経済の発達がみられなかったという特殊性が認められるのである。

おそらくその理由は、豊かな自然に恵まれた縄文時代の日本列島では、縄文人たちが自然と調和し、その幸を巧みに活用することによって、生活と文化を維持することができたからであろうと推測されている。

そしてこのことは、「縄文人がなぜ戦争をしなかったか、なぜ国家をつくらなかったかという問題と関わる、縄文文化の重要な特徴である[22]」と言う。

5　「元始、女性は月であった」

高良氏は、高群逸枝が〈月の女〉であるとして、以下のように述べている。「高群逸枝の生涯は、平塚らいてうの宣言『元始、女性は太陽であった』を学問的に裏づけようとすることでもあった。しかし「創刊の辞」（『青鞜』——著者注）がより女性の歴史の事実に沿って書かれるなら、その宣言は「元始、女性は月であった」でなければならなかった[23]」。

さらに、縄文文化は月の文化、太陰的世界観・循環的宇宙観であるとしてエスター・ハーディングの論（『女性の神秘——月の神話と女性原理』創元社、一九八五、二八〜三一頁）を参照しつつ以下のように述べている。「縄文文化は基本的に月の文化だったと考える。月は豊饒をもたらす力であった。植物も種子も、月の影響なしには成長しないし、動物も女たちも、月の精力を与える力なしには子どもを生むことはできない」。また女性の月経については、「月の周期と同じ周期をもち、月と不思議な暗合でつながっている。多くの言語で、月経を表す言葉と月を表す言葉は、同じか、あるいは密接に関連している[24]」と女性の身体との深いつながりについて論じているが、これについてバーバラ・ウォーカーは、『神話・伝承事典　失われた女神たちの復権』で月経暦＝太陰暦（Menstrual Calendar）について以下のように記述している。「西欧ではキリスト教時代の大半を通じて二つの相容れない暦が用いられていた。教会が採用した公認の太陽暦（ユリウス暦）と、農民が用いた非公認の太陰暦、女神から与えられた月経の暦である[25]」と。

また高良氏は、日本のエコフェミニズムについては、女性の「市場によって搾取・破壊される〝内なる自然〟を、身体性（あるいはせいぜい感性）としてのみ認識するのではなく、自然と精神が分断される前の、生命、精神、理性、心、感情、本能までも含む全体的な存在として捉えなければならなかったのだ[26]」と結論付けている。

またアントニオ・ネグリ／マイケル・ハートの論にも共鳴をしながら、土地を私的所有ではなく、〈共〉《コモン》とすることを推奨している。〈共〉《コモン》は、「物質世界のコモン・ウェルス（〈共〉的な富）――空気や水、大地の恵みなど、あらゆる自然の賜物《たまもの》」であると同時に、「知識や言語、コード、情報、情動などの社会的生産の諸結果」[27]などであると言う。そこから新しい時代のコミュニズムを主張する。それは、かつてのソ連のような古い共産主義的体制、国家による社会統制、経済統制、民衆を上から指導する前衛党などで構成されるものではなく、地球というエコシステム全体を〈共〉《コモン》として捉える、というのである。

おわりに

自身が、「産む」こと、育てることを主体的に選択していくことによって「父権制のもとで私的＝内在的な領域に」閉じ込められている現代の孤独な出産・子育てに対して「家庭を社会に向かって開き、家事・育児を社会化する方向」へ向けて育児の共同化、社会化は考えられなければならないと高良氏は、主張する。[28]そして、生き物としての「女」の宇宙的な体験のなかで、産む行為を通して、はるかな源に向けて「山の神」[29]に次のように呼びかけている。

> 産室で　わたしが鰐の姿に戻っていたとき／じっとわたしを見守っていたのは／あれは　血のけがれをおそれない／山の神　あなただったのか／（略）産むものをしぼり　産まれるものを押し出す／くり返し　くり返されてきた大地のうねり／女は湧き水のなかに遠い潮騒の音を聞き　自分の腰に／大地が縮みながら押し寄せてくるのを感じていた／／そのとき女のすぐかたわらに来ていたのが／このくにの山や森に原初から住みついていた女神／みずから産むものであり／産まれるものすべてをつかさどる　山の神だ／／（後略）

高良氏は、「人生の最大の強迫観念」である「女という問題」から出発し、あらゆる被差別とその構造、歴史を見つめ、自身の生きる場から、すべての人が共に自由に在ることによって連帯し、共生する世界を思考し続けた詩人であった。

注

1――高良留美子『見出された縄文の母系制と月の文化〈縄文の鏡〉が照らす未来社会の像』言叢社　二〇二一・六

2――高良留美子　詩集『崖下の道』思潮社　二〇〇六　一一四頁。

3――高良留美子『百年の跫音 下』御茶の水書房　二〇〇四　二九九〜三〇六頁。

4――高良留美子『自選評論集6　高良留美子の思想世界　見えてくる女の水平線』御茶の水書房　一九九三　vii頁。

5――ニコラウス・ゾンバルト　田村和彦訳『男性同盟と母権制神話――カール・シュミットとドイツの宿命』（叢書・ウニベルシタス441）法政大学出版局　一九九四　五七頁。原著：一九九一

6――ニコラウス・ゾンバルト「「男性同盟《メナーブント》」と政治文化」トーマス・キューネ編　星乃治彦訳『男の歴史――市民社会と「男らしさ」の神話』（パルマケイア叢書8）柏書房　一九九七　一三五〜一四四頁。原著：一九九六

7――イヴ・コゾフスキー・セジウィック　外岡尚美訳『クローゼットの認識論――セクシュアリティーの20世紀』青土社　一九九九。原著：一九九〇

8――竹村和子「〈悪魔のような〉女の政治学」『女というイデオロギー　アメリカ文学を検証する』海老根静江＋竹村和子編著　南雲堂　一九九九　三一一頁。

9――イヴ・コゾフスキー・セジウィック 上原早苗・亀沢美由紀訳『男同士の絆――イギリス文学とホモソーシャルな欲望』名古屋大学出版会　二〇〇一　三頁　原著：一九八五

10――注（3）に同じ、二九九〜三〇六頁。

11――高良美世子著 高良留美子編、『誕生を待つ命　母と娘の愛と相克』自然食通信社　二〇一六

12――高良留美子『花ひらく大地の女神――月の大地母神イザナミと出雲の王子オオクニヌシ』御茶の水書房　二〇〇〇

九　一〇六頁。

13――詩集『その声はいまも』思潮社　二〇一七　六六頁。

14――西郷信綱「詩の発生」『増補　詩の発生――文学における原始・古代の意味』未来社　一九六四　一九頁。

15――注（4）に同じ、二八頁。

16――ベティ・リアドン　山下史訳『性差別主義と戦争システム』勁草書房　一九八八　七二～一〇三頁。原著：一九八五

17――注（16）に同じ、一六四頁。

18――『風の夜』思潮社　一九九九年　九八頁。

19――注（16）に同じ、一三九～一四〇頁。

20――注（1）に同じ、五一〇頁。安田喜憲『稲作漁撈文明――長江文明から弥生文化へ』普及版　雄山閣　二〇一三二九〇頁。

21――注（1）に同じ、四八七頁。安田　喜憲『古代日本のルーツ　長江文明の謎』青春出版社 二〇〇三　七七～七八頁。

22――注（1）に同じ、四八三頁。

23――注（1）に同じ、五一一頁。

24――注（1）に同じ、四六七頁。

25――バーバラ・ウォーカー　山下主一郎［ほか］共訳『神話・伝承事典　失われた女神たちの復権』大修館書店　一九八八　五二一頁。原書：一九八三

26――注（1）に同じ、三三頁。

27――注（1）に同じ、五二二頁。

28――高良留美子　『自選評論集5　高良留美子の思想世界　高群逸枝とボーヴォワール』御茶の水書房　一九九三　二二六～二五二頁。

29――高良留美子詩集『しらかしの森』土曜美術社　一九八一（『日本現代詩文庫34　高良留美子詩集』再録 土曜美術社　一九八九　四四頁。）

海猫沢めろん『キッズファイヤー・ドットコム』を読む

――常識を揺り動かす子育て

永井里佳

はじめに

乳児を育てることになった新宿歌舞伎町のカリスマホストが、育児費用をクラウドファンディングで集めようと奮闘する「キッズファイヤー・ドットコム」[1]は、子育ての概念を覆そうとするラディカルな作品だ。

ある日、ホストクラブ「ＢＬＵＥ＋ＢＬＯＯＤ」の店長である白鳥神威《かむい》は、自宅マンションの玄関前で赤ちゃんが乗っているベビーカーを見つけて愕然とするが、育てようと決意する。母親に心当たりはない。赤ちゃんを一人にはできないので店には「同伴出勤」するほかはない。そして誰にも頼れないワンオペ育児に苦しむ中で、育児費用をクラウドファンディングで集めるアイディアを思いつく。旧友である孔明の協力を得てサイトに投稿された「レジェンド・オブ・赤ちゃんプロジェクト」は、仕掛けられた〈炎上〉によってマスメディアも無視できない存在となり、神威は同僚達とテレビ番組に出演することになる。「荻窪リキ」が司会を務める番組ではプロジェクトの是非を巡って侃々諤々となるが、実はホストクラブの太客（上得意）の瀬理奈も姿を隠して出演していた。彼女はプロジェクトを批判して、さらに、シングルマザーである自らが常に余裕のないぎりぎりの心境で育児をしていることを訴える。番組が議論半ばで終わった後で、やはりホストクラブの客である千種によって赤ちゃんの命名権が落札された。というのがストーリーの概略である。

登場人物それぞれの行動の細部は非常にリアルである。そのうえ、モデルが容易に想像できる多くの固有名詞も、作品世界と現実が地続きである印象をもたらしている。しかし身元がわからない状態の子どもを育てることができるのかという根本的な問題に踏み込むことはなく、「そういう意味ではリアリティがあんまりない」のだが「そこがすごいとも言えるし、人工的に感じる所以でもある」[2]とも評されている。ただこの論考を書いている二〇二二（令和四）年一月現在、前年末に熊本市の病院で日本で初めて行われた〈内密出産〉（身元を明かさずに出産すること。フランスなど、制度化している国もある。）をめぐって、その是非や、母親欄が空白である出生届の受理に関しての議論が交わされている。[3]本作を連想させるような、〈母〉や〈保護者〉の概念をゆるがす事象が発生してきているのだ。本作品の地平は現実からほんの少しだけ遊離していて、私たちが拠って立つ「常識」を揺り動かしているといえるだろう。

そこで目論まれているのは、〈育児者のイメージを多様化すること〉、〈育児者と出資者を切り離すこと〉、〈育児と「愛」の結びつきを切り離すこと〉の三つである。

1　育児者のイメージを多様化する

神威は、徹底して現代的なテクノロジーに取り囲まれている消費者である。彼のスマートフォンは起床時刻を告げると同時に音楽をスタートさせて、風呂は程よい湯かげんとなるようタイマー予約されている。隅々までコントロールされた生活の中に、コントロールという概念の対極にある赤ちゃんが登場する様は、現代の親たちが初めて子育てをするときに感じるとまどいの暗喩となっているだろう。日本社会では、特に核家族化が進む都市部にあっては、成長の過程で乳幼児と関わる機会は減っており、初めて接する赤ちゃんが自分の子どもであることがごく当たり前となっている。二〇〇五（平成一七）年の調査によると、育児の知識を体験ではなく育児書から得る親の割合が、日本は先進国中で最も高い[4]という。

神威にも育児の知識は全くない。だがスマートフォンで検索して、数分後には「完璧なホスピタリティ」をもって得意の「笑顔《スマイル》」であやしながら、ミルクを与えたり、おむつ替えをこなしたりできるようになる。作品はスマートフォンを現代人の「外部脳」と位置付けていて興味深い。「外部脳」は全ての人に開かれていて子育ての知識を授けてくれ、同じ悩みを持つ者同士が出会う場を提供してもくれる。それに比べると、ベビーカーの隠しポケットから見つかった母子健康手帳（母子手帳）はなんと高圧的であることだろうか。そこには、

新生児（生後約四週間後までの赤ちゃん）

（……）母体を離れての生活に無理なく慣れ、情緒の安定した赤ちゃんとして人生の一歩を踏み出せるように、次のような注意をしましょう。[5]

という項目に続いて（1）赤ちゃんが過ごす場所（「清潔で静かな場所に、ゆったりと寝かせましょう」、「なるべく赤ちゃんを一人にしないようにしましょう」）、（2）保温（「部屋の温度はなるべく20℃以下にならないようにしましょう」）、（3）母乳（「新生児には母乳が第一です」）、（4）清潔（「かぜをひいた人が赤ちゃんに近づいたり、抱いたりしないなどの注意が大切です」）等と記されている。よほど環境に恵まれていなければ、全てを叶えるのは困難である。神威は、家にやってきて母子手帳を見たホストクラブ経営者の男爵と、

「神威、お前母乳は出せるか？」
「やってみたけど無理でした」

という会話を交わしている。神威だからこそユーモラスであるが、これが遺伝上の母親であったら「無理でした」の一言ではすまされない。母子手帳が前提とするような育児者ではない神威の視点を通すと、畳みかけるように羅

列される〈正しい〉注意事項の実現不可能性がよくわかる。そのうえ「母子健康手帳」という名称からは、遺伝上の母親以外の育児者を排除する暴力性すらも感じ取れる。(6) 経験に乏しい育児者が必要としているのは理想ではなく現実的な知恵なのだから、その意味において、実際的で即応的であるネットはより有益だといえる。

育児経験のない都市生活者という神威の特質は、現代の親たちに通ずるものがある。しかし父でも母でもないながら、いかにもホスト然とした豪奢な服飾品に身を包みつつ、理念なき知の集合体であるネットと「ホスピタリティ」を頼りに赤ちゃんと向き合おうとする彼は、育児者が纏わされている一面的なイメージを打破して多様性をもたらす存在なのである。

とはいえ、どのような育児者にとってもワンオペ育児（誰の助けも借りずに育児をすること）は過酷である。夜泣きの「おんぎゃあ」に一睡もできずに出勤しても、翌日の夜もまた夜泣きだ。入浴も諦めざるを得ない。多くの女性のわがままに付き合ってきた神威だが、赤ちゃんの場合は「主張の意味も、意図も」わからない。「情緒の安定した赤ちゃん」どころか、まるで「たちの悪いメンヘラ女」のようだが絶対に逃げることはできない。放っておけば赤ちゃんは命を失ってしまうからである。さらに「『赤ん坊は良いものであり、それを愛するのは当然である』という世間の常識」と責任に押しつぶされて、ひたすら泣き続ける赤ちゃんに憎しみが湧いてくるが、それを自己嫌悪する感情とのせめぎ合いで涙が出てくる。無意識に靴下のままで六階のベランダに出ていたことに「ぞっとし」て、「カリスマモードのスイッチを強引に入れ」て必死に気分を変えようとする。産後うつの症状に等しいのだが、このくだりはホストもワンオペ育児の経験もある海猫沢の実感であろうし(7)、リアリティに溢れている。と同時に、母性(8)に関する言説に揺さぶりをかけてもいるのである。

一般に産後うつや育児不安は、出産前後のホルモン変動と関連付けられて母親の問題として語られることが多い。確かにホルモン変動は大きな身体的ストレスであろう。しかし、問題は〈母性〉の枠をはみ出すほど大きいかもしれないのだ。男性であっても「カリスマモード」でポジティブになれたとしても、ワンオペ育児をする者は容易に産後うつ様状態に陥ってしまうし、それは「世間の常識」と命への責任を感じ取ればこそである。この社会は乳児のケアやそれに起因する問題を母性と結びつけがちであるが、母性がなくてもケアはできるのと同時に、母性を持つ者と同様の問題は誰にでも起こり得る。神威の表象は、乳児のケアと、ジェンダーや性やホルモンを安易に結びつけることの無効性を私たちに気づかせてくれる。

2　育児者≠出資者

神威が育児に疲れてぼんやりと「子育てに翻弄される人々を想像していたとき」、ひらめいたのが「ソーシャル子育て」のアイディアだ。かつての後輩ホストで今では著名なＩＴ企業経営者となった孔明と共に「KIDS-FIRE.COM」というサイトを立ち上げて、クラウドファンディングで子育て費用を集めようというのである。ホストクラブはしばらく前から経営不振に陥っていたうえに、数日来の赤ちゃんの「出勤」は客足を激減させていて、経済的にも見通しの立たない状況にあった。彼は「どうしてひとりの子育てが大切か、それはこの国が一人親に、たいした援助をしないからだ。なんせ、子育てを楽にするような法律や制度がほとんどない」、けれども「時間や精神的余裕の問題も、金があれば軽減される」のだから「みんなで協力できれば、子育ては楽になる」と考えて、出資者を募る。

プロジェクトの概要は「基本プラン」（50万円／動画やブログで成長記録が見られる）、「ゴッドファーザープラン」（１５００万円／命名権を得られる）、「赤ちゃんプラン」（１０００万円／ミルクを与えられる・好きな洋服を着せられる）、「小学生プラン」（１０００万円／ランドセルをプレゼントできる・中学受験に介入できる・作文のテーマを指定できる）、「エア家族プラン」（１００万円／死ぬ間際に手を握ってもらえる）、「介護プラン」（1億円／三年間住み込みの介護が受けられる）等々である。世代間格差を見越して、経済的余裕のある高齢者を出資者として想定したプロジェクトは、高齢者の望みは子どもを「幼児期に可愛がって、最後に介護」をしてもらうことであるという認識に基づいている。図式化された見方ではあるが、昨今の社会状況に鑑みて完全に否定することもできないであろう。ここで重要なのは、「みんなで協力」

するシステムとしてクラウドファンディングを採用していることだ。従来型の地縁や血縁に基づくコミュニティでも公的扶助でもなく、リターンを設定して出資者に「夢」を買ってもらうシステムは、上手く機能すれば誰にとっても不満が少なく合理的である。

例えば「保育園落ちた、日本死ね」の匿名ブログが話題となったのは二〇一六（平成二八）年であったが、保育園には公金が投入されるゆえに、待機児童問題への施策は、納税者間の不公平を招くという批判にさらされがちである。子どもを持つか持たないか、乳幼児を育てているかいないか、子どもを保育園に入れるべきかそうでないか……分断線はどこにでも引ける。しかしクラウドファンディングならばそのような分断は起こらない。本作がクラウドファンディングに着目しているのは、もはや公的扶助への期待など虚しいという気分の表れであるのかもしれない。[9]リアリティに基づいて考えれば前述のリターンには倫理的問題があるのだが、育児費用を出資に恃むこと自体は否定されるべきではないだろう。

このシステムが目指しているのは、頼りない国には期待せず（期待している間に乳幼児期は過ぎてしまうのだから）、「俺たちで世の中を変える」ことである。注目すべきは、養育と経済的扶養を切り離して〈親子＝生計を一にするもの〉という社会通念を打ち砕き、育児費用を家庭の外に開いていく指向である。後述するが神威には、育児費用の分かち合いは子育てを一人で抱え込まない意識をもたらすという発想があるのだ。

3　育児≠「愛」

神威と孔明が出演するテレビ番組には、プロジェクトを批判的にとらえる二者が登場する。主にプライバシー保護の観点から非難する司会・荻窪リキと、姿を隠して出演している瀬理奈だ。

「こんなのに登録したら母親失格だと思われるに決まってるし」、「私たち母親がどんな苦しい気持ちで、逃げ場もなくして子供と一緒にいるか……わかってない」と発言する瀬理奈は、いわゆる母親役割を内面化している多くの母親たちの代弁者だといえる。番組の途中で赤ちゃんに異変が起きた瞬間、瀬理奈はブースから飛び出して熱性けいれんだと判断して、番組はそこで中断された。神威が赤ちゃんの発熱に気づいていなかったこととは対照的で、それは瀬理奈のこれまでの育児経験がなせる業である。だがその一方、自らを〈母親〉と規定する彼女は役割意識にがんじがらめにされているのだ。

愛とは「相手のために自分を犠牲にすること」であって「愛の結晶」である「子供は親が育てなきゃいけないのよ！母親が一人でがんばらないといけないの！」と言う彼女は、〈育児＝母親＝愛＝自己犠牲〉というイメージに自縄自縛になっている。神威の主張に対しても「世間にどう説明するの？」と非難する。それを聞いた孔明は「なんでそう世間の枠が好きなの？それだよ、あんたが苦しい理由」と喝破する。「がんばんなくていいよ」、「愛情なんてわけわかんないもんに囚われているから、愛せないとか妙な悩みにハマるんだよ」の台詞は秀逸だ。孔明はサイト開設日に作業をしながら赤ちゃんをあやして徹夜し、翌朝それをねぎらった神威に向かって「こいつらのタスクって、メシ、フロ、シモ、抱っこ、寝る、このくらいだろ。簡単なゲームじゃねえか。変な感情絡めるから面倒なんだよ」と言ってのけたこともあった。孔明の言葉は、育児（と母親）にまつわる「愛」の語の虚偽性を暴いているといえる。母親は「失格」することは許されず、常に適格であれというプレッシャーにさらされている。母親として適切にふるまうことと「愛」の語が結びつけられるとき、母親自身が愛の有無を、そして多寡を問うことによって自らを追い詰める構図を浮かび上がらせているのである。

神威も、育児者に「子供のために生き」ることを強いる「空気をなんとか」したいと望んで、育児を個人的営為から社会の成員同士の「協調的枠組み」へと組み替えようとする。そのために番組内でも「愛などといった曖昧な言葉ではなく、お金で救われる子はいるんです」と訴えるが、ここで指摘しておきたいのは、神威が愛着の感情自体を否定してはいないことだ。神威には「目の前の赤ん坊を何とかしたいという気持ちは本物だ」という確信がある。赤ちゃんを「ソーシャル子育て」によって協力して育てるといっても、日常を共にする育児者は神威であるとの前提は揺るがない。彼が目指すのは、関係性を「常識」の枠組みから解き放つことである。神威と瀬理奈の〈育児が辛い〉という感情を解剖すると見えてきたのは、ワンオペ育児の過酷さであり、育児環境の不備であり、役割意識がもたらす重圧であった。一人で負うべきではない問題に直面して無力感に苛まれてしまうこと――「愛せない」とはこの謂なのかもしれない。であるならば「目の前」の存在に対する「気持ち」が「愛」の定義に適うかと悩む必要はないだろう。このような認識を神威の中に見出すことができる。

赤ちゃんの手当てが済んだあと、神威と孔明は次のような会話を交わす。

「愛なしで子供を育てることができたら、それは世間でいう薄っぺらな愛情より素晴らしいものになるのかな」

孔明は目を擦りながら言った。

「それはたぶん愛と見分けがつかない」

〈育児＝愛〉というステレオタイプからの離脱を試みる二人の言葉は、「愛」の悩みにハマる育児者をそっと勇気づけることだろう。

4　おわりに・その後のプロジェクト

ここまで、育児にまつわる「常識」を無効化するために、作品が〈育児者のイメージを多様化すること〉、〈育児者と出資者を切り離すこと〉、〈育児と「愛」の結びつきを切り離すこと〉を指向している様を見てきた。三つは密接に結びついている。まずは「誰もが子供のために生きられるわけじゃない」という現実が直視されている。その現実に基づいて、多様な在り方を認められた育児者が、問題をそれぞれの〈親子〉関係の内に閉じ込めずに社会に開いていくことによって、親に自己犠牲を強いる社会の「構造」を変えようというのである。ここでは金銭を、育児にまつわる諸問題を解決する最も手っ取り早い手段の象徴、と見做すことができる。それゆえ、遺伝的つながりや公的な続柄に関わりなく誰もが子どもに出資できるという可能性は人々の意識を変えていって、「日本じゅうの子育てに苦しむ人を助け」ることにつながると夢想されているのである。

しかしながら、たとえ金銭が象徴的存在であるといっても、この企ての最も大きな問題は赤ちゃんを商品化していることだといえるだろう。人生が出資者たちに消費されることになる。だがこの問題を考えるとき、現実社会において子どもが既に投資や（親の）楽しみの手段と目されるに等しい状況下に置かれていることを、無視することはできない。

例えば育児・教育系雑誌では〈東大生が子どものときにやっていた習い事〉や〈出口のいい学校〉（入学時の偏差値より卒業生の進学先の偏差値が高い学校）等の特集が組まれたり、〈コスパのいい職業〉（その職業に就くためにかかる教育費用に比して、より多くの収入が見込める職業）という表現もよく聞かれるところである。もちろんこれらは、子どもに苦労させたくないという（学歴信仰に基づく）親心の表れではあるのだが、子どもの人生を費用対効果でみていることは否めない。またSNSに溢れているのは、顔を隠してこそいるが、子どもと楽しく過ごす姿をアップして〈共有〉したいという親たちの欲望である。さらにいえば、幼児・児童の2020東京オリンピック・パラリンピック観戦（コロナ禍により一部実施）や、パンデミック下で働く医療従事者に感謝の手紙を書くよう小中学生に〈呼び掛ける〉事象などは、この社会が子どもに〈美しい〉「夢」を見ていることの表れだといえる。子どもへの「夢」を金銭に変えようとする「ソーシャル子育て」は、すでに「夢」を享受している社会の醜悪さの凝縮であるという見方も可能ではないだろうか。本作品を評する言説には、「痛快[10]」や「赤ちゃんを使ってどこまで悪辣なことをやっていくんだろうと期待[11]」していた等がみられるが、それらの言説も、子どもを〈消費〉する社会の負の側面をプロジェクトはシニカルに照らし出している、という読解に基づくといえるだろう。

神威は、「デリヘル」であった母と父の間には愛情がなかったと聞かされて育ってきた。また、孔明は同性愛者であって、パートナーとの間に「どんなに愛があっても」、「種の生存」の象徴である子どもができないという一点において社会から「非生産的」だと非難されることへの反発がある。「世間とか空気とかそういう、見えない敵」とたたかう二人は、自らの内にあるコンプレックスとも格闘しつつ、家族にまつわる常識を変革したいと願っている。

そのためには価値観の変容を促すだけでは足りず、社会制度そのものを変えることが必要だというのは誰にでも言えることである。しかし変革には時間がかかる。育児者に充分な対価が支払われないならば、たとえ悪手ではあっても、現行のシステムを利用してできる限りの対抗策をとるしかない。それが「ソーシャル子育て」なのである。育児を変えることを「世界の革命」と位置付ける「キッズファイヤー・ドットコム」は、育児の概念や家族観を揺り動かそうとする少々暴走気味の思考実験であるといえるだろう。

暴走の行き着く先を描き出すためであろう、二〇一七（平成二九）年には後日談として「キャッチャー・イン・ザ・トゥルース」[12]が発表されている。赤ちゃんは六歳になっていてKJ（カムイジュニア）の愛称で呼ばれ、必要な経費はクラウドファンディングで集められている。広く認知されたサイトには多数のプロジェクトが投稿されるようになり、神威は「チルドレンファースト」を掲げて都知事選に出馬して、圧倒的多数の支持により当選した。世の中の枠組みを変革する試みは着々と進行している。しかし、二〇二〇年の東京オリンピックを中止して（！）その予算を子育て支援に当てるという子育て世帯のみを優遇する政策は、高齢者や単身者の生きづらさという新たな問題を生んでいる。

前作では客体としてだけの存在であった子ども世代が今度は主体となり、親だけでなく子どものことも考えるべきだと主張するのが大きな特徴だ。多くの人に介入される人生をKJがどのように引き受けているか、その機微も描かれている。個別の関係性に由来する感情を既存の概念に閉じ込めず、ありのままに受け取ることの模索は続いている。

最後に、海猫沢めろんについて簡単に触れたい。海猫沢は「デザイナー、ラジオドラマ脚本、ゲームの企画・製作などさまざまな職を経て[13]」ジャンル横断的な文筆家となり、「愛についての感じ[14]」や「キッズファイヤー・ドットコム」は野間文芸新人賞候補となった。後者の発表以降は様々な媒体から育児に関する取材を受けている。『ニコニコ時給８００円[15]』には、孔明の前身と思われる、若くしてＩＴベンチャーを起業して成功した人物が登場する。彼は「カネ」の価値が肥大化している現代社会を批判して「こんな世界につきあう必要はない」、「そっちがその気ならこっちだってやってやる」と言い、労働ではなく楽しさの交換（具体的にはブログのアフィリエイト）によって生活しようとする。エッセイ集『頑張って生きるのが嫌な人のための本[16]』などを考え合わせると、近年の海猫沢にとっての第一義は、個々人の生きやすさの追求であると概観することもできるだろう。

注

1――初出『群像』（二〇一五・五）。『キッズファイヤー・ドットコム』（講談社、二〇一七・七）に所収。本文の引用は単行本による。

2――佐々木敦「創作合評（鴻巣友紀子・佐々木敦・青木淳悟）」（『群像』二〇一五・六）

3――同病院には二〇〇七年から〈赤ちゃんポスト〉が設置されているが、望まない妊娠や育児放棄の問題により踏み込むために実施された。

4――牧野カツ子他編『国際比較に見る世界の家族と子育て』（ミネルヴァ書房、二〇一〇・四）

5――作品内の母子健康手帳にある文言は、二〇〇二年版「母子健康手帳」記載の文言に同じである。この部分は次の改訂版である二〇一二年版では変更されているが、自治体によっては旧版を使用している。

6――「母子健康手帳」という名称は「母子保健法」（一九六五年施行）に基づくが、手帳の発行主体は各自治体である。この名称は育児を母親の役割だと前提しているとの批判から、特に二〇〇〇年以降では「親子手帳」に変更したり併記する自治体も数少ないが出てきている。

7——海猫沢はエッセイ集『パパいや、めろん』（講談社、二〇二〇・六）で、自身のワンオペ育児の経験を「気が狂いそうになる」、「マジでヤバい」、「どんな屈強な男でも8割は音を上げる」と振り返っている。
8——本稿では〈母性〉を〈妊娠・出産に関わる身体性〉の意味で用いる。
9——長谷川町蔵は書評「その先のロマンチズム」（『文藝』二〇一七・一〇）で、「キッズファイヤー・ドットコム」の発表が先述の匿名ブログより一年早いことに触れている。
10——高橋源一郎「野間文芸新人賞　選考委員のことば」（『群像』二〇一八・一）
11——鴻巣友希子「創作合評」注2に前掲。
12——初出『群像』（二〇一七・五）。『キッズファイヤー・ドットコム』（注1）に所収。
13——海猫沢めろん『愛についての感じ』（講談社、二〇一一・二）プロフィール欄。
14——注13に前掲。
15——集英社、二〇一一・七。
16——『頑張って生きるのが嫌な人のための本——ゆるく自由に生きるレッスン』（大和書房、二〇一四・二）

鈴木悦にみる〈自然〉

――田村俊子宛書簡を繙く

橋本のぞみ

はじめに

鈴木悦（ジャーナリスト、労働運動家　一八八六～一九三三年）は、何を支えに、確証のない明日を信じたのだろう。いかにして、襲い来る試練を耐え忍んだのだろうか。二〇一〇年に、およそ九〇年を閲して日の目を見た彼の手になる数多の手紙[1]は、奇しくもかのスペイン風邪が本格的に流行する前夜、北米・カナダからの（あるいは、そこに向かう船中で）、甘くも苛烈な「恋」の記録である。

スペイン風邪は、全世界的に大流行したH1N1亜型インフルエンザの通称であり、人類史上最も死者を出したパンデミックの一つとされている。当時の内務省衛生局によれば、その流行は三期に分けられ、第一期は一九一八（大正七）年八月～一九一九（大正八）年七月、第二期は一九一九（大正八）年九月～一九二〇（大正九）年七月、第三期が一九二〇（大正九）年八月～一九二一（大正一〇）年七月であるというから、手紙が記された一九一八（大正七）年六月～一〇月は、第一期の初期にかかっているとはいえ、未だ病は世界的な広がりを見せてはおらず、文章中に関連する記述が特に見られないのも故なきことではない。

本稿では、この世界的なパンデミックを間近に控えた時期に、いま一つの闘い――妻と別れ、有夫（事実婚）の女性との家庭を築くための――を生きた一ジャーナリストによる稀有な記録の一端を，ジェンダーの観点から紹介したい。

1

鈴木悦は、編集者時代に『戦争と平和』を島村抱月と共訳し、その後、カナダ発行の日刊紙『大陸日報』の記者として健筆を揮った人物である。彼が作家・田村俊子（一八八四～一九四五年）と恋に落ちたのは、大正初期。当時文壇の寵児であった俊子には、すでに事実婚の夫（田村松魚）がいた。やがて二人は、別天地カナダでの新生活を夢見るようになっていく。生活の基盤を整えるため、新聞記者として先にカナダにわたった悦が、日本に残る俊子宛に認め、弛みなく送り続けたのが件の手紙である。

二人は、互いに日々の日記と相手への手紙を、幾日かずつまとめて送り合う約束をしていた。到着時期が定まらない船便の時差が、一ヶ月程だった時代のことである。彼らの試練とは、倫理的な問題だけでなく、二人の遠く隔たった距離とそれゆえに生ずる様々な誤解や不安でもあった。

「～なの」「～じゃない？」などのジェンダー越境的な文末を多用しつつ、時に甘く、時に気弱に語りかける悦の恋文は、その総回数二五回（一回分に一通から一二通が同封されていた）。一見軟弱とも思われるこれらに通底するのは、しかしながら常に相手を尊び信じようとする固い意志と、二人の生活を築くための強い信念である。さらに、これらの文章を特徴づけるのは、記者に似合わぬ誤字脱字、塗りつぶしの多さで、一気呵成に書き上げた彼の恋情の激しさをうかがわせて余りある。こうした悦の、彼女への真っすぐな眼差し、揺らがぬ想いが、ともすれば悲観的になり、渡加をためらいがちな俊子を終始リードし、次々と二人に降りかかる問題を解決へと導いていく。

首尾一貫して、俊子に「私の恋しい人」「美しい人」と呼びかけ、彼女の形代として贈られた指輪に夜ごと「キッスしながら」と記して憚らなかった悦の微塵も屈せぬ思いが、不如意な日々を見事に二人の生活へと結実させたのである。次章で、具体的にいくつかの例を見ていこう。

2

悦の手紙には、世界情勢や身近な事件など社会的な出来事のほか、日本の文壇・文学者、見聞きした劇や書物への評価等々、多岐にわたる事柄が記されているが、それらにおいて彼が一貫して価値を見出しているのは〈自然〉である。それは、何も nature に限ったことではなく、人間にとっての〈自然〉、ありのままであることの謂いでもある。

こうした志向は、彼が早稲田大学の出身で、島村抱月を師と仰ぐ自然主義の洗礼を受けた人物であることと無縁ではない。悦の筆が、しばしば内外の演劇に触れるのは、坪内逍遙から抱月に受け継がれた近代劇への熱を共有しているからであろう。上山草人をはじめ新劇で頭角を現す演劇人との関わりや、同僚・長田正平の「江戸人特有」の芝居の見方をよしとせぬような批評も、その点から説明できる。

当然、その影響は悦の文学観にも波及している。例えば、国木田独歩を「独歩は豪い」と称揚し、「夏目さんなど、比較になるものではない」と漱石を越える存在と位置付けるのは、彼が「大自然の生活、――魂の生活を認めて、驚異してゐる」（一九一八年九月一日。以下、引用は全て一九一八年）からであるという。

そのような自然主義の薫陶を考えると、悦が度々俊子宛書簡に押し花（あるいは生花）を同封しているのは、それが「スウヰートピイ」であれ、「とこしへ草」であれ、彼のロマンチックな性情の表れとばかりはいえない。花々が〈自然〉の一部であることとも関わっているだろう。すなわち、これは、俊子に〈自然〉であれと希う彼の象徴的行為なのではなかろうか。さらに、彼が俊子の作品中、「雑草の花」（『新潮』一九一八・七）なる詩を手放しで称賛し、繰り返し話題としていることも思い合わされる。

〈自然〉回帰こそがあるべき姿と信じてやまない彼にとって、俊子との将来的な展望が「田舎での半農生活」であるというのは、至極当然であろう。さらに、彼は「本当の意味の清い、自然な、従って神の意に叶へる生活」は、

「本当の愛に生きること」（九月一日）であるとも述べている。悦が〈自然〉なものとして高く評価するものの代表例は「愛」、「恋」なのだから、何ら不思議はない。

　例えば自身の日々の仕事について、「私は編輯を了へると、ひどく疲れる。（略）何んの為めにこんな事をしてゐるのだ？（略）横のものを縦に直すだけに何の意味があるのだ。」（七月一八日）と吐露する彼が、我が恋を想うとき、一転して以下のように歓喜するのは、どうだろう。「私にはこの愛の生活が何ものよりも貴く、何ものよりも美しい私の唯一の救ひになつてゐる。歓喜の凡てになつてゐる。」、「今あなたを見ることか《ママ》出来たら、その次ぎの瞬間に死んでもよい。」（同日）。男子において全てを捧ぐべきが仕事ではなく、愛であるという事実。そして、それを高らかに謳い上げて恥じない姿勢。

　思えば、このわずか一〇年ほど前（明治三〇、四〇年代）は、「恋」や「愛」を卑しいこととし、それらに身を窶す者を「獣」と唾棄する言説が散見された時代であった。さらに、厨川白村のベストセラー『近代の恋愛観』（一九二二年刊）による恋愛ブームの到来、恋愛の大衆化までは、この手紙が書かれて後三、四年を経なければならない。これらに照らすなら、悦の恋愛観は、時代に先駆けたものといえるのではないか。

　また、悦により体現される男性像は、当時にあって、いわゆる「女々しい」とされるものでもあったろう。徳冨蘆花のベストセラー『不如帰』中、その名に反して泣いてばかりいる武男が、その女々しさを母から厳しく叱咤されるのは、一八九八（明治三一）年のことだ。悦は日記中あるいは手紙中で、臆面もなく「泣く」男としての自己を記す。「私は嬉れしくて泣いて了つた。あなたは、（略）美しい、暖い、よき母と、優しい賢い姉と美しい恋人とを一緒にしたあなたになりきつてゐる。」（七月二二日）、「恋しい。恋しい。泣き出しさうに恋しい。」（七月二三日）といった具合である。

　これらにとどまらず、悦の文章には、嬉しさのあまりに号泣し、苦しい、寂しいといっては人目も憚らずに涙する、冷静沈着とは無縁の感情表現が随所に満ちている。「恋」することを人の〈自然〉とした悦は、当時の男性規範に囚われない〈自然〉な感情表出を旨とする男でもあったといえよう。

3

さて、この「恋」が、いかに悦にとって重大事であったかは、彼による人物評が何にもまして「恋」への姿勢を評価するものであったことからも明らかだろう。そのような点で悦に絶賛されているのが、同じ新聞社の長田正平である。今や生気のない中年男に成り下がった彼だが、彼はその昔、思いを寄せた女性を何十年も経た今なお、変わらずに想い続けているのだという。

長田を「あの人の豊富だと思つてゐる内生活が私には貧しく頼りなく見える」（九月一日）等と扱き下ろしつつも、悦が未だ彼に一定の敬意を払っているのは、ひとえに彼の恋人への情熱を評価してのものなのだ。「長田君なども、あの辛い経験をなめなかつたら、本当に呑気な『通人』になつて了つたかも知れない。あの人の半面の真面目さが、あの人を此所で見る人はかり《（ママ）》でなく、所謂江戸人中の最もいゝ人の一人にしてゐる。之れを見ても、恋の貴さが解る」（七月三〇日）。

ここで着目したいのは、長田の恋慕の対象が、絶唱「小板橋」の作者、石上露子であるという点だ。大地主の跡継ぎ娘に生まれ、それゆえに身を焦がした恋の相手と結ばれることの叶わなかった『明星』の歌人。露子のその後に比して顧みられることのないその相手・長田の余生を、件の手紙は垣間見せる。何十年も昔の悲恋を過去のものとせず、今もって彼女の写真を机に飾る中年男。こうした彼の姿が明かされることにより、露子の味わった悲恋は、稀に見る純愛の色彩を濃厚に帯び、同時に彼らを引き裂く家制度の酷さはいっそう際立つ。

ともあれ、悦が、このように恋人と引き裂かれた男の姿に激しく感情を揺さぶられる例は、作家・素木しづと早くに死別した夫・上野山清貢の場合も例外ではない。「よく、上野山君はそれで生きてゐられることだ。（略）本当に恋し合つてゐる人の何方かゞ先きへ死ぬと云ふことは、人生に於ける恐らく最大悲惨事ですね」（八月二六日）。なんとなれば、悦は、俊子と一緒に暮らすことを願いながらも、眼前にいない彼女を今に失うかもしれないという恐れと常に隣り合わせだったからだ。

例えば、二人の将来をはかなんだ俊子が、急に「寺に入りたい」などと言い出すのを理詰めで説得することはできても（八月三〇日）、彼女と羽太鋭治とのゴシップは相手がいるだけに深刻で、内情の把握がままならない悦を相当に悩ませた。また、当時の俊子の作品が、悉く彼女の旧姓・田村で発表されることが気に障ってならない悦は、再三再四、彼女を戒め、マスコミへの怒りを漏らしてもいる。曰く、「雑誌記者や新聞記者には、まつたく録《（ママ）》でもないコンコンチキが多いんだから」（八月九日）。このように彼は、離れて会うことのできない俊子の心中を信じ切れず、他の男との仲を過度に疑う一方、そのような自身を反省し、その振れ幅の大きさに疲弊することしきりである。

しかし、彼らを引き離そうとするものは、何もこのような外圧にとどまらない。二人を死別へと追いやる「病」を、また俊子の渡加を妨げる「病」を、彼はとりわけ恐れ続けた。

4

このように「愛」や「恋」こそ〈自然〉なものとする悦からすれば、愛する二人が離れ離れに暮らす今この瞬間は「不自然」極まりない状態なのであり、それゆえ彼の日常は、「病」あるいは病的なるものに取り巻かれている。手紙に、それらを取り除くべく苦心する悦の姿がしばしば綴られるのは、偶然ではない。

そもそも彼は、日々の仕事のみならず、来賓の接待はむろんのこと、自分を歓迎するための催しに顔を出すことにさえ乗り気ではなかった。人との付き合いを避け、鬱々として楽しまない彼の健康状態は、毎日のように朝から「疲れてゐる」「熱っぽい」などと記されるが、注目すべきは、彼がそうした病的な自分をよしとせず、読書や正座などにより克服に努めていることだ。正座が当時の日本で流行していたことは周知だが、高みを目指し、「何故か私は直に疲労してくる。（略）だが、きつと強くなつて見せる」（八月三一日）などと困難を精神力で打破していこうとする傾向も、同時代の人格主義、修養主義と通底している。

精神集中により研ぎ澄まされた俊子への「恋」が、やがて全てを乗り越える原動力となっていくという例は、枚挙に遑がない。例えば、鯖で食あたりした際の彼の変化を見てみよう（八月八日）。仕事中に具合が悪くなった彼は、熱や頭痛に悩まされたうえ、顔が真っ赤に変色したのだという。その後、体が熱くなったり寒くなったりという尋常ではない症状を呈する彼だが、いつのまにか無意識のうちに身に付けていた俊子からの手紙に励まされ、彼女の「溢れるやうな愛」が「慰めを与へてくれ」、これらを淘汰していくという顛末である。悦はまた別の日、病に打ち勝つ恋の力について、「私の魂が外へ光りをなげてゐる、それか《（ママ）》私の恋なのです。だから体だつて、病気をするほどにはならない」とも述べており、彼におけるその威力を雄弁に物語る。

自身、「熱が可成ひどいので」「ちつとも眠られない」（八月二八日）という状況下でも俊子を憂え、「あなたの事ばかりが考へられる。（略）或は病気をしてゐるのぢやないか、と思ふ。」（同日）と認める悦は、それが不確かな想像であるにもかかわらず、「健全でゐて下さい、健全でゐて下さい。」（同）と真剣に祈らずにはいられない。やがて「だん〳〵快くなることが解る。私の意志が明らかに病を制してゐる」（八月二九日）と、病を克服していく過程においても、俊子の身をこそ案じ続ける。

彼が俊子の健康を日々祈るのは、彼女の創作活動が順調であれかしと願うからでもある。それは、むろん渡航費用捻出のためでもあろうが、やはり作家としての彼女の才能を評価していたからであろう。悦の夢想する二人の将来像が、田舎での二人の静かな創作活動であったことを考えれば、いくら職業婦人が出てきた大正期とはいえ、未だ良妻賢母が女性のあるべき姿とされた当時において、悦の女性観が新しいものであったことは否めない[2]。

「恋」を外圧や変心、病や死により失うことを恐れ、それを確かに手中のものとするために、その都度、幾度も恋心を立て直す悦は、紛れもなく〈自然〉を愛する男、〈自然〉を死守する男であった。

おわりに

以上のような悦の手紙（と日記）は、関係の定まらない俊子とのあいだの、しかも距離を遠く隔てて、到着日も不確かなやり取りのなかで、幾重にも揺れる彼の心中を映したものである。そのような状態のなかで、彼が価値を見出し、自身の拠り所としたものが、〈自然〉であった。人として〈自然〉な「愛」「恋」、〈自然〉な感情表出が、不確かな自己を支える術となる。

当初は、前述のように自然主義との関わりからの〈自然〉志向であったろうが、それは、不定で不慣れな環境下では、自ずからより現実的な生活感情と化していったのだろう。そのような彼にとっての〈自然〉な振る舞いや思考が、同時代の理想的男性像とかけ離れた、いわばジェンダー越境的である点が、注目されるのである。

彼が溢れる思いを吐露する際に用いる文章の語尾や、語りかける際の呼びかけといい、「愛」や「恋」を説く言葉の数々に、彼の感情表現。それら全ては、大正期に求められた女々しさと対極にある男性像とは異なるように思われる。少なくともこの時点の彼にとっては、仕事に打ち込む男ではなく、一人の女性の存在に一身を尽くすような生き方こそが、己が理想なのであった。

とはいえ、彼の手紙には、「雑草の花」など俊子の一部の作品を偏重し、また過去を価値あるものとして描く俊子を叱咤するなど、彼女に自分の理想を押し付ける傾向があったことも看過できない。しかし、それを差し引いても、彼女を「一葉以後の第一人者」どころか「初めての人」とし（九月一日）、その才能の遺憾なく発揮されることを強く希った彼の理解は尋常ではない。たとえ、その後幾年を経、悦が他の女性との同棲を始める事実を踏まえても、本書簡中におけるその価値は、聊かも揺らぐまい。

俊子宛悦書簡の数々は、有髭で写真に収まる一ジャーナリストが、その姿とは裏腹にジェンダー越境的な内面世界を抱え持つ事実を詳らかにする、きわめて興味深いテクストであると思われてならない。

注

1——青木生子・原田夏子・岩淵宏子編『阿部次郎をめぐる手紙—平塚らいてう／茅野雅子・蕭々／網野菊／田村俊子・鈴木悦／たち』（翰林書房、二〇一〇・九）として刊行された。本稿での書簡の引用は、本書に拠る。

2——前掲書の岩淵宏子氏による「解説」では、悦の女性観の新しさを指摘している。

川上未映子『春のこわいもの』覚書

――大島弓子の少女マンガを視座に

矢澤美佐紀

川上未映子の中短編集『春のこわいもの』は、二〇二二年二月に新潮社から書き下ろしとして出版された。帯には、「感染症が爆発的流行《パンデミック》を起こす直前、東京で6人の男女が体験する、甘美きわまる地獄めぐり」とある。

収録されている作品は、以下の通りだ。未知の感染症から隔絶された語り手の透明な世界を描く「青かける青」、ＳＮＳでの自己承認を至上とする女子大生の物語「あなたの鼻がもう少し高ければ」、寝たきりの老女と家政婦の交感を通して女のエロスを考える「花瓶」、マスクが買えず苛立つ中年女性とネットの誹謗中傷で自死した女性作家の孤独が交錯する「淋しくなったら電話をかけて」、青字で書かれた彼女の手紙を失くし、空虚な世界に投げ込まれる男子高校生を追う「ブルー・インク」、夢を追う女性たちのねじれた関係性を暴く「娘について」の六編である。

どれもが、「コロナ禍」以前から現在に至る日常の連続と切断のなかに、人々の内部で錯綜するゆらぎの感覚が鮮烈に前景化されている。殊に女性たちの脅えや焦燥の実相、更にはそれらにつらなる生/性への渇求が包摂的に描き出されていると言えるだろう。そして、どの作品にも、意識せずに秘匿していた領域をふいに暴かれるような「こわさ」が潜んでいる。

扉には、大島弓子の少女マンガ『バナナブレッドのプディング』（セブンティーンコミックス、集英社、一九七八年七月）から次の会話が抜粋されている。これは、風変わりな高校生である三浦衣良が、転校した日に気難しい女教師と交わしたものである。

――ねえ転入生　なぜいつもそう　雰囲気が深刻なんです
まるで世界がきょうでおしまいみたいに
――きょうはあしたの前日だから・・・・だからこわくて
しかたないんですわ

『バナナブレッドのプディング』は、衣良が、生きる指針であり一心同体だった姉の結婚を機に、「世間にうしろめたさを感じている男色家」と偽装結婚することから起こる奇妙な騒動を描いている（実は相手は「男色家」ではなかったのだが）。衣良は、世間が性的マイノリティを受け入れる日まで、パートナーを精神的に支えようと決意するのだ。物語のコンセプトは、江國香織の『きらきらひかる』（新潮社、一九九一年五月）を先取りしている感がある。活字媒体がジェンダーをめぐる問題をメインテーマとして扱う以前から、性概念を攪乱し続けてきた大島弓子のナイーブで詩的な世界観は、本書の重要な通奏低音となっている。

「きょうはあしたの前日だからこわくてしかたがない」という衣良の心境は、まさに「コロナ禍」と果てしなく向き合わねばならない、現在の読み手の複雑な心持ちと通い合っていく。「あした」には不穏なイメージしかなく、何かが突然変わってしまうかもしれないのだ。そして、姉の結婚という一大事を抱える衣良には、女の生／性がふいに変転することへのおののきがある。

衣良は、性的にはどこにも所属しない少女の時間が、突然切断されることへの不安を抱えているのかもしれない。線の細いやわらかな図像から立ち上る少女の脅えは、リアルな身体の感触として作品の外部へと接続されていく。

さて、川上の中短編小説に話を戻すと、こうした若い女性の身心のゆらぎを描いた作品としては、まず「あなたの鼻がもう少し高ければ」が挙げられよう。そこでは、「美容整形願望のある女子大生が反ルッキズムへの不信をつぶやく」一方で、「その理念は己に跳ね返り突き刺さる」（「鴻巣友季子「文芸時評」『朝日新聞』二〇二二年三月三〇日」）といった具合に、一見ふわふわとした透明な描写のなかに、容姿をめぐる女性の生き難さがくっきりと浮かび上がる。

あるいは、「娘について」では、語り手である小説家志望の貧しい女性と、洗練されていて何となく女優を志す裕福な女性との、いびつな共同生活の記憶が語られている。その細部の積み重ねにおいて、語り手の、自助努力を怠る同居人に対する悪意ともつかない苛立ちや、無自覚だったジェラシーが炙り出される。そして、「夢を追いかけること」は尊い行為であると信じていた二人の平穏な日常は、いつしか綻びていくのだ。

女優志望の女性には、彼女を内部から巧みに支配する母親のねっとりとした影がつきまとう。しかし、その母親もまた、結婚によって夢破れた自身の記憶を娘への過干渉によって上書きするしかなく、自己の行為に邪気はない。

女の生／性に刻印された、時に連鎖する数々の痛みの痕跡は、実に近しい手触りとしていつまでも読み手の胸をざわつかせる。隠蔽されていた痛みが生活の変調として目の前に引き出されてしまったとたん、それまでは「普通」のことだった日々のルーティーンはもう二度とこなせなくなってしまう。それは、自己存在への不安という切迫した、しかし、容易には解消できそうにない問題を、以前のようにやりすごすことができなくなってしまったからである。

根源的な不安を抱えてサバイブすることが常態化した日常に、女の狂気がゆっくりと滲出していく作品の一つが「青かける青」である。ここでは、死の気配がすぐそこに潜んでいる。語り手である女性には、あたかも世界のすべてを知ってしまったかのようなふるまいが与えられている。

タイトルの「青」は、作品内のどこにも表記されていないが、おそらくラストにおいてほのかな希望を感知させる発色の感覚や、静謐で透明な空間をイメージしているのではないだろうか。巻頭におかれたこの作品は、単行本のページ数にしてたった七ページしかなく、まるで散文詩のような世界が展開されている。

これは、本書における女性のゆらぎの総体を謎めきながら指し示すもの、あるいは理知的なテーマを描きながらも理屈だけでは解決させまいとする語り手の意志の徴として置かれているように思われる。さらに、先述した大島弓子の世界とも最も深く共振している。川上の大島へのリスペクトが濃厚に反映された作品だと言えるだろう。

深夜、「きみにこうして何かを書くのはずいぶん久しぶりのことで、でも、考えてみると文章を書くことじたいがとても久しぶりのことで、どんなふうに書けばいいのか、すこし、緊張しています」と、多分この世で一番好きな「きみ」（実在するかは不明だが）に向けて語り出す「わたし」は、幼少より様々な病や怪我を負い、今は「精神的なもの」ではなく、「ちゃんとした体の病気」（原文ママ）によって大学に行けぬまま一ヶ月ほど入院しているという。

二十年前であったなら病名もなく「ただの怠け病」と見なされた疾患で、一日中うとうとと眠りのなかに漂っている。両親が、できるだけ長く「わたし」に病院にいてもらいたいと願うのは、外界が未知の「感染症で大変」なだけではなく、彼女がまとう空気のなかに世間的ではない不条理な何かを識別しているからだとも読み取れる。

「わたし」は若く、死に至る病でもないのに、常に死に近接している。というより、死に親しんでいる。病院の静かな夜には、「いつか長い時間がたったいつか、わたしはこうやって死んでいくんだろうな」とぼんやりと考えてしまうのだが、そこに恐怖はなく、生／死という本来は対極にあるものの融和さえ看取できる。

そして、「わたし」はこんなふうに思うのだ。「もしかしたら現実のわたしはもうとっくの昔におばあちゃんになっているのに、認知症か何かになっていて、二十歳のわたしだと思い込んでいるだけかもしれないんだもんね。まわりから見るとおばあちゃんなの。でも、わたしはわたしなの」。

「わたし」の意識は、妄想とも夢とも判然としないまま時間や年齢の枠組みを越えていき、それと共に身体も浮遊する。「普通」からは明らかに逸脱している「わたし」の言説がどこまで「真実」なのか、それは誰にもわからない。もしかしたらすべては「わたし」の妄想かもしれないのだ。あるいはまた、病による譫妄の一種だったのかもしれない。しかし、彼女の言説を検証し得る手だてが存在しないからこそ、読み手は「コロナの時代」における不確かな日常というリアリティを感じ取るのではないだろうか。

ここで想起されるのが、大島弓子の少女マンガ「8月に生まれる子供」(『ロストハウス』所収、角川書店、一九九五年五月)である。このマンガには、少女/老女の境界が溶解する様相が繊細に描かれている。一八歳の大学生である種山びわ子は、ある日突然老いはじめる。この奇病には治療法がなく、見かけは急激に老婆となり、認知症によって大好きなボーイフレンドや家族のことも忘れてしまうのだ。

しかし、姉の子供が生まれると、「ボケた自分は別な自分の誕生かもしれない。そうだ、別な自分が生まれるんだ」と考えるようになる。そして、混濁する意識の中で、「たすけてください　生きられますように　それがわたしの願いと祈りです」と家族に手紙を書く。翌日、明るい顔で徘徊や失禁もしなくなったびわ子について、母親は「回復というより、赤ん坊が成長しているように見える」としみじみ語る。

びわ子のなかで少女と老女は対立しておらず、時に容易に入れ替わるものであり、同時にどちらにも帰着しない位相としてあるらしい。この作品では、老いや認知症という負の要素とされるものが、女の身体というダイナミズムのなかで循環する生命の運動として描かれている。

川上が、大島のこのマンガを本歌取りのようにして「青かける青」を書いたのは明らかだろう。「青かける青」においても、「わたし」は自己申告通り「二十歳」なのかもしれないし、もしかしたら認知症の老女としての「わたし」が現実なのかもしれない。しかし、「わたし」は「わたしはわたし」であり、「わたしだけが、わたし」であると胸をはる。それが、とても爽快に映る。

「8月に生まれる子供」のラストでは、びわ子の病気を理解したボーイフレンドが、びわ子に「また会いたい」と手紙を書いている。そうしたことと、「青かける青」のラストで、「わたし」が「きみ」への手紙に「ずっと、ずっと元気でいてください。お元気で」と綴ったこととは、まるで相聞歌のように呼応し合っている。川上は、大島のマンガとの往還的な関係性においてこそ、この作品を重層的に立ち上げたのだと考えられるのではないか。

「青かける青」の最終部で、「わたし」は「きみ」に次のように語りかける。

> わたしはきみのことが大好きです。きみに会えたことは、わたしの人生に起きた、本当に素晴らしいできごとでした。わたしを見つけてくれてありがとう。わたしを好きになってくれてありがとう。ねえ、戻れない場所がいっせいに咲くときが、世界にはあるね。

「戻れない場所」とは、コロナ以前にはあったと思えるような、それぞれの居場所なのかもしれない。そこがたとえ幻想だったとしても、「いっせいに咲くときがある」と「わたし」は語る。読み手である私は、ここで一瞬美しい様々な色が見えたような気がした。

川上未映子は、大島弓子が描いた女の生／性の変転という問題に、現在の困難な「コロナ禍」の状況を重ね合わせ、不安という共通の磁場における均質ではない一回性の物語を紡ぎ出した。

そして、明日を生きるほんの少しの希望を、とびきり色鮮やかに描き出してみせたのである。

フェミニズムの視点から見る〈グレイヘア〉ブーム

近藤華子

新型コロナウイルスが世界を席巻する数年前、世界では「ボディポジティブ」（身体の多様性を肯定的に受け入れようとする価値観）のムーブメントが起こった。体形、性別、人種、国籍、年齢、障害の有無、宗教、性的指向、言語、価値観などといった様々な多様性を認められ一人ひとりの個性が尊重される社会、抑圧から解放され権利と尊厳が獲得され誰もが自由に生きられる社会の実現はフェミニズムの宿願である。本稿では、「ボディポジティブ」の潮流に乗って日本で巻き起こった〈グレイヘア〉（白髪を染めないスタイル）現象について考えたい。

1　「ボディポジティブ」の潮流

「Body　POSITIVE　もっと自分の体を愛そう！」。二〇二一（令三）年八月号の『エル・ジャポン』の表紙には大きな文字が躍った。フランスの『ELLE』は、アメリカの『VOGUE』と並んで、世界の最先端の情報を発信し、流行を生み出し続けるファッション誌の代表格である。ファッションアイコン（時代を象徴する記号）となるモデルを起用しては、女性たちの憧れを醸成する記事を量産し、時代ごとの美しい身体の基準を提起してきた。その『ELLE』が「Body　POSITIVE」をスローガンに掲げたのである。

記事は「美ボディの基準」を「THEN&NOW」（かつてと現代）で対比する構成になっている。「理想の誰かに〝なる〞ために努力をしていた時代」、「今までは体形の〝トレンド〞があり、それに合わせて自分の体を近づけたい、とアイコンに憧れる時代」「そうすることが『当たり前』とされていた」「THEN」に対して、「NOW」は、「みんな違ってみんないい。個性の時代」、「キーワードは〝自分らしさ〟。誰かと比べる時代からの解放」「誰かが決めた〝理想の体形〟に縛られることなく自分らしさを大切に」「本質的な美の時代へ突入！」と位置付けられる。これまで「コンプレックス」「体形の悩みをカバー」とされていたネガティブな身体認識を、「〝あるもの〟を輝かせる」「自分の体を知ろう、愛そう」「チャームポイントを引き立てる」とポジティブな捉え方に変換する試みだ。『ELLE』同号で、みたらし加奈氏は「この概念が注目され始めた背景には、多様な価値観を認めようとする昨今の世の中の流れや、フェミニズムの台頭もある」（「WHAT IS BODY POSITIVITY ボディポジティブって何？ 自己肯定感の高め方」）と分析している。

2 〈グレイヘア〉ブームの到来

日本で起こった〈グレイヘア〉という独自のブームは「ボディポジティブ」現象の一つとして特筆すべきものである。二〇一八年、様々なメディアで取り上げられ、その年の流行語大賞にノミネートされた。〈グレイヘア〉専門のヘアカタログや、〈グレイヘア〉をテーマにした書籍が多数出版される。ファッションアイコンは、近藤サト（アナウンサー）、結城アンナ（モデル）など。まさに「新しいロールモデル」の登場だ。

〈グレイヘア〉と、毎年シーズンごとに仕掛けられる流行との大きな違いは、取り替えが効かないということだ。洋服、靴、鞄、宝飾品、化粧品などであれば、あれこれ選んで気軽に取り替えることが可能だが、〈グレイヘア〉は、〈グレイヘア〉にするか、〈グレイヘア〉にしないかの二つに一つ。頭髪に白髪を発見したその日から、白髪を染めるのか、染めないのか、私たちは選択を迫られる。正確に言えば、選択の余地などないのかもしれない。白髪は、身体の老化現象のひとつであることは間違いない。皺とともに「老い」の記号であり、白髪頭に皺だらけの顔は、「老人」のステレオタイプである。手間と時間と金がかかる、薬剤アレルギーへの懸念など、いろいろな疑問を抱きつつも、私たちが白髪を染めることに人生の多大な時間と労力と金を費やしているのは、「老い」が忌み嫌われるネガティブなものであるという社会規範が厳然と存在しているということを示している。〈グレイヘア〉が表象するのは、単なるヘアスタイルに留まらない。白髪を染めない、そのライフスタイル（生き方）そのものを示している。その生き方は白髪を「コンプレックス」「悩み」とする美の基準から自己を解放する生き方であり、その行為は年齢によって疎外される社会へのプロテストにも見える。

〈グレイヘア〉の潮流を牽引するものの一つに主婦の友社編集部著、同社発行の書籍シリーズがある。『ありのままが美しい　パリマダムグレイヘアスタイル』（二〇一六・九）、『ムリせず自然に美しく　グレイヘアという選択』（二〇一八・五）、『輝いているのはなぜ？　グレイヘアの美しい人』（二〇一八・一二）。〈グレイヘア〉ブームの立役者、依田邦代氏は、第四弾となる『ひとりひとりにヒストリー　グレイヘアという生き方』（二〇一九・四）で「『グレイヘア』を選ぶことは、これからの生き方を選ぶこと」だと語る。

> 初めて「グレイヘア」という言葉を世に出してから三年。その間に「白髪」を取り巻く環境が大きく変わったことを感じます。それまでは白髪は「染める」のが常識でした。今、「染めない」という選択肢ができたことで、ストレスから解放される人が増えたのは喜ばしいことです。ですが、世間から認められつつあるとはいえ、女性が白髪染めをやめる決心をするときには、まだまだ大きな覚悟が必要です。「老け」て見られていることを受け入れられるか？　「手抜き」と思われることを受け入れられるか？　その葛藤をクリアするのは、かなりハードなことです。

同書に掲載される〈グレイヘア〉の女性へのインタビュー記事では、自己の選択と社会の眼差しとの間の葛藤が明かされている。映像翻訳家の宮原巻由子氏は「お友だちには理由を詮索されましたし、染めるべきだ、とも言われました。気のせいか、アパレルの店員さんに客として扱われていないように感じたこともあります」と語る。販売員の内藤咲絵氏は男性客から「おねえさん、銀座の真ん中で働いているのに頭のてっぺんが白いなんてダメじゃない」と指摘されたそうだ。〈グレイヘア〉への嫌悪あるいは不安や恐怖の反応は、女性の年齢に対する規範がいかに根深いものであるのかを浮き彫りにする。

流行の兆しが見え始めた当初、〈グレイヘア〉に挑戦するのは、強靭な意志をもつ勇敢なパイオニアたち、特別な人たち（芸能人やセレブリティ）であったが、一般の女性たちに浸透するまで時間はかからなかった。街の美容室でも白髪染めを止め、〈グレイヘア〉スタイルに移行したいという要望が多く見られたそうだ。コロナ禍という時代の後押しも大きい。ある日、突然に〈グレイヘア〉になれるわけではなく、長期間に亘り、既に染めている部分と新しく生えてくる白髪の部分とのコントラストができる。この状態が周囲に最も違和感を抱かせるのだが、コロナ禍のステイホームやテレワークによって他者と会わない状況が生み出され、移行期の苦しみを回避できる。次に会った時には、すっかり完成された〈美しいグレイヘア〉に変身しているというわけだ。また他者から、なぜ〈グレイヘア〉にしたかと問われても「コロナで美容院にも行けなかった」という極めて現実的な理由が立つ。特別なイデオロギーもストーリーも不要である。コロナ禍に後押しされ、多くの女性たちが自らの挑戦によって自由を獲得した。

3　〈グレイヘア〉ブームの末路

藤枝陽子「身体を受け入れること、身体を手放すこと。――ボディポジティブは誰のために、そして誰を突き放すのか」（『現代思想』二〇二〇・二）は、「ボディポジティブ」ムーブメントを批判的に捉え返す、示唆に富んだ試みだ。藤枝氏は「ボディポジティブというアイディアが内包する根源的な問題」として「ボディポジティブは画一化された美の基準とは戦おうとするものの、『美しさ』という指標を抱きつづけることには抗わない」、「別の美の基準を持ち込み、より上位に置き換えるだけかのようになってしまっている」と述べる。この点を〈グレイヘア〉ブームが辿る道筋に明確に見てとることができる。

ステイホームが解除され、感染予防と社会活動を両立させようという方針転換が行われた頃を境に、美容院には、「やはり元通りに白髪染めをしたい」、「グレイヘアを止めたい」という要望が殺到する。久々に再会した同僚、友人、親戚などからの反対の声、怪訝そうな表情、好奇の目、哀れみの眼差しに耐え切れないという理由も多少なりともあったという。しかし、最も多かった理由は、「実際にやってみたら素敵にならない」「楽になると思ったのにかえってとても大変になった」というものだった。多くの人が、〈素敵なグレイヘア〉には、（白髪染め以上に）莫大な時間と労力と金がかかるということを悟ったのである。『ひとりひとりにヒストリー　グレイヘアという生き方』の「編集後記」では、こう語りかける。「『老けて』見られるのも、「手抜き」をしていると思われるのも、白髪染めをしていないせいではないのでは？　白髪染めをしていても、背中を丸め、口角が下がっていたらどうでしょう？　身なりに気を使わず、髪も肌も手入れしていなかったらどうでしょう？　白髪を染めていなくても、背すじがピンとのび、口元にほほえみをたたえ、身だしなみに気をつけ、髪や肌にツヤがあったら……、さて、どちらが素敵でしょう」。美容ジャーナリスト斎藤薫氏が「決して自分に手抜きをしないことを提唱」する。「髪型そのものにも、服のオシャレにもメイクにも。全身に神経を行き届かせ、意識的に手間をかけなければ、やっぱりグレイヘアは単なる白髪混じりの高齢者ヘアになってしまう」（「グレイヘアがむしろ美人を作る、これだけの理由」）。誌面では、美しい衣装と完璧なメイクで装った〈素敵なグレイヘア〉の女性たちの姿が輝かしい人生のストーリーとともに紹介され、美容専門家の「手抜きをしてはいけない」というメッセージとともにヘアケアやメイク製品のカタログが掲載される。〈グレイヘア〉は「白髪」をポジティブに読み替える記号ではあるけれど、女性たちを美の基準から解放するものではない。そこには、〈素敵なグレイヘア〉という新しい美の基準が明らかに存在するのである。

多くの女性たちが〈素敵なグレイヘア〉を諦めざるを得なかった、これが事実である。〈素敵なグレイヘア〉を手に入れることができるのはパワー（美貌、センス、経済力、先進的価値観、受容される環境など）のある女性であり、パワーを持たざる女性には〈素敵なグレイヘア〉は許されない。〈素敵なグレイヘア〉は、それを選択できる女性とそうできない女性との間の格差を明らかにした。
〈グレイヘア〉は、私たちに老いや美の規範からの解放を告げる福音ではないのかもしれない。考えてみてほしい。〈素敵なグレイヘア〉は一体誰が決めるのか。女性たちの間に格差を生んだ犯人は一体誰なのか。〈グレイヘア〉という新たな現象によって顕在化するのは、女性を抑圧する社会規範である。「白髪は素敵であらなければいけない」というメディアから発せられるメッセージに多くの女性たちは決して平静ではいられない。私の白髪は、他者の目にどう映っているのか、〈素敵なグレイヘア〉なのか、それとも〈醜い老婆〉？

女性たちに決して手を抜いてはいけないと強迫的に美しさを要求する〈素敵なグレイヘア〉から透けて見えるのは、女性を見られる身体として拘束する画一的な美の基準であり、老いを醜いもの、惨めなものとして忌避するアンチエイジングの価値観である。これは、「ルッキズム」（外見に基づく偏見・差別）、「エイジズム」（年齢差別）といった、これまでフェミニズムが炙り出してきたいわば古典的命題に他ならない。「一元的な尺度に基づいた外見的・性的魅力の序列化」を批判し、「女性自身が捉われていた画一的な美の規範から解放を目指す」（高橋幸「女性の外見的魅力をめぐるフェミニズムのポリティクス」（『現代思想』二〇二一・一二））ものである〈ボディポジティブ〉に端を発したはずの〈グレイヘア〉現象は、結局は〈素敵なグレイヘア〉という新たに作り出された「美の基準」に回収されていく。多様性を阻もうとする力、私たちの価値観を形成し私たちの身体を形成する社会の抑圧がいかに根深く強大であるかを思い知らされる。だからこそ、私たちは一つ一つの現象を見つめ、思考し続ける、その格闘を止めてはならないのだ。

「サルビア」の真っ赤な花の色
――〈血の穢れ〉から〈生理〉へ

中島佐和子

はじめに――鮮血のイメージ

サルビアは　赤い花だわ／その花は　血の色だわ／私は　その花を見つめていたとき／急に愛の言葉を　口にしたのね／／夏の風は　あったかいわ／嫉妬する　熱風だわ／かん高い感情の中で　とまどった／二人の顔に吹きつけていたのよ／／サルビアの　花びらを／いっぱい　ふりかけてちょうだい／真っ赤な色に　ふちどられて叫んだ／あの時を　もいちど　思い出したいの／／サルビアは　赤い花だわ／その花は　血の色だわ

（「サルビア」堀内幸枝作詞[注]・中田喜直作曲）

「二人」の間に何があったのだろう。「私」は何を叫んだのだろう。「愛の言葉」とは何か。サルビアの「真っ赤な」「血の色」には、内にたぎる情熱、女の激しい情念が象徴されている。その歌詞の熱さと曲の激しさに魅せられて、私は歌唱に挑戦することにした。

この歌曲について、四十代男性の声楽の先生が「血はどす黒いイメージですけれどね」と、サルビアの鮮やかな赤を血に例えていることを不思議そうに話された。私は一瞬、その言葉を理解できなかったが、なるほど、男性にとって「真っ赤な」血は普段の生活では馴染みのないものなのかと思い当たった。別の六〇代の男性に血の色のイメージを聞いてみると、すぐに「どす黒い色」と、同じ答えが返ってきた。鮮血や大量の血は、ほとんど見たことがないとのことだった。

真っ赤な血といえば、小説や映画などでは、口から吐いた鮮血を見て結核に感染した事実を突きつけられ、絶望する主人公の姿を繰り返し描いてきた。特効薬のストレプトマイシンが発見された一九四四年以前には、結核は死の病と怖れられていた。二〇一九年以来パンデミックを起こしている新型コロナウイルスによる病と同様、結核は感染しても発病しない限り症状がなく、発病しても、初期には咳や倦怠感・微熱など風邪と似た症状で、肺から鮮血を吐く喀血は、罹病した明らかな証拠となった。「血沸き肉躍る」「暖かな血が流れていた」などと表現される身体の中を流れる血は別として、「血みどろの戦い」「血なまぐさい事件」などと使われる、外に流れ出る血は、病気、戦闘など、非日常的で、忌まわしいイメージが貼り付いていると言えるだろう。

1 〈穢れ〉としての月経

月経や経血について古代の人々は、畏れ、神聖視した時期もあったというが、その後、不浄のものとして月経中の女性を隔離し、女性そのものをも蔑視して下位に貶めた。月経中の女性には、例えば食事を共にしてはいけないなどの禁忌があり、月経中の女性を隔離する「月経小屋」が世界中に存在した。月経という女性にのみ出来する現象が、女性嫌悪・女性蔑視の大きな要因となっているのだ。ユダヤ教・キリスト教・仏教・イスラム教など、多くの宗教が女性を一段下のものとして差別している。

日本では「貞観式」（八七一）に、月事のある宮女は祭日の前日に宮廷より退出と、初めて月経への忌避が記された（成清弘和『女性と穢れの歴史』塙書房、二〇〇三）。成清弘和は、古代日本の「産穢」や「血穢」（月経の忌み）が、「日本固有の民族世界から内発的に成立したものではなく、宮廷祭祀の場という極めて特殊なイデオロギー空間から成立したものである」（上掲書、九六頁）とし、家父長制を浸透させるために女性を劣位に貶めたと推測している。

古代ばかりではなく、戦前の日本でも、例えば、岡田道一『女性の生理と衛生』（鶴書房、一九四二）は、「月経は女性の精神生活と非常にデリケートな関係を有し、月経時に於ては不安で憂鬱で、感情的で、しかも思考力は減じ、犯罪と密接な関係を有するものであります」（二六四頁）として、「イタリーの精神病学者ロンブローゾ氏」以下、フランス、ドイツなどの何人もの学者の名を挙げ、真偽は不明ながら具体的な数字を掲げて説明している。田中ひかる『月経と犯罪　女性犯罪論の真偽を問う』（批評社、二〇〇六）は、月経が犯罪と密接なつながりがあるとされてきた多くの例証を挙げている。

月経による穢れについては、「戦前の日本では『月経』は女性にとってマイナスの要因で、その期間は『神社の鳥居をくぐってはいけない』とさえいわれていた」（「兄・松本清一と私（藤井治枝）」松本清一『月経研究から性と生殖の健康と権利へ』自由企画・出版、二〇一一、一九六頁）という証言もある。

二〇二一年一二月に逝去された、新・フェミニズム批評の会の初期からの会員であった高良留美子さんは、その遺著『見出された縄文の母系制と月の文化』（言叢社、二〇二一）冒頭で、ご自身の体験を次のように書かれている。

> 栄子は身体というものが自分の意志に関わりなく勝手に変化していくことにひどく憤慨しながら、その変化が彼女を女のもつ宿命へと否応なく運命づけていくことに、抗わないではいられなかった。（中略）それは彼女の望んでいた、強い人間になるための手段のほとんどを諦めなければならないことを意味していたのだ。（一五頁。自伝的小説「火柱」『発つときは今』彩流社、一九八八、からの引用）

母系制の歴史を探り、女性の復権を目指して未来への希望に繋ごうとするこの書は、ご自身の初潮の経験から始められているのだ。高良さんは、女という存在がいかに制約のあるものかを初潮の時から認識されていて、生涯その制約と闘われた。そして、「わたしは本書をもって女性の自由、平等、正義を求めるフェミニズム＝女性解放のたたかいに参加する」（五三四頁）という高らかな宣言で擱筆されている。

2 〈生理〉としての月経

もちろん、月経が産む性としての女性の大切な生理機能であることは、現代では自明である。受精卵が着床し育っていくための準備段階として、二八日前後の周期で子宮内膜が肥大するが、着床しなければ血液と共に排出される。これが月経である。毎月新しい子宮内膜が作られることで、受精卵には常に新鮮な環境が準備される。

ＮＨＫスペシャル「ジェンダーサイエンス（2）『月経　苦しみとタブーの真実』」（二〇二二・一一・六）によると、現代の先進国の女性は、生涯で約四五〇回の月経を経験するが、少し前までは五〇回程度だったという。何と九倍も増えているのだ。栄養が良くなって初潮が早まり／閉経が遅くなり、少子化で妊娠の回数が格段に減っていることがその理由である。授乳時にはホルモンの関係で月経が来ないことが多いが、昔は授乳する期間も長く、一度の妊娠で二年ほどは月経がないのが普通だった。現代のように、生涯で多くの月経を経験することは、人類史上初めての異常事態で、その分、子宮に負担がかかり、子宮内膜症や子宮筋腫に罹患するリスクも増えているという。

月経は、「毎月経《つね》におこる現象」という意（『万有百科大事典14医学』小学館、一九七三）で、古くは「月のさわり」「月のもの」「月事」など様々に呼ばれてきた。多く「月」が付くのは、月経と月の満ち欠けの周期が類似しているからである。しかしそれらが関係ないことは、月経周期が人それぞれであることからも明白であろう。月経があるのは、人間の他には一部の霊長類と少数の動物だけで、周期はマーモセットの一四～一七日からチンパンジーの三四～三五日等と幅がある（『世界大百科事典』平凡社、二〇一四）。

現在では月経よりも、「生理」という呼称が一般的に使われている。古くは一九二〇年代に生理休暇獲得運動で使われていて、「生理休暇を申請する際の女性の羞恥心に配慮したという側面が大きかった」（田中ひかる『生理用品の社会史』ＫＡＤＯＫＡＷＡ、二〇一九、二二七頁）という。「生理（せいり）」は月経を表す固有名詞ではないが、発音もしやすく、月経は生理現象という意味も加味されるので、広く使われるのは首肯される。

それまで脱脂綿とT字帯で月経を処理していた日本女性を、そのわずらわしさから解放したのは、若い主婦が社長となって開発し、一九六一年に発売されたアンネナプキンだった。その開発過程で、PR課長だった渡紀彦は、実態を調査するため女性用トイレに潜入し、汚物入れから使用済み脱脂綿を拾ってきたという。

> あけた！　見た！　あった！　だがそれは、むごたらしく、乱雑に、吐き捨てられるように投げ込まれた、女性の恥部の乱舞であった。それは、悲惨でみじめで虚無的であり、残酷でさえある、いいようのない女性の業の集積である。（以下略）（渡紀彦『アンネ課長』日本事務能率協会、一九六三、一二〇頁。／田中ひかる『生理用品の社会史』参照）

仕事の上とは言え、そのような事態に直面した渡課長を気の毒に思うと同時に、女性の立場から言えば、何と大げさなとあきれ、慌てふためく様はどことなくユーモラスにも思える。少なくとも、男女共通の排泄物（糞尿やそれを始末した紙など）に比べれば、経血は形状も匂いも、はるかに衝撃度は少ないと思うのだが。渡課長は、トイレットペーパーを何重にも巻きつけて持ち帰り、社内で開いたとき、男性社員たちは「いっせいに異様な嘆声を上げて目をそむけて」（一二二頁）しまった。しかし、その衝撃を梃子として、トイレットペーパーのように水に流せるナプキンの開発に着手し、完成させた。なお現在では、生理用ナプキンは水に流せないものがほとんどで、汚物入れに捨てられている。

その「汚物入れ」だが、使用済ナプキンを捨てる容器を「汚物入れ」と呼ぶことに対する批判を「『女たちのリズム――月経・からだからのメッセージ』（一九八二）以来、しばしば目にする」（『生理用品の社会史』二二四頁）とのことである。批判は、「汚物入れ」という名称が、月経を不潔なものと感じさせて差別を生じるということからだろう。

しかし、そもそも、不用となって身体から排出されたものは、皆、汚物であろう。食品から栄養素を吸収した後、不用となって排泄された糞尿やそれを始末した紙はまぎれもなく汚物である。同様に、受精卵が着床することなく不用となって排出された経血やそれを始末したナプキンなども汚物である。これらは人間が生存する上で不可欠の生理現象とそれに付随するものである。「汚物入れ」は「サニタリーボックス」と言い換えもされるようになったが、いずれにしても入れる物が汚物であることに変わりはない。

最近、「男性トイレにも汚物入れ　がん患者必要、設置広がる」（『東京新聞』二〇二二・五・一）との報道があった。前立腺癌や膀胱癌患者の使用する尿漏れ用パット等のための「汚物入れ」が男性トイレに導入されつつあるという。それまでも不便に感じていた男性はいたのだろうが、高齢社会となって必要とする人が増え、声が届いたのである。

3　語られ始めた〈生理〉

二〇一九年以来のコロナ禍で経済が停滞し、真っ先に雇用調整されるアルバイトやパートタイマーの仕事には女性が従事していることが多く、〈女性の貧困〉が問題になった。生理用品を買えない女性の存在が可視化されて、〈生理の貧困〉という言葉も生まれた。

二〇一九年一二月、当時大学四年生だった谷口歩実を中心とした若い女性たちが「#みんなの生理」というグループを作って、オンライン署名サイトChange.orgで、キャンペーン「生理用品を軽減税率対象にしてください！」を立ち上げた。その動機を谷口は、「学校生活で〝普通〟とされる生活は、生理があることが考慮されていない。（中略）生理用品が軽減税率の対象ではないことは、社会の仕組みが生理があることを前提に作られていない1つの例で、自分の声が聞かれてないと感じました」（〝生理の貧困〟をなくしたい　私が声を上げるわけ――NHK――News Up2021年3月26日　18時27分）と説明している。そして、コロナ禍中の二〇二一年三月には、同サイトで、キャンペーン「学校のトイレに生理用品を設置してください！」を立ち上げた。同じ二〜五月には「日本の若者の生理に関するアンケート調査」を実施し、経済的理由で生理用品を入手することが困難だった人が二割いたことが分かった（日本にも「生理の貧困」5人に1人の若者が「金銭的理由で生理用品を買うのに苦労した」）（minnanoseiri.wixsite.com）。

このこともあって、生理用品を配る自治体や、トイレに配置する公共施設や学校が増えてきている。東京都教育委員会は、二〇二一年九月から全都立高校の女子トイレに生理用品を設置することを決定した。トイレにトイレットペーパーが設置されているのと同様に、どのトイレにも生理用品が設置されるようになってほしいものである。

二〇二一年には、新聞やテレビで「生理」の話題が頻繁に取り上げられた。「（現場へ！）生理を語る」として、第一回「隠すべきもの？　おかしいよ」、第二回「タブー　政治もかわらなきゃ」など四回にわたって特集が組まれたり（『朝日新聞』夕刊、二〇二一・六・一四～一七）、外国の例が紹介されたりした（「配る生理用品　尊厳守るため　無償化したスコットランド」『朝日新聞』朝刊、二〇二一・一一・一四）。

NHKでも集中的に取り上げ、二章で紹介した番組の他にも、「ハロー！　生理　世界で聞いた5つのストーリー＃SDGS」（NHK総合、二〇二一・一一・三）では、ブラジル・台湾・日本・アメリカ・フランスの生理事情を放送した。叔父や従兄に生理のことをごく自然に話題にする一〇代の女性や、娘のためにこだわりなく生理用品を買う父親などのブラジルの様子が紹介され、台湾では、小学校の授業で、先生が男の子に「生理中の女の人に何をしてあげられるかな」と問いかけ、次に登場した若夫婦は、屈託なく妻の生理の話をしていた。ブラジルや台湾のように、生理が女性の隠すべき話題ではなく、普通の体調のこととして日常に溶け込んでいる所も存在するのである。

二〇二一年六月一八日に閣議決定された「経済財政運営と改革の基本方針2021（骨太方針）」では、フェムテック推進の位置付けが明記された（令和3年10月22日「京MED」キックオフセミナー「フェムテックに関する経済産業省の取組～フェムテックで企業が変わる、社会が変わる～」経済産業省経済産業政策局　経済社会政策室）keisansyou_femtec_siryou.pdf（ki21.jp））。フェムテックとは、「Female（女性）とTechnology（技術）からなる造語。生理や更年期などの女性特有の悩みについて、先進的な技術を用いた製品・サービスにより対応するもの」で、「投資額、市場規模ともに成長傾向にあり、今後さまざまな製品・サービスの開発・投入を通じて、市場の成長が期待される」と謳われている。また、「月経随伴症状による労働損失は4,911億円と試算されている」とあって、経済偏重の姿勢には疑問を感じるが、政府が女性への様々な支援を考え始めたのは、ある程度評価できるのではないか。

4　現代に残る〈血の穢れ〉

前章で見たように、日本でも近年、生理とその用品についてはマスコミでも公然と報道され、個人の会話でもこだわりなく口にされるようになりつつある。〈血の穢れ〉というタブーは、前時代の遺物として忘れ去られようとしているかのようだが、現代の日本にも、タブーの存在する場所が、僅かだが残っているのだ。

一つは、国技と言われる大相撲の土俵である。公益財団法人日本相撲協会は、一貫して土俵を女人禁制としている。二〇一八年春巡業の際、土俵上で舞鶴市長が心臓発作を起こし倒れた時、真っ先に土俵に駆け上がって心臓マッサージをした女性看護師たちに対し、行司が何度も、女性は土俵から降りるようにアナウンスした一件がある（救命の女性看護師「なぜ」大相撲の場内放送に疑問：日本経済新聞）(nikkei.com)。すぐに日本相撲協会から謝罪の声明が出され、後日の理事長談話で、歴代の理事長や理事は「女性差別の意図を一貫して強く否定してきた」し、「協会は女性を不浄とみていた神道の昔の考え方を女人禁制の根拠としている」というのは「誤解」である、と釈明している（協会からのお知らせ－日本相撲協会公式サイトsumo.or.jp）。しかし、直後に、大量の塩が土俵に撒かれた（女性看護師が市長救護の直後、今度は土俵に大量の塩！　相撲協会の露骨な蔑視：J-CASTテレビウォッチ）という事実がある。

そして、理事長の言う「女性を不浄とみていた神道の昔の考え方」は、実は今でも存続しているのである。高谷朝子『皇室の祭祀と生きて　内掌典57年の日々』（河出文庫、二〇一七）は、一九四三（昭和一八）年の二〇歳の時から五七年間、皇居の宮中三殿を中心とした賢所《かしこどころ》に、内掌典《ないしょうてん》として仕えた女性の回想録である。内章典とは、「常に御殿のお側に仕え、御三殿をお護り申し上げ、御本殿に御祭り申し上げます神様にお仕え申し上げますのが、私どもの御用」（六頁）であり、「平安の昔から変わらないしきたりの中で、今日まで途切れることなく続けられてきました御祭の数々が、いまも昔のままの姿で行われてございます」（同）と説明されている。
賢所のしきたりは、戦争中も、昭和天皇崩御の時も、一日にも欠かさず続けられてきたという。そのために何よりも厳しく躾けられたのは「次清《つぎきよ》」の別である。

賢所の生活におきまして、もっとも重要かつ基本的なのは「次清」についてのしきたりでございます。／賢所は最高に尊く、最高にお清い神様でおいであそばします。お護り申し上げますために、内掌典は常に身を清め、衣服を清くして居住まいを正し、手を清くして御用を申し上げます。／清浄でないことを賢所では「次」と申します。身体の下半身に手が触れました時や、足袋など履き物を扱います時、（中略）このような場合は手が「次」になります。「次」になりました時は、必ずまず手を清まして（洗う）清めます。（七四頁）

「まけ」は、もっとも穢れにて、御用はご遠慮申し上げます。（七八頁）

「まけ」（生理）の期間は「もっとも穢れ」なので仕事をせず、着物、化粧品、箸なども専用の物を使う。八日目に潔斎をし、夜具のシーツ、蒲団のカバーなどを洗濯し、塩で清める。また、「お手洗い」のことを「よそよそ」という。最も「次」で「大次」という。「よそよそ」に入っている時は、手を着物の表に触れないように注意し、着衣を整えるのは出てからで、「お手水」は二度繰り返す。また、内掌典が起居する「候所」でも、

日々の候所の次清、食事の時の次清、夜休む時の次清、皆々自分で極めて守りますことが、御殿をお清くお護り申し上げます基本でございます。賢所に上がりました最初の夜から、こうした「次清」を厳しくしつけられます。修行の始まりでございました。（八八頁）

と、「次清」の別を厳しく守る。つまり、穢れを常に意識して清くあらねばならない。それは「修行」ならば、厳しければ厳しいほどやりがいも達成感もあるだろう。だが女性は、いつも生理の時に自分が穢れていることを意識しなければならない。これは、女性の尊厳を貶める伝統である。

宮中祭祀に関連して、次のような雑誌記事がある。

◆**「天皇皇后両陛下のご公務見直しの中　皇太子ご夫妻の「宮中祭祀」に注目集まる　雅子さまが祭祀を遠ざけるのは「潔斎」といわれる秘儀が原因とも?!」**（『THEMIS』、二〇一六・六）

天皇家にとってもっとも大切なことは「宮中祭祀」だが、心配もある。／別の宮内庁関係者が続ける。／「雅子さまが神事に馴染めないとして挙げられる大きな理由」、宮中祭祀に『潔斎』と呼ばれる儀式が伴うことだという。それは宮中祭祀に臨む際の心身を清める儀式のこと。装束にお召し替えになる前、湯殿に腰まで浸って桶の湯を柄杓で肩からかけるが、女官たちが一切のことをやるので本人は何も手を出すことができない。また、宮中祭祀にあたっては生理（『まけ』と呼ばれる）の周期を頻繁に伝えなくてはならず、雅子さまにかなりご負担が強い（一七頁）

◆**「雅子さまを悩ませる宮中祭祀　血の掟にメスを入れる可能性も」**（『女性セブン』二〇一八・一一・一一）

◆**「宮中祭祀」を不合理という「雅子妃」の異論**（『週刊新潮』二〇一九・一・二四）

どの記事も内容は共通している。潔斎する時に全裸になって官女に世話を受けなければならない／常に月経日を報告しなければならない、それが雅子妃（当時）を苦しめているというのだ。外務省で時代の先端を行く仕事をしていた女性が、宮中の旧弊なしきたりに馴染むことが出来るものかどうか。雅子妃は、療養以来数えるほどしか宮中祭祀に出席していないと言われるが、原因とされる「適応障害」という病名が、端的に事情を物語っているだろう。

声を上げられない立場にある人の、それは抗議の形だったのではないか。

原武史が「こうしたしきたりがいもなお厳然と存在することは、皇室典範で女性天皇が禁じられていることと同様、男女平等の原則に反している」（『平成の終焉——退位と天皇・皇后』岩波新書、二〇一九、四七〜四八頁）というように、その時代錯誤の血の穢れ観／女性差別は、一刻も早く改められるべきものである。

おわりに——「人間の経験」としての〈生理〉

三章で紹介した谷口歩実の「社会の仕組みが生理があることを前提に作られていない」という言葉は、若い世代からの重要な指摘である。産む性としての身体を性の別なく尊重し、人間存在の根幹に据える社会でありたい。

北川東子が「月経や妊娠などの女性身体特有の経験をもとにして、世界の構造を語る基本概念の批判的洗い直しが必要である」（「哲学における「女性たちの場所」——フェミニズムとジェンダー論」『哲学』58号、二〇〇七）と主張するように、これからは、女性も、もっともっと声を上げて、「女性身体特有の経験」を「人間の経験」（同上）として押し広げ、普遍化していきたい。

注『堀内幸枝全詩集』（沖積舎、二〇〇九）には、同じ「サルビア」という題の詩はあるが、歌詞とは違っている。新・フェミニズム批評の会のお仲間で詩人の渡辺みえこさんに、堀内幸枝の娘さんの谷口典子さんを紹介していただき事情を伺った。詩人の草野心平宅に咲いていたサルビアの花に触発され、帰路、持ち合わせの紙に急いで書きつけて出来たという元の詩を、作曲家の中田喜直の助言も得て歌曲向きに改作したとのことだった。堀内幸枝（一九二〇〜二〇二一）は山梨県生まれ。「素朴な田園詩人」（杉山平一「堀内幸枝の世界」『堀内幸枝詩集』土曜美術社、一九八九）と評されているが、「サルビア」は、そのイメージとは異質の、男に対する鬱屈した感情が噴き出た激しい詩である。

V

映像に見る〈パンデミック〉と現代

新自由主義と〈格差・分断〉の拡大
――アジア・欧米の映画から考える

岡野幸江

はじめに

一九七〇年代末に台頭し、とりわけ冷戦体制終焉以降の三〇年余りの間に世界を席巻し猛威を振るっている新自由主義経済によって、富める者はますます富み、貧しい者はますます貧しくという世界的に広がる格差の拡大で、今社会の分断が深刻化している。とりわけ製造業にとって代わったIT産業を中心とするサービス産業の発展でグローバル化から恩恵を感じられない旧中間層の不満に巣くうポピュリズムが、自国中心主義を叫び移民排斥を求めてトランプ現象やイギリスのブレグジット（EU離脱）のような事態を招いたが、新型コロナウイルスのパンデミックによって事態は一層激化している。米連邦議会占拠事件に見られるようなあからさまな民主主義の破壊、ミャンマーやアフガニスタンでの軍事支配の復活、独裁政権を強化する中国でのウイグル人弾圧やロシアのウクライナ侵攻など、人々の自由が抑圧され多発する紛争や戦争で多くの犠牲者や難民などを生んでいる。

いま世界の富豪の上位二六人の資産総額は、世界人口の約半数の三九億人の資産に匹敵し、アメリカに限っても上位五〇人の資産は二兆ドル（約二二〇兆円）、人口半数の下位一億六五〇〇万人の資産に相当するという。『フォーブス誌』の「世界長者番付2021」によれば資産額一位はアマゾン創業者のジェフ・ベゾスで一七七〇億ドル（約二〇兆円、同2022では二位）、二位はスペースX創業者イーロン・マスクで一五一〇億ドル（約一七兆円、同2022では一位）、次いでマイクロソフトのビル・ゲイツ、フェイスブックのマーク・ザッカーバーグと続いている。一方、ホームレスとなる人々は増加し、二〇二〇年の統計では全米でおよそ五七万人、日本の約五〇〇〇人（実際はそれ以上と思われる）をはるかに超え、長引くコロナ禍でいっそう拍車がかかっていることは明らかである。

二〇二一年、多くの国民の反対を押し切って開催された東京２０２０オリンピック・パラリンピックを政府が「国家的威信」をかけ強行したのは、これにからむ膨大な利権をめぐる国際的な圧力があったからだろう。招致をめぐる買収、ＩＯＣ国際オリンピック委員会がスイスに本部を置く理由、放送権料高騰のからくりやスポンサー契約の実態などＩＯＣの握る莫大なオリンピック・マネーに関しては、後藤逸郎『オリンピック・マネー』（文春新書、二〇二〇・四）に詳しい。「平和とスポーツの祭典」を標榜するオリンピックだが、後藤はクーベルタンの純粋な思いは認めつつもサマランチ会長時代（一九八〇～二〇〇一年）以降、「あまりに巨大なビジネス化」したと指摘する。

東京での開催に反対した上野千鶴子は「ＩＯＣの商業主義」があからさまになったと述べ、アスリートたちがメダル獲得後口にしたのは、「五輪開催にこぎつけた主催者とそれをサポートしたひとたちへの感謝」だけで、同時期に自宅療養を強いられるコロナ患者や疲弊した医療者への配慮や同情は聞かれなかったとも指摘している（「莫大な授業料を払って学んだ「負の遺産」」『週刊朝日』二〇二一・九・三）。いわばオリンピックという舞台は、そこにビジネスチャンスを見出す資本によってスポーツが莫大な金額に換算されていく場となっているのではないだろうか。

1　新自由主義が生んだ格差・貧困・分断——自己規律と変容する身体

二度の大戦を経た二〇世紀後半、世界は平和・寛容・福祉・安定性を求めケインズ主義による規制環境を築いたが、一九六〇年代末からの資本蓄積の危機やスタグフレーションに対しケインズ主義が機能しなくなると新たな道が模索された。規制緩和による国営企業の民営化や公共事業の縮小などを進める新自由主義の歴史的展開についてはデヴィッド・ハーヴェイ『新自由主義』（作品社、二〇〇七）に詳しい。アメリカ上層部が推進した一九七三年のチリクーデターで誕生したピノチェット政権は新自由主義の実験場となり、その後の新自由主義化は経済的エリートの権力回復・再建を果たすことになった。七〇年代にノーベル経済学賞を受賞したフリードリヒ・ハイエク（七四年）やミルトン・フリードマン（七六年）らが戦争直後思い描いた市場原理に基づいて競争を重視し、自由な経済活動を活発化するという新自由主義の理論は、企業やメディア、市民社会を構成する無数の諸機関（大学、学校、教会、職業団体）を通じた「長征」を経て「世論の機運」を作り出したという。「人間の尊厳や個人的自由という政治理念を根本的なもの、「文明の中核的価値」」としたことで、「自己決定能力を尊重するすべての人々に訴える力」を持ち、この理論がイデオロギーとなって諸政党をとらえ、国家権力を獲得することで確固たるものになったとハーヴェイはいう。これが七〇年代末からの英国サッチャー政権による従来の福祉を重視した社会民主主義との決別となり、八〇年代米レーガン政権での大幅な規制緩和（投資への優遇税制、法人税や個人最高税率の引下げなど）や予算削減、労組攻撃となり、日本の中曽根内閣の経済政策にも影響を与えたが、九〇年代以降冷戦構造の終焉とグローバリゼーションの急速な進展に伴い日本では小泉政権（二〇〇一〜二〇〇六年）によって本格的に展開されることとなった。

周知のように日本では八〇年代のバブル経済の破綻で九〇年代は「失われた一〇年」と呼ばれる長期不況となり、企業倒産が増えて解雇、企業統廃合などが行われたが、小泉政権は新自由主義の路線に大きく舵を切り、経済効率優先の仁義なき競争の時代に突入した。その結果労働市場では正規労働者の雇用を抑え、非正規や派遣労働などにシフトされて年収二〇〇万円以下の人々が増加し、新たな世紀の幕開けと同時に「格差社会」が一挙に問題化した。当時「勝ち組」「負け組」という言葉が流行ったのを思い出すが、才能や個性は勝ち抜くための武器とされ、競争力のない者は「自己責任」を盾に保護の無いまま放り出されることになった。「引きこもり」や自殺者も急増し、一九九八年から毎年三万人を超える自殺者の数はその後十年余り続いた。引きこもりの兄の死を題材にした田口ランディ『コンセント』（幻冬舎、二〇〇〇）をはじめ、雨宮処凛『生きさせろ！　難民化する若者たち』（太田出版、二〇〇七）、湯浅誠『反貧困――「すべり台社会」からの脱出』（岩波新書、二〇〇八）、石田衣良『非正規レジスタンス』（文藝春秋、同）などが相次いで書かれたのもこのころである。

この九〇年代から今日までの約三〇年間、日本では非正規雇用者の割合も二〇％から四〇％へと約二倍に増加している。なかでも女性の非正規の割合は約五〇％で男性のほぼ三倍にのぼり、現在コロナ禍で働き口を失いホームレスとなったり自身の身体を売って生活せざるを得ない女性たちも増加している。雨宮処凛『コロナ禍、貧困の記録』（かもがわ出版、二〇二〇）にはホームレス女性が渋谷で撲殺された痛ましい事件などが記されているが、まさに今「日本の底が抜けた」といっていい状況だといえる。

一方企業利益は向上し、二〇一九年には戦後最長の好景気といわれるような事態も出現している。同時にデジタル化の急速な進展で人々がネットワークを通じ創造した技術、知識、情動すべてを剰余価値生産に総動員させるポストフォーディズム状況は私たちの〝生〟に深く食い込み、私たちの身体や思考や欲望そのものも管理統制されて巨大な市場とそこで売買される商品として機能させられている。私たちの振る舞いや思考、嗜好といった私たちがアイデンティティと信じているものでさえ、実は自身の力ではない何者かによって日々作られ自己規律化させられて世界に適合的なものとして作り変えられているのだといえよう。

近年のこうした暴走する新自由主義下でグローバルに進行する格差と分断や労働の変容、そしてその深層で進む管理され飼いならされた身体の問題は、近年の世界各国の映画においても如実に描かれている。ここではそうした問題を取り上げ話題となった作品から、今何が起きているのかを探ってみたい。

2 「万引き家族」――血縁を超えた疑似家族の絆

まず日本映画で国際的にも話題となった是枝裕和監督「万引き家族」（二〇一八年製作・公開）をみてみよう。この映画は、親の死亡届を出さずに年金を不正受給していたという実際にあった事件から着想を得、一〇年近くの時間をかけて作ったという、現代の貧困に正面から切り込んだ作品である。

東京下町に暮らす柴田一家は、建設現場で働く夫治とクリーニング工場で働く妻信代、息子祥太と風俗で働く信代の妹亜紀、治の母初枝の四人家族で、夫婦の給料と母の年金、親子で行う万引きで生計を立てていた。冬のある日、近所の団地の外廊下で震えている女の子を連れ帰り虐待の疑いがあるその子を「りん」と名付けて同居することとなる。怪我で仕事ができなくなった治は祥太と万引きをし仕事に戻らずりんにも手伝わせ、初枝が死ぬと夫婦は遺体を自宅の床下に埋め母親の年金を不正に引き出す。しかし万引きが見つかって祥太は警察に捕まり、一家は取り調べを受けて過去の犯罪や家族関係が明らかとなり、信代が罪を引き受け解体してしまう。

終末で明かされるのは、この一家はそれぞれ全く血縁の無い疑似家族だったということだ。祥太は赤ん坊の時、車上荒らしをしていた治と信代が見つけた炎天下の車中に放置されていた子である。信代と治の夫婦も元ホステスと客の関係で、ＤＶ夫に苦しむ信代のため夫殺しを手伝い執行猶予となった治を、初枝が息子とし、初枝の前夫と他の女性との間にできた亜紀も娘としていたのだ。つまりこの一家は既存の家族関係の中からはじき出された者たちが血縁を超えて繋がった共同体だったといえよう。

是枝裕和は、東日本大震災の後「家族が大事だ」と強調されたが、それは「血縁に閉じようとしている感じがして、すごく厭だ」と感じたという。是枝は「信代という人間がふっと思い出す共同体があの家であり、あの家族だったのではないか」と気づき、本当に描きたかったのは「あの物語の先にある」「家族のあり方」だったのだろうと語っている（是枝裕和／ケン・ローチ『家族と社会が壊れるとき』ＮＨＫ出版新書、二〇二〇・一二）。

ところで同様に「家族」を通し今日の格差社会の問題を描き、カンヌ国際映画祭やアカデミー賞で受賞し話題となった韓国のポン・ジュノ監督「パラサイト――半地下の家族」（二〇一九年製作・公開）について触れてみよう。

この映画は、狭く薄汚れた半地下のアパートに住むキム一家と、高台の高級住宅地にある朴一家の二つの家族の話だ。半地下に住むキム一家の息子ギウは学生証を偽造し朴家の息子ダソンの家庭教師となり、その後次々と家族とは知らせず妹ギジョンを絵の家庭教師、父ギテクを運転手、母チュンスクを家政婦として朴家に送り込む。朴一家がキャンプに出掛けた日、四人は大豪邸で自分の家のように振る舞うが、キム一家の策略で追い出された元家政婦ムングァンが忘れ物を取りに戻り、地下室に借金取りから逃れるため夫グンセが隠れていたことが判明する。四人が一家であることに気づいたムングァンは、一家と揉み合いとなり地下室に押し込まれてしまうが、雷雨のためパク一家がキャンプから戻ったため、キム家の三人は逃げ出して半地下のアパートに戻ったものの、自宅が浸水して避難所で一晩を明かす。そして翌日、ダソンの誕生日パーティーに招待され、そこで惨劇は起こる。

「高台の家」と「半地下の家」という空間は、まさに現代の格差社会を象徴している。ただし「半地下の家族」というのは、たとえ偽装であったとしても富裕層へのアクセスを可能とするが、さらに「地下室」に住む人間はその可能性すらなく、地表に出てきたときには地上の人々の生活を脅かすものとなる。グンセはパーティーに突入しキッチン包丁を振り回して惨劇の引き金を引くのだ。

デヴィッド・グレーバーは、この作品が「表面的には社会的批判の外見を持つ」が、実は富める者と貧しい者、それぞれの空間や物質が、「人間の運命を決めてしまう」という「空間決定論」が主題の一つになっているという。そして末尾でホラー映画となったこの作品には、貧しい者たちの連帯の可能性はなく、「希望の不在」を指摘する（D・グレーバー&N・ドゥブロフスキー「『パラサイト』はなぜ社会的不平等を描いた映画ではないのか」以文社Ｗｅｂ、二〇二〇・八・三）。確かにエンターテインメント性は高いが、「万引き家族」とはちょうど対照的な他人同士に偽装した家族が求めたものは、血縁家族の回復である。朴家の主人ドンイクを刺した父ギテクが高台の家の地下に隠れＳＯＳの信号を発していることに気づいた息子ギウが、いつか金持ちになってこの家を買い父を救い出そうと決意するラストは、それを象徴している。家父長制が強固に根付く韓国社会の深層がここにうかがえるだろう。

3　「家族を想うとき」——ゼロ時間労働とテクノロジーによる管理

では、ヨーロッパに目を転じてみよう。ケン・ローチ監督「家族を想うとき」（原題は *Sorry I missed you.* 二〇一九年製作・公開）は、英国におけるゼロ時間契約労働者の厳しい現状を描いた作品である。ゼロ時間労働とは週当たりの労働時間が決まっていない雇用契約のことでギグワークともいう。「ギグ」とは一度だけの演奏や短いセッションを指す音楽用語だが、こうしたインターネットを通じた単発の仕事は近年のイギリスで大きな社会問題となっている。ケン・ローチは、前作「わたしは、ダニエル・ブレイク」の製作中、フードバンクに来る人々がゼロ時間契約の労働者が多いことに気づいたという（前掲『家族と社会が壊れるとき』）。「わたしは、ダニエル・ブレイク」（二〇一七年日本公開）は、病気で働けなくても容易には受給できない失業保険、高齢者に高い壁となるＩＴによる申請や役所の機械的な対応という社会保障制度の矛盾、万引きや売春もせざるを得ない貧困家庭の苦境などを描いた「反緊縮映画」といわれるものだ。当時映画界引退をほのめかしていたケン・ローチだったが、同作でカンヌ映画祭パルムドール賞受賞直後、英国でブレグジットが決議された（二〇一六年六月）。そこで引退を撤回、「排外主義や移民」を主題にした映画制作が噂されるなか、白人労働者を主人公にした「家族を想うとき」を作ったという（ブレイディみかこ『ブロークンブリテンに聞け』講談社、二〇二〇・一〇）。

この映画は、イングランド北部ニューカッスル・アポン・タインが舞台である。元建築労働者のリッキーはいろいろな仕事に就いたが、家族のためにマイホームを建てようと独立オーナーとして地元の宅配事業者とゼロ時間契約を結ぶこととなる。配送用バンは自己負担で購入しなければならないため、訪問介護に従事する妻が仕事で使っている車を売却したが、リッキーは配達ルートや時間を指示するスキャナーを持たされ最新テクノロジーで管理された厳しいノルマが毎日課されることになる。一日一四時間で週六日働き、何かあれば本部から賠償金を取られ、休めば罰金を取られる。こうして借金は膨れ上がり、仕事で疲れ果てたリッキーや妻は学校に行かず問題を起こす息子について言い争うことも増え、家族は悲惨な状況になっていく。

ニューカッスルは、かつては重工業の製造業で繁栄した地域だが、製造業の衰退とともに炭坑も閉山となり、失業者の増大、治安の悪化などの問題を抱えながら産業構造の転換を模索する、アメリカで言えばラストベルト地域といえよう。ここに描かれたような「底辺ギグ・エコノミー」については、ジェームズ・ブラッドワースの潜入取材『アマゾンの倉庫で絶望し、ウーバーの車で発狂した』（光文社、二〇一九・三）が、アマゾン、訪問看護、コールセンター、ウーバーを取り上げ、赤裸々にその実態を暴いている。ちなみに日本でもよく見かけるようになった「ウーバーイーツ」も、サンフランシスコで発祥し、今や69カ国の九〇〇都市にわたる輸送ネットワークを持つウーバー・テクノロジーズが立ち上げたものだ。「この種の仕事を提供するアルゴリズムを操る」企業の多くが米シリコンバレーに拠点を置き、彼ら若い雇い主の多くは「ワイシャツの襟元を開け、袖をまくり上げ、〝多様性〟について熱弁をふるうような人々」なのだとブラッドワースはいう。

リッキーは万引きして捕まった息子に勉強するよう説教するが、息子は大学進学したものの借金を抱えコールセンターで日雇いとして働く友人の兄を引き合いに、こうした仕事しかできないのは父親（リッキー）も同じで「自己責任」だと反論する。そのうえ喧嘩で相手に怪我をさせ停学となった息子を父は殴り、家族の関係はますます険悪になっていく。そんな折暴漢に襲われ怪我をしても休めないリッキーは、家族が止めるのも振り切って仕事に復帰するため車に乗り込む。リッキーのこれからはどうなるのか、ケン・ローチは安易な希望を提示してはいない。

ブレイディみかこは、同映画が「ギグ・エコノミーが平凡な家族の心情や行動をいかに変化させ、いかに仕事や経済に直接関係のない生活の部分まで変えてしまうか」を描いていると述べ、ケン・ローチが欧州の混乱の原因を「行き過ぎた新自由主義に見ている」と指摘する。まさにこれは先進国といわれる国々に一様に広がる新自由主義の本質を鋭く突き付けている映画だといえよう。

4　「ニューヨークの親切なロシア料理店」——心の傷に寄添うケアの精神と相互扶助

では、アメリカの場合を見てみよう。女性監督ロネ・シェルフィグによる「ニューヨークの親切なロシア料理店」（二〇一九年製作・公開）は、マンハッタンのダウンタウンにあるロシア料理店を舞台に、そこに集まったいささか訳ありの男女が互いに助け合い支え合っていくドラマである。

夫の暴力と子供たちへの虐待から逃れるため二人の息子を連れ車で家出したクララ。革命前祖父がロシアから移民としてやって来たというロシア料理店主人ティモフィ。マネージャーとして雇われたのは弟が麻薬で逮捕されたときにともに捕まり、出所したばかりのマーク。看護師をしながらセラピストをしている女性アリス。その患者で弁護士の仕事に自信を失っているジョン。そして仕事ができずどこへ行っても馘になってばかりのジェフなどが、このロシア料理店を介して出会うことになる。お金のないクララが行き場を失い迷い込んだ場所はダウンタウン。パーティーに忍び込んで料理をかすめたり、「困っている人からでなければ盗ってもいい」と息子にも言っているクララは、ある時は万引きをして子供たちのために食料や衣料品を手に入れる。アリスは病院で忙しく働きながら就業時間外に教会でセラピーのボランティアに力を注ぎ、心に傷を抱える人々の支えとなっている。教会にはホームレスの人たちが無料の食事を求めて詰めかけ、クララ親子もそこで食事にありつくことができる。

冒頭にも記したように現在ホームレスは全米でおよそ五七万人、過去一〇年間で二倍以上増加し、日本の百倍以上（人口比四〇倍以上）に上っている。ホームレスとなる原因は様々で、貧困、人種差別、家庭内暴力、幼児虐待、薬物・アルコール中毒、失業などが複雑に絡み合っているといわれ、クララの家出の原因も警察官である夫の暴力だ。この点は作中で掘下げられていないが、息子が父のパソコンの中で見たという拷問の動画を探す場面がある。これがクララの離婚訴訟で有利に働いたことは確かだろうし、頻発する白人警察官による黒人殺害事件という社会問題を反映しているのも事実だが、ひょっとすると彼の暴力もまたアメリカ史上最長といわれる二〇年にわたるアフガニスタン戦争に関わるトラウマだったのではないかと考えられなくもない。

ともかく家庭内暴力から逃れた女性、薬物がらみで刑を受け出所した男性、社会的適合力に欠ける青年、心優しいためセラピーに通う弁護士、そして当のアンナも離婚の傷を引きずっている。それぞれ大都会の片隅に生きる善良な市民であるが、心に傷を持つがゆえに他者の痛みに寄り添い、互いに助け合っていくことができる存在として描かれているのだ。映画は超大国アメリカに広がる暗部を映しながらも、料理店の隣にあるコンサートホールから漏れ聞こえてくる哀感溢れる音楽が観客の心を優しく包み込むのも確かだ。

原題は *The Kindness of Strangers* だが、祖父が始めた店を引継ぎ、儲けを考えず経営するロシア料理店が舞台であるのも、近年の米国社会のみならず市場経済の導入とその失敗により独裁政権がいっそう強化されているロシアに対する批判的視点も盛り込まれているのかもしれない。クララやアンナという結婚や恋愛から痛みを受けた者たちが恋愛に回帰する結末を疑問視する評もあるが、恋愛や結婚への回帰というより、作品の底流にある貧しい者たちが寄り添いながら生きる相互扶助やケアの精神こそ、従来のハリウッド的なハッピーエンドとは異なるかすかな救いと希望をのぞかせてくれるのではないだろうか。

5 「ノマドランド」——アナキズムと自立の精神、自然の中の身体の解放

同じアメリカでも有色人種の女性として初めてアカデミー賞監督賞を受賞し話題となったクロエ・ジャオ監督の「ノマドランド」（二〇二一年製作・公開）をみてみよう。これはジェシカ・ブルーダーのノンフィクション『ノマド：漂流する高齢労働者たち』（鈴木素子訳、春秋社、二〇一八・一〇）を原作としたものだが、ノマドとは、本来「遊牧民」や「放浪者」をいい、近年ＩＴを使いカフェやレンタルスペースなどで行うワークスタイルもいうが、本作は文字通りの放浪者を描いた作品である。主人公ファーンは現代のノマドの一人で、ネバダ州のエンパイアで臨時教員をやっていたが、夫と死別したうえ夫が働いていた工場の閉鎖で町まで失い、家を手放してキャンピングカーに最低限の家財道具を積み込んで流浪する。途上で日雇いの職に就きノマドたちと交流しては旅を続けるのだが、映画はこの深刻な格差の広がる現代のアメリカ社会の一面を描き出していく。実際、米国石膏社（ＵＳＧ）の企業城下町だったエンパイアは、リーマン・ショック後の二〇一一年、工場が閉鎖されゴーストタウンとなった。

主人公のファーンも車で寝泊まりし、安い時給で過酷な肉体労働に従事する。行く先々で働くのは「アマゾン」

の配送センターや国立公園のキャンプ用務員などである。アマゾンは車で生活するファーンのような季節労働者を採用するために「キャンパーフォース」というプログラムを作っている。臨時の労働者を雇う企業や公官庁のなかでも「最も過激な求人を行ってきたのはアマゾンのキャンパーフォースだ」（『ノマド：漂流する高齢労働者たち』）といわれ、全米各地にあるアマゾンの配送センターがこうした人々の働き口となっている。冒頭でも書いたがＣＥＯジェフ・ベゾスは、今や世界長者番付一位だが、配送センターの労働者は最低賃金で機械扱いされ目標達成のプレッシャーや狭いところでの過酷な労働など、日本はじめヨーロッパでも何人も死者を出すほど過酷な労働が強いられていると横田増生『潜入ルポ　アマゾン帝国』（小学館、二〇一九・九）も報告している。そこで働く労働者の賃金も最低賃金で、ワーキャンパー（キャンピングカーで移動しながら働く人々）にとっては食料品やガソリン代、時には多額の車の修理費に消えていく。この最底辺の労働者たちと、それによって支えられ独り勝ちした勝者との対比はまさに新自由主義の象徴ともいえるだろう。ちなみに二〇二一年冬のトルネードでは家に帰らせてもらえないイリノイ州の倉庫の従業員六名が犠牲になり「命より生産性重視」と批判が高まっていたが、反労組の姿勢で有名なアマゾン社でも今年（二〇二二年）四月ニューヨーク市スタテン島の集配センターで全米初の労組が結成された。

　ファーンは、放浪の中で知り合った男性や高額な車の修理費を借りるため訪ねた妹からも共に暮らさないか誘われる。しかし、わずかに心を動かすことはあってもそれを断り孤独な旅を続けるのである。そうした彼女／彼らが大切にするのは孤独に耐え自立する精神と貧しくとも人に媚びない自尊心、困ったときには助け合う相互扶助の精神だ。作品に登場するノマドたちは実在する人々で、主演女優マクドーマンド自ら彼らの中に入りドキュメンタリーとフィクションを交錯させながら撮ったという。ノマドの中心的存在として実在するアナキストのボブ・ウェルズという人物が登場するが、彼は「社会が我々を野に放り出すなら――放り出された者たちで助け合うしかない」と語っている。

　北京出身でアメリカに移住したクロエ・ジャオ監督は、この映画が映し出しているのはアメリカの神髄である開拓文化であるとともに、「ノマドが直面している苦難であり、彼らの力強さであり生への喜び」で、それは普遍的なものだと語る（『ノマドランド』パンフレット）。ネバダ、サウスダゴタ、ネブラスカ、アリゾナなどアメリカ中西部の手つかずの自然のなかで何にも縛られず自然に抱かれ自由を求めて生きる姿は清々しい。泉に手足を伸ばし一糸纏わぬ身体を浮かべるファーンの姿は、社会の求める規律を心身両面で内面化させ管理する現代社会からの自由と解放を象徴化したものだろう。

ジェシカ・ブルーダーは二〇〇〇年代に入ってから所属する地域や組織と無関係に共通の興味や目的のもと情報を共有する新種のドライブが出現し、放浪生活をするとは思いもしなかった人々が続々と路上に出ていて、彼らは「ホームレス」ではなく「ハウスレス」を自称するという。だがファーンのような凛とした自立と孤独にどこか悲哀感が伴うのは、これが決して理想的な生き方であるわけではないということでもあると思う。

映画は、この原作者のジェシカ・ブルーダー、監督のクロエ・ジャオ、そして俳優のフランシス・マクドーマンドという三人の女性たちのタックルによって成功したといわれるが、それは女性監督が制作した「親切なロシア料理店」でも同様だろう。貧しい者たちはほとんど互いに分け合い助け合い支え合って生きているが、とりわけケア労働を中心的に担い長く社会的に抑圧されてきたのは女性たちで、その女性たちの感性こそが、現代の問題を鋭くつかんだ結果であるのだろう。

おわりに

ハーヴェイは、新自由主義はグローバリゼーション下で先進資本主義国のみならず途上国、旧社会主義諸国も含めて展開される国家体制、政治制度であり、「一個の世界体制」だと指摘する。これは政治、法、制度、文化といったあらゆる領域を動員し私たちの生活様式、モラル、心性まで支配するシステムなのだといっていい。各国に広がる深刻な経済格差はもちろん競争の激化で高まる不満や不安感は、アメリカではトランプを支えるキリスト教右派、日本では安倍晋三らの動きに象徴される家族や国家の復権を唱える言説と結びつき排外主義やレイシズムを叫ぶ新保守主義を台頭させた。一方では市場経済への移行で過酷な市場原理によって新興財閥に富が集中、経済が崩壊したロシアは、米国の混迷とグローバル化の失敗を見た中国などとともに専制支配を強めている。さらに行き過ぎた開発による今日のような深刻な環境破壊や気候変動とそれに伴う感染症の拡大、資本があらゆるものを商品化し消費尽くそうとするポストフォーディズム状況などは、みなこの数十年の暴力的な新自由主義のもたらしたものといえよう。

『私たちの〝感情〟と〝欲望〟は、いかに資本主義に偽造されてるか?』(作品社、二〇一六・一一)の著者であるフレデリック・ロルドンは「格差の是正だけでは、資本主義の不平等は解決できない」と主張する。社会構造によって作られる人間の感情が、その社会構造を作り変えるその変革の臨界点となるのが「我慢の限界にともなう憤怒」だという。もちろんその臨界点がどこにあり、どう認識できるのかは、社会科学に向けられた問いであり、私たち自身が追及していかなければならないとは同書の訳者杉浦昌昭も述べているところだ。

いま私たちは世界システムとしての新自由主義の構造を解明し可視化させて、その呪縛から自らを解放し、一人一人が「人間としての尊厳」と「当たり前の権利」を主張する怒りの声を上げることが重要だろう。そして、資本による商品化を拒む「ケアの精神」と「相互扶助」に基づく「共同体(コモン)」を拡大すること、それがこの暴力化する新自由主義を掘り崩す一つの可能性につながることを望まずにはいられない。

映画『海辺の彼女たち』とリプロダクティブ・ジャスティス

藤木直実

1　映画『海辺の彼女たち』

二〇二一年七月、東中野のミニシアターで藤元明緒監督作品『海辺の彼女たち』を観た。冒頭から、手持ちカメラの長回しと暗いトーンの画面による、息詰まるような展開が続く。入念な取材にもとづき、外国人技能実習生の置かれた過酷な現状を描いた、ドキュメンタリータッチのフィクションである。

三ヶ月前にベトナムから来た三人の女性が過酷な職場から逃走、ブローカーの手引きで雪国の漁港にたどり着き、故郷への送金のために働く。パスポートと身分証を前の会社に預けたままの不法就労である。最初の職場は、彼女たちが乗った地下鉄構内の様子から横浜近郊と推測され、フェリーで到着した先にはリンゴ並木が続いて、青森県沿岸部であることが知れる。あまりにもブラックだった前職とは異なり、漁港での魚の仕分けの仕事は貯金も相応に可能だとわかって、三人のうちふたりは雪と戯れてはしゃぐが、ひとりだけ表情が暗い。なぜなら……、そう、彼女は妊娠していたのだった。つまり「女性特有」のこの問題が、彼女をいっそう苛烈な状況に追い込んでいくのだ。

藤元監督は一九八八年生まれで映画公開時三三歳。長編デビュー作『僕の帰る場所』（二〇一七年）では、在日ミャンマー人の移民問題と家族愛を描いて、第三〇回東京国際映画祭「アジアの未来」部門二冠など内外で高い評価を得た。ミャンマー人女性と結婚して息子を持つ父親でもある。『僕の帰る場所』が機縁となって、SNS上で知り合ったミャンマー人技能実習生女性から監督の元にＳＯＳメールが届くが、数度のやりとりの後、彼女は職場から失踪し、消息を絶った。彼女の「その後」を追いたいという思いが、本作の動機につながったと監督は語る[1]。

日本における在留外国人は、リーマンショックから東日本大震災にかけて一時的に減少したものの、その後増え続け、二〇一九年一二月末時点で二九三万三一三七人（総人口比二・三％）、新型コロナの影響で減少した二〇二〇年六月においても二八八万五九〇四人となっている。日本は、実に、世界第四位の移民大国なのである。うち労働者数は一七二万四三二八人（二〇二〇年一〇月末現在）、これは総労働者数の二・五％にあたり、そのうちの二三・三％を占めるのが技能実習生である。以前は中国人が多かったが、二〇一六年にベトナムが中国を抜き、現在では全体の半数がベトナム人である[2]。

すなわち、映画の中で予期せぬ妊娠によって追い詰められる技能実習生の経験は、彼女ひとりのものでは決してなく、日本社会のいたるところに潜在しているということになる。在留外国人が日本で遭遇する困難や抑圧、とりわけ、異国での妊娠出産に伴う不安と喜びや、母国への仕送りのプレッシャーについて、監督は日頃から自身の妻の体験談を共有しており、細部のリアリティとして、映画の中に組み入れられているという[3]。

2 日本のリプロダクティブ・ヘルス

映画に戻ろう。妊婦フォンは、他のふたりの制止を振り切り、偽の保険証と在留カードを五万五千円支払って入手し、産婦人科を受診する。しかし、病院から戻る彼女を待ち受けていたのは、この港町に三人を手引きしたブローカー男性だった。偽造した身分証を使い続ければ、捕まって帰国させられることになると説得され、フォンは彼から中絶薬を受け取った。薬を飲んで横たわり、瞑目するフォン。映画はここで幕を閉じる。

経口中絶薬は日本ではいまだ認可されていない。フォンが使った薬は、ベトナムから持ち込まれたということだろう。言ってみれば、「ヤミ堕胎」である。つまり日本の法律の下では刑罰的制裁の対象となり得る。周知の事柄ではあるが、ここで日本のリプロダクティブ・ヘルス／ライツの現状を確認しておこう。

明治時代に制定された堕胎罪がいまなお存続する日本においては、低用量避妊ピルが導入されるまでに四〇年の年月が費やされた。避妊の失敗や性暴力被害に際して妊娠を防ぐための緊急避妊薬は、ＷＨＯによる必須医薬品に指定されており、世界の約九〇カ国で処方箋なしでの購入が可能だが、日本国内では医師の診察が不可欠である。また、中絶薬については、新型コロナウィルス感染拡大に伴いこれをオンライン処方する国もある中で、日本では薬そのものの導入がようやく議論の緒に就いたところである。

さらに、人工妊娠中絶手術には相手男性の同意が必要であるばかりか、その手術方法は七〇年前から変わらずに掻爬術が主流、費用も一〇万から二〇万円と高額である。女性の身体に侵襲が大きく、時に生命の危険にかかわるこの術式をめぐっては、ＷＨＯから廃止勧告が出されており、二〇二一年七月、厚生労働省も国際的動向を踏まえるよう国内に通達したが、これに対して日本産婦人科医会が「我が国の掻爬法は、歴史もあり、習熟した医師が安全に確実に行っている」と主張したことが報じられた[4]。

翻って、二〇二〇年末に発表された二〇二一年度から五年間の第五次男女共同参画基本計画には、市民団体からの一〇万筆超の署名に応じて、緊急避妊薬を処方箋なしで販売することの検討が盛り込まれ、二〇二一年内に実現が目指されるとも言われた。しかし、二〇二一年七月二九日、ＮＨＫニュース「おはよう日本」に出演した日本産婦人科医会副会長の前田津紀夫はこれに異を唱え、「日本では若い女性にちゃんと性教育してあげられる場があまりにも少ない」「じゃあ次も使えばいいやと安易な考えに流れるのが心配」などと発言する。番組の基本姿勢は、コロナ禍下において「予期せぬ妊娠」への不安が若い世代に高まっているとして、緊急避妊薬の導入をめぐる日本国内の課題を取り上げるというもので、その中でのこの発言である。Twitter 上では前田副会長への批判が相次ぎ、関連ツイートは同日正午までに約二万九〇〇〇件に達したという。

3　移民女性の妊娠

映画の中で、妊婦フォンは中絶薬を飲むことを余儀なくされた。本人の意思よりはむしろ、前の職場から行動を共にしてきたほかのふたりが、また、ブローカー男性が、不法就労の発覚を恐れたためである。ひとたび利害が相反すれば、「仲間」の関係はあっけなく崩れる。そのことを、フォンの孤独は物語る。現実にはかりそめの「仲間」すら持たない技能実習生も多いだろう。この映画の製作が進行するまさに同じ時期に、ひとりのベトナム人女性が逮捕起訴されている。熊本のみかん農園で働いていた、当時二一歳のレー・ティ・トゥイ・リンさんが、二〇二〇年一一月一五日に自宅で双子の男児を死産し、その遺体を放置したとする、死体遺棄容疑での立件である。

事件をめぐってはインターネット上でも多数の報道記事を確認できるが、中でも詳細な取材を継続している望月優大によれば[6]、リンさんはベトナムでの仲介業者に一五〇万円の借金を負って二〇一八年に来日、返済のために週七日休みなく働いて一年半ほどが過ぎた頃、妊娠に気づいた。強制帰国を恐れたリンさんは、職場にも同僚にも、日本側管理団体にも、ベトナムの家族にも、胎児の父親であり別の職場で実習生として働くパートナーにも、妊娠を打ち明けることができなかった。少しでも長く働いて帰国し、ベトナムで出産するつもりだったが、体調が急変、自室で孤立出産に至った。折しも収穫の繁忙期で、彼女はその前日まで働いていたという。翌一六日、数日前から体調が悪そうだったリンさんを、農園主と管理団体職員が病院に連れて行き、出産したことが発覚したのだった。

起訴後、地元の外国人支援団体コムスタカ、ＹＷＣＡ、カトリック、一般市民など多くの人々がリンさんを支援した。そのうちのひとり、産婦人科医で熊本市西区の慈恵病院院長蓮田健医師は、会見で「今回の判決は無罪でないと困ります」「この行為が罪に問われるとなれば、孤立出産に伴う死産ケースのほとんどが犯罪と見なされてしまいかねない」と強い危機感を示した[7]。蓮田医師は、あの蓮田善明の孫にあたり、「こうのとりのゆりかご」（俗称「赤ちゃんポスト」）の運営責任者である。判決はその運営にも影響を及ぼしかねない。しかし、熊本地裁杉原崇夫裁判官は被告側の無罪主張を退け、二〇二一年七月二〇日、リンさんに有罪判決を言い渡した。

　出産後、リンさんは空き箱にタオルを敷いて遺体を納め、二児の名前と弔いの言葉を紙に書いて箱に入れ、自宅居室内のチェスト上に安置していた。出産直後の身体を休めていたわずか一日の間のことである。地裁はこれを、死体遺棄、および、死産を隠匿して私的な埋葬をするための準備とみなし、「国民の一般的な宗教的感情」を害するとしたのである。

　判決を受け、外国人技能実習生問題弁護士連絡会の指宿昭一弁護士は、被害者を加害者として処罰する判決だとして「強い疑問と憤り」を表明した。「死産を周りに伝えられずに、私的に埋葬しようとしたのは、彼女が奴隷的な状況に置かれていたからだ」と述べて、事件の背景にある外国人技能実習制度の問題点を指摘し、さらに、「実習生に限らず、孤独な状況で出産してしまった女性にとって、この事例が有罪になるのは非常におかしい。女性の人権という観点からも許しがたい判決だ」と疑義を呈した。(8)

4　孤立する妊婦たち

　近年、嬰児や死児の遺棄、日本では違法の中絶薬による堕胎容疑で逮捕立件されるなど、技能実習生の妊娠出産にかかわる事件の報道が相次いでいる。強制帰国を恐れて妊娠の事実を言い出せなかったために起きた悲劇である。本来、婚姻妊娠出産を理由とする不利益扱いは労働基準法や男女雇用機会均等法によって禁じられており、技能実習生もその例外ではない。労働者の当然の権利が守られない事態は、すなわち「奴隷的な状況」にほかならない。

　技能実習生は「現代の奴隷」とも言われるが、ドイツの小説家ハックレンデルの『ヨーロッパの奴隷生活』を踏まえ、森鷗外が『舞姫』で踊り子の劣悪な労働環境を「当世の奴隷」と表現したのは、一九世紀の出来事だ。『舞姫』をめぐっては、斎藤美奈子がその出世作『妊娠小説』において、日本近代文学における予期せぬ妊娠を描いた小説の系譜の端緒に位置づけたことはよく知られている。また斎藤は、妊娠・出産をめぐる法や制度と表象との相関を指摘、堕胎罪が完成した一九〇七（明治四〇）年前後にこの系譜の小説が多出したことを述べている。これらはすなわち、予期せぬ妊娠をスティグマ化する法権力への、文学の側からの異議申し立てであるとみなされる。

その中のひとつ、長塚節の『土』（初出一九一〇年）は、経済的事情から禁を犯して自身で堕胎を実行する貧農の女性を描く。彼女が行ったのは「酸漿《ほおずき》の根」を挿入して「卵膜を破る」という凄絶な方法だった。夫は出稼ぎで不在、二児と老人の世帯を守る彼女は、「生計の心配」と堕胎を「世間に隠蔽しようといふ念慮」から、安静を保つことなく立ち働き、破傷風を発症して落命する。

貧困の中で孤立する妊婦。『土』から一一〇年を経た現代の日本においては、前節で引用した蓮田医師や指宿弁護士の発言にも見られるように、孤立出産する女性は技能実習生に限らない。日本経済の低迷が長期化する中で、嬰児の殺害や遺棄をめぐる事件が頻発しているが、それらの報道からは、経済面のみならず、情報においても、人間関係においても、圧倒的な貧困状態に置かれた孤独な現代女性の姿が浮かび上がる[9]。妊娠を理由とする解雇を恐れて孤立出産に至る経緯は、技能実習生と変わるところがない。コロナ禍の長期化は事態の一層の悪化を招くだろう。

マタニティハラスメントが横行し、保育園待機児童をめぐる状況にも抜本的な改善が見られない現況下で、日本の出生率低下は止まる気配を見せない。少子高齢化による労働人口の減少と、世界第四位の移民大国という事態が地続きであることは自明だ。さらに、日本にやってきた外国人女性が直面するのが、あまりにも劣悪な日本のリプロダクティブ・ヘルスの現状である。技能実習生の予期せぬ妊娠は、本国で行っていたインプラント[10]などの避妊方法が、日本では認可されていないために継続できないことにも多く起因しているという。避妊はほぼコンドーム一択という日本の状況は、世界に例を見ない異様な事態なのだ[11]。

妊娠を防げなかった場合の次なる手段として、中絶薬の使用は違法であり刑罰的制裁の対象、中絶手術には相手男性の同意と高額な費用を必要とすることはすでに述べたとおりである。映画で妊婦フォンが用いた中絶薬は、伝手をたどって本国から持ち込まれたものと推測されるが、これがコロナ禍による出入国制限時であれば、薬の入手すら困難だったということになる。
リプロダクティブ・ジャスティスに照らせば、こうした状況は端的に不正義にほかならない。放置するのは不正義に加担することだ。移民労働力が日本社会の維持に不可欠である限りにおいて、日本人の全員がその受益主体なのだから。映画『海辺の彼女たち』の話題に戻れば、海外メディアは監督を評して「日本のケン・ローチ」と述べ、国内ではＴＡＭＡ映画賞最優秀新進監督賞、新藤兼人賞金賞などの受賞が相次いだ。本作は本編が八四分ほどのコンパクトな作品だが、これは大学の授業での視聴を念頭においた尺であり、映像の貸し出しにも積極的に応じているのだと監督に伺った。まずは本作を組み入れた授業を実施するところからはじめて、自分にできることを積み重ねていきたいと考えている。

（二〇二一年一二月一五日記）

注

1――「[インタビュー] 藤元明緒監督、語る『海辺の彼女たち』を撮った理由」（『海辺の彼女たち』パンフレット、二〇二一年五月）

2――以上の数値については、斉藤善久監修「『海辺の彼女たち』の背景をより深く把握するために 外国人労働者と技能実習制度～その数字と解説～」（前掲『海辺の彼女たち』パンフレット所収）のほか、出入国在留管理庁および厚生労働省のＨＰを参照した。

3――注1におなじ。

4――「〝戦後まもなくから変わらない〟日本の中絶」（NHK WEB 特集、二〇二一年一〇月一四日一八時二一分、https://www3.nhk.or.jp/news/html/20211014/k10013302711000.html?fbclid=IwAR166UXNHqBsF_LuhDQZcbnCGwZmvtboy3z7NfwgQpFF6RQkhQWAse4QCj4）

5――「産婦人科医会副会長、ＮＨＫで緊急避妊薬めぐり「安易な考えに流れてしまう」発言が物議」（Business Journal、二〇二〇年七月二九日一三時五〇分、https://biz-journal.jp/2020/07/post_171066.html）

6――「彼女がしたことは犯罪なのか。あるベトナム人技能実習生の妊娠と死産（1）」（ニッポン複雑紀行、二〇二一年六月一六日、https://www.refugee.or.jp/fukuzatsu/hirokimochizuki08）

7――「「これで有罪になれば大変なことになる」孤立出産で死産した技能実習生の起訴に対して医師が示した危機感」（YAHOO！ニュース、二〇二一年六月二九日七時三九分、https://news.yahoo.co.jp/byline/mochizukihiroki/20210629-00245281）

8――「妊娠を相談できず双子を死産、技能実習生に有罪判決。「奴隷的な状況だった」と弁護士」（ハフポスト、二〇二一年七月二一日、https://www.huffingtonpost.jp/entry/story_jp_60f7b452e4b0158a5edb2b5f）

9――「「娘に謝りたい…」浴室で孤立出産 誰にも相談できず4日で消えた命」（TBS NEWS、二〇二一年一一月二八日九時〇〇分、https://news.tbs.co.jp/newseye/tbs_newseye4414714.htm?fbclid=IwAR3hplxIUS3G4keVemo2Nx0EihKkFlApLUsSgUI-AAgCfL6vWLgBCfW3aXc）

10――マッチ棒ほどの大きさのスティックを腕などの皮下に埋め込み、女性の体内にホルモン剤を投与する避妊方法。一度の施術で効果は三年程度持続する。そのほかにも注射やシールなど、女性主体の避妊方法の選択肢は複数存在するが、日本では認可されていない。

11――田中雅子「「移民女性の妊娠」に見る日本の課題――アジア5カ国出身者の調査と相談支援から――」（国際セーフ・アボーション・デー2020 Japanプロジェクト 中絶についてもっと話そう！ 第九回、二〇二一年六月二八日オンライン開催）

［付記］本稿脱稿後の二〇二一年一二月二二日、イギリスの製薬会社ラインファーマが、日本の厚生労働省に対して、国内初となる経口中絶薬の承認を申請し、一年以内に有効性や安全性が審査される運びとなった。これを受けて、日本産婦人科医会の木下勝之会長は「簡単に中絶できるという捉え方をされないか懸念」すると述べ、薬の処方料として、従来の中絶手術の費用と同等の一〇万円程度の料金設定が望ましいとする考えを示したことが報じられた。ち

なみに、ＷＨＯによれば、海外での経口中絶薬の平均価格は日本円にして七四〇円程度であるという。

　また、ベトナム人技能実習生リンさんの事件において、一審を不服とする被告側は、逆転無罪を求めて福岡高裁に控訴していたが、二〇二二年一月九日に言い渡された判決は減刑なるも有罪、一月三一日に最高裁へ上告し、現在も係争中である。

　日本のリプロダクティブ・ジャスティスの現状にかかわる事例として、旧優生保護法下での強制不妊手術問題をめぐる動向にも付言しておきたい。昭和四〇年代に手術を強制された関西在住の七〇代と八〇代の男女三人が国を訴えた裁判で、二審の大阪高裁は二〇二二年二月二二日、「旧優生保護法は非人道的で憲法に反する」との見解を示し、あわせて二七五〇万円の支払いを命じた。同様の裁判は全国九カ所で起こされているが、国に補償が命じられたのはこれが初めてのことである。厚労省は法務省との協議を踏まえて判決を不服とし、三月七日、最高裁に上告したことが報じられた。

（二〇二二年八月八日記）

〈恐怖〉映画『コンテイジョン』

――ウイルス／〈ウイルス〉に抗う魂のバトンパス

渡邉千恵子

はじめに

ＣＯＶＩＤ－19が深刻さを増すなか、今日の世界を予言したかのようだと話題になった映画がある。それが、『オーシャンズ11』で知られるスティーブン・ソダーバーグ監督作、『コンテイジョン』である。「豪華キャストで描くパニック・スリラー超大作！【恐怖】は、ウイルスより早く感染する」（公式ウエブサイト）というキャッチコピーのもと、二〇一一年一一月、ディザスタームービーとして公開された。

二〇〇〇年代初め、中国の戦時性暴力被害者裁判支援に携わっていた私は、支援者数名とともに山西省の原告らを尋ねる機会がしばしばあった。当時、東アジアでは、ＳＡＲＳやＭＥＲＳの感染が報告されており、関係国への渡航者向けに注意喚起が行われていたことは知っていた。その程度の関心からこの映画を観たせいか、それとも、東日本大震災・原発事故の衝撃があまりにも大きかったためか、いずれにせよ、「豪華キャスト」であるにもかかわらず、特段印象に残らなかった。

二〇二〇年、ＣＯＶＩＤ－19が世界規模の感染爆発を示すなか、ネット上でこの映画が話題になっていると知り、私のおぼろげな記憶が蘇ってきた。

あらためて映画を見てみると、これは単なるパニック・スリラーではなかった、ということである。感染爆発はいかにして発生し、それを防ぐにはどうすればよいか、予想される最悪の事態にどう備えるべきかなど、現在盛んに推奨され実践されていることが、最新の医学的知見に基づく啓蒙的かつドキュメンタリータッチで描かれている。また、医学上のウイルスの感染力とあいまって情報の隠喩としての〈ウイルス〉の「コンテイジョン（CONTAGION）」、「感染」の「恐怖」を描き、しかも、パンデミックが発生する遠因を浮かび上がらせるといった、実にラディカルな映画であったのだ。

1　拡散されるウイルス

映画は空港のシーンから始まる。不特定多数の人々が行き交う空港は、まさにウイルスが運ばれ拡散するには絶好の場である。

最初の感染者、アンダーソン社の社員、ベス・エムホフ（グウィネス・パルトロウ）が、空港のラウンジでコーヒーを飲んでいる。支払いに使われるクレジットカード、それを手渡される店員。手に触れたものをカメラが追う。映画のクレジットには「二日目」と表示される。なぜ最初のシーンが「二日目」なのか。ラストシーンでその真相が明らかになる。

さて、ここからはパニック・スリラーらしく急展開で事態が進む。帰国したベスは不調を訴え、搬送先の病院で原因不明の死を遂げる。幼い息子も後を追うように亡くなる。ベスの再婚相手ミッチ・エムホフ（マット・デイモン）は、状況が呑み込めないまま、隔離され、実娘とはガラス越しにしか会うことが許されない。そのうえ、妻のベスが元恋人とシカゴで会っていたと告げられ、ますます混乱する。葬儀はおろか、死因不明の遺体は自家の墓地への埋葬も拒まれ、遺された家族は心やすらかに死者を弔うことすら許されない。

時をおかずして世界各地で謎の死が報告される。国籍も職業も異なる者同士、いったいどこに接点があるというのか。見えない恐怖が、瞬く間に人々を呑み込んでいく。

ＤＨＳ（国土安全保障省）は感謝祭の休暇を狙った生物兵器によるテロの可能性を疑い、秘密裏にＣＤＣ（疾病予防管理センター）の副所長チーヴァー博士（ローレンス・フィッシュバーン）に原因究明を依頼する。事態に立ち向かうのは、主に三人の女性医師である。

その一人、エリン・ミアーズ医師（ケイト・ウィンスレット）は、チーヴァー博士からの依頼を受け、ベスのスマートフォンの使用履歴、夫からの聴き取り調査の結果、ベスが滞在した場所こそが発生源だと確信する。そこから濃厚接触者の特定をはじめ、感染拡大を食い止める闘いがスタートする。

一二人に一人の割合で感染し、致死率は二五〜三〇％。医療現場は野戦病院と化し、極度の疲労と感染への恐怖から職場放棄する者が続出。医療崩壊が懸念されるなか、日夜最前線で孤軍奮闘するミアーズ。だが、ウイルスは誰彼の別なく襲いかかる。ミアーズの身を案じるチーヴァーの願いもむなしく、彼女は還らぬ人となり、その遺体は袋に入れられ、無造作に掘られた特設の埋葬場に葬られる。当時はスリラーな一場面にしか見えなかったが、今見ると実にリアルで痛ましい光景であることに気づかされる。

ＣＤＣ研究所では、アリー・ヘクストール医師（ジェニファー・イーリー）が、ウイルスの正体が豚由来の遺伝物質と蝙蝠ウイルスであることを突き止めた。防疫上の観点から危険だと判断したチーヴァーは、レベル4を扱える専門機関以外での血液サンプルの扱いを禁じ、カリフォルニア大学サンフランシスコ校サッスマン教授に、預けたサンプルの焼却を命じる。だが、サッスマンは命令を無視し独断で研究を続け、コウモリの細胞を使う有効な培地を発見する。これを受けヘクストールはワクチン開発を急ピッチで進め、念願のワクチンが完成する。サッスマンからのバトンが、見事につながった。

一方、ＷＨＯも事態の収拾に向け、香港にレオノーラ・オランテス医師（マリオン・コティヤール）を派遣し、情報収集にあたらせた。彼女は政府職員のスン・フェンらの協力のもと、ベスの行動を徹底的に洗いだす。そして、防犯カメラから、世界同時多発的と見えた最初の死者が皆、ほぼ同時刻にマカオのカジノにいた事実を突き止める。さらに、ベスの足取りから、発生源はマカオ滞在以前、香港にあるとみた。

こうして、第一感染者、発生源となった地域、感染ルートが解明され、ワクチンも完成する。なによりワクチンの有効性が証明されたことで、一気に事態は好転したかにみえた。

しかし、全市民にワクチンが供給されるまでに一年はかかるという試算が出る。夥しい死者の数。都市部での食糧の強奪、暴動の拡大。錯綜する情報。最初にワクチンを手にするのは誰か。

謎のウイルスに対する政府および関係機関の発言への猜疑心から、さまざまな憶測やデマがネット上を駆け巡る。権威・権力への不信感が人々の怒りの導火線となって「伝染」していく負の感情。デジタル空間は、さしずめ隠喩としての〈ウイルス〉の温床といったところか。とりわけ影響力ある立場の人間が発した言葉の伝播力、暴力性は、トランプ元米国大統領の例を想起すれば明らかであろう。彼が新型コロナウイルスを「中国ウイルス」と名指し、繰り返しメディアで発言したことがきっかけとなり、アジア人へのあからさまなヘイトクライムや暴力行為がエスカレートしたことは記憶に新しい。

2 隠喩としての〈ウイルス〉

世界同時多発的な感染状況に対応すべく、専門機関が動き出すなか、ネット上では、ある映像をめぐり、その真偽が取り沙汰されていた。その映像は、バス車内で突然痙攣を起こし、苦痛に顔をゆがめる日本人ビジネスマンの異様な姿をとらえていた。彼が「アンダーソン社」の社員であることはクレジットで明かされ、後に、マカオでカジノに興ずるベスの隣にいた人物だと知れる。

このネット情報に興味津々なのが、フリージャーナリストでブロガーのアラン・クラムウィディ（ジュード・ロウ）である。彼はこのネット動画を取り上げるよう新聞社に売り込むが、まったく相手にされない。

多発する謎の死。彼はＣＤＣの関係者への接近をはかる傍ら、政府が事態の真相とワクチンの存在を隠蔽しているとか、CDCが製薬会社と結託しているなどと、無根拠な記事を次々ブログに書き込む。すると、彼の虚言は、情報に飢えた人々の不安や怒りを誘発し、ウイルス同様、またたく間に拡散される。あっという間に一二〇万人〜二〇〇万人といったフォロワーを味方につけ、一気に時の人へと駆け上る。

情報が差異を生み、差異が利潤の増殖を生むポスト資本主義社会。グローバルに展開する資本主義経済に不可欠のコミュニケーションツールが、組織に属さない無名の一個人を一躍有名人へと押し上げ、アランはビジネスのビッグチャンスを手に入れる。あろうことか、自身が感染していると偽り、「レンギョウ」なる薬草で治ったとブログに書き込み、フォロワーにこれが「特効薬」だと信じ込ませることに成功する。その一方で、ヘッジファンドの投資家と結託し、製薬会社の株価を左右するほどの力を手にする。まさに「ショック・ドクトリン（惨事便乗型資本主義）」そのものである。そのうえ、ワクチンの有効性を真っ向から否定し、反ワクチンキャンペーンを扇動する発言を繰り返す。アランの虚偽情報に踊らされた人々が「特効薬」を求め薬局に殺到し、暴徒と化すのに時間はいらない。映画のキャッチコピー、「【恐怖】は、ウイルスより早く感染する」とは、まさにこのことだったのだ。

ウイルスが増殖し感染力を強めるように、アランを発生源とする〈ウイルス〉（虚偽情報）は、感染への恐怖や不安、効果的な対策を打ち出せない政府および専門機関への怒り、あるいはこの機に乗じて金儲けを企む人間の欲望といった様々な受容体に取り憑いて、「感染者」（フォロワー）を増大し、毒性を倍増させていく。

やがて、彼の言動は人々の恐怖を煽っただけでなく、証券詐欺、共同謀議、過失致死の容疑に当たるとして、当局にその身柄が拘束される。ところが、一二〇〇万人にまで膨れ上がった熱狂的なフォロワーによる釈放金と引き換えに、その身は拘束を解かれ再び野に放たれる。こちらの〈ウイルス〉のほうが、自然界のウイルスよりはるかに手強いようだ。

3　グローバル資本主義下での倫理の発露

映画のラストにほんの数分流れる映像が、パンデミック発生の要因を静かに浮かび上がらせる。森の木々は「アンダーソン社」の重機によってなぎ倒され、棲家を奪われた蝙蝠が豚舎に紛れ込む。梁にとまる蝙蝠。その下で餌を食べる豚たち。やがて、豚舎から数頭の豚が運び出され、料理人の手で調理のための下処理が始められる。そこに挨拶に訪れたのがベスだった。そして、そのとき料理人は調理した手を洗わず、前掛けで拭っただけでベスと握手を交わしてしまう。この無自覚で何気ない行動が、パンデミックの「一日目」、「恐怖」のはじまりだったのである。

　無自覚といえば、そもそも開発業者は、重機が均している場所に暮らす生きものたちの存在など考慮してはいない。最初の犠牲者が複数の国に見られることでも明らかなように、グローバル資本主義の潮流にある私たちの生活は、生産性と効率性が極度に合理化され、その観点からひと・もの・その他様々なものが価値づけられ、広域かつ高速な交通を余儀なくされるなかにある。あらゆるものが本来の必要のレベルをはるかに超えて消費されるスピードに無自覚なまま馴らされ、利便性を最優先にした高度な社会システムに依存させられたライフスタイル。それと引き換えに、開発目的で自然が破壊され、そこに生息するものたちの生存環境は奪われ、ひいては気候変動にもつながっていくという、負のスパイラル。

　近年世界で多発する自然災害、あるいは今回のＣＯＶＩＤ－19によるパンデミックの遠因は、こうした見えない他者への倫理的配慮、想像力を欠いた、私たち自身の暮らし方にあるのではないか。映画は、静かにそう訴えかけている。

　ではグローバル資本主義のなかに組み込まれた私たちに何ができるのか。注目したのは、映画のメインストーリーに描かれる医師たちの行動、その倫理の発露である。

パンデミックの最前線にいて自身も感染してしまったミアーズ。医療崩壊に備え、自ら交渉にあたり借り上げた公共施設のベッドに横たわっている。その傍らでは、悪寒に襲われた患者がしきりに毛布を求めている。野戦病院と化した現場で対応できるスタッフの人的資源は乏しい。ミアーズは混濁する意識下で必死に自分の毛布を差し出す。差し出された手、ベッドから滑り落ちる腕。一人でも多くの患者を救いたいとの願いが、そこに垣間見られる。

ヘクストールは、最初の試験薬ができたとき、迷わず自身に投与する。感染爆発による医療崩壊の只中において、治験者を探し、効果を試す猶予はない。だから、ワクチンの治験を自らに課したのだ。そして、真っ先に向かったのは、医師として最後まで患者を見捨てず、そのため感染して重篤な症状にある父のもとであった。父の「危険を冒すな」という警告を無視し、彼女は防御用の眼鏡とマスクを外し、父に触れ、額にキスをするヘクストール。彼女はワクチンが完成した後も、その功績を誇るどころか、ましてや高額な対価の要求もしなかった。

ワクチン完成のきっかけを作ったサッスマンも、自身の功績に対価を求めない高潔な人物として描かれる。血液サンプルを直ちに焼却するよう命じられても従わず、自らの命を危険にさらしても実験をやめなかった。それは、カフェの店員の怠そうなしぐさ、咳込む客の姿といった、目の前の他者の現実に目を背けることができない、医師としての倫理観からである。

二人とも、自らの生命をも脅かしかねないウイルスに毅然と立ち向かい、他者の命を救うために行動し、その振る舞いは、虚偽情報を拡散し、他者を利用して注目をあびようとするアランとは対照的である。

さて、ミアーズを救えなかった上司チーヴァーはどうか。彼は電話で、恋人にだけ直ちに車で街を脱出するよう指示し、他言無用と釘を刺す。ところが、そのやりとりを、息子のことでチーヴァーに相談を持ちかけていた清掃員に聞かれてしまう。だが、彼は「誰にでも守りたい存在がある」と、チーヴァーに理解を示した。一方恋人は、チーヴァーから街を出るよう促されたことを親しい友人に隠しておけず、つい漏らしてしまう。そこから漏れた情報は、ウイルス同様たちまち拡散され、チーヴァーは窮地に立たされることとなる。

ネット上を駆けめぐる情報に振り回される人々。スーパーマーケットに大勢の人が押し寄せ、略奪や大混乱が起こり、幹線道路も都市封鎖を免れんとして街を脱出しようとする人々でたちまち埋め尽くされる。ウイルスの封じ込めを図りたい国家権力との間で衝突が起こる。

ワクチンの製造が追いつかない以上、接種を希望する一般市民は、公平性を期すため当局が用意したルールに従わなければ接種ができない。ところが、最前線で治療に当たる者たちにワクチン投与が優先されるならともかく、前線に立たない医療の専門家や政府関係者やその家族に優先的にワクチンが供給されるという現実。チーヴァーは、恋人を妻に迎え、優先的に割り当てられたワクチンを手にすると迷わず彼女に投与する。その後、自分に割り当てられた分を、あの清掃員の息子に投与するのであった。「私の救命ボートに乗ったものを守りたい」と言って。

では、レオノーラはどうか。発生場所を香港と突き止めた矢先、調査協力者であったスンらによって、突如彼らの故郷の村へと連行されてしまう。スンによると、彼の母親はウイルスに感染し、「特効薬」の「レンギョウ」を与えたが、助からなかったという。何と、スンもアランの〈ウイルス〉の「感染者」の一人だったのだ。救えなかった母の命の代わりに、救える命を救いたいとの思いからであろう。ＷＨＯのメンバーであるレオノーラを人質にとることで、入手困難なワクチンを手に入れようとしたことがわかる。

スンらは、計画どおりワクチンを手に入れると、約束どおり彼女を解放した。巨額の保釈金と引き換えに釈放されるアレンとは対照的である。

解放後、空港のラウンジで帰国便を待つレオノーラは、スンらに渡されたワクチンは実は偽物だったと打ち明けられる。彼らは「レンギョウ」という偽の「特効薬」に騙され、今度は偽の「ワクチン」をつかまされたことになる。彼女はそれを聞くとすぐに立ち上がって駆けだした。

彼女が連行された村では、残された人々の多くが幼い子どもと年寄りばかりで、一棟に身を寄せ合い、怯えていた。おそらく、働き盛りの者や若者たちは出稼ぎに出ていると想像される。グローバル資本主義経済の波は、こんな小さな村にも押し寄せているのだ。

人質にされた彼女だが、いっさい自由を奪われていたわけではなかった。感染症の専門家らしく、風通しのいい場所に臨時の教室をしつらえ、子どもたちに読み書きを習わせ、心を通わせるワンシーンが何気なく差し挟まれる。富の分配が不均衡な格差社会がさらに格差を広げるなか、この子どもたちの背後に、パンデミックによって教育の機会を奪われ、学ぶことをあきらめざるを得なくなった多くの子どもや若者がいたことを思わずにはいられない。

さて、レオノーラはいったいどこに向って駆けだしたのか。そこは描かれてはいない。ただ、私には、彼女がわが身を顧みずあの村に戻り、子どもらの傍らにいる姿が目に浮かぶ。

このように、パニック・スリラーを謳った映画ではあるが、自身の生を脅かす現実に身を挺して利他的に振る舞う、人としての根源的な倫理の発露が描かれ、肥大化する人間の欲望と、その欲望を満たすための無自覚な行動が、どのような未来を招くか、それへの無言の警告が、わずか数分間流されるラストシーンに凝縮されていたのである。

おわりに

隣国にＳＡＲＳやＭＥＲＳが侵入したとき、対岸の火事にすぎなかった。最初にこの映画を見たときの率直な私の感想である。しかし、あらためてこの映画を見たときの印象はまるで違った。とりわけウイルスの感染拡大に連動して拡散された〈ウイルス〉の威力は、日本でもトイレットペーパーやマスクめぐって、誤った情報が拡散され、買いだめや買い占めが起こり、たちまち市民生活が脅かされる事態に陥ったことからも明らかである。あるいはまた、感染者に対する誹謗中傷にいたっては、ＳＮＳがなかった時代には考えられないスピードで「伝染」し、その威力は「恐怖」以外の何ものでもない。

冷戦後、よりグローバルになった資本主義経済のもと、かつての軍事技術は人々の生活に欠かせない携帯電話・スマートフォンに姿を変え、いつでもどこでも手軽にスピーディに「情報」がやり取りできるようになった。たしかに、目の前にはいない、しかも不特定多数の匿名化された「誰か」と瞬時に繋がれる便利なアイテムではある。しかし、それと引き換えに、目の前の具体的な他者、あるいはその遥か彼方にいて直接声の届かない見えない他者への想像力を、私たちは萎えさせてはいないだろうか。

スマートフォンについては、劇中でもベスの行動を追跡するのに、防犯カメラとともに活用されていたが、今や、追跡をする手間さえ省かれようとしている。

二〇二〇年春、各国は都市封鎖や外出禁止に踏み切ったが、経済活動への影響はもちろん、教育現場への影響も計り知れないものがあった。そこで、日本以外の中国・台湾・韓国・シンガポールなど、情報通信のインフラが整備されている国ではいち早くモバイル端末のデータを活用し、COVID‐19の追跡と感染拡大阻止に努めた。日本でも同様のシステムが開発され、政府が登録を推奨したが、十分な成果を上げるまでには至らなかった。

こうしたモバイルで端末を利用し、感染症と経済活動の両立を図る上での身体への監視を、美馬達哉は「モニタリング監視」（『感染症社会―アフターコロナの生政治』人文書院　二〇二〇刊）と呼んでいる。美馬によれば、二〇世紀的な監視であるパノプティコンが、「非協力的な人々に対して効率的に監視を押し付ける方法」であったのに対し、COVID‐19封じ込めの場合は、「生命をまもるという生政治的な大義の下」、監視される側の「協力」と「同意」が前提になっているという。

要は、自身が所有するモバイル機器に、身体情報などのデータが「無自覚的」に蓄積され、リアルタイムで「監視の対象」となるということである。なるほど、それは「精密に個人レベルで作動するコントロールと支配の道具」にもなり得る。だが一方で、「他者へのケア」と結びついたとき、「良き」モニタリング監視となるという、〈両義性〉をあわせもっているという美馬の指摘をおさえておきたい。なぜなら、前者のみを目的として活用するのであれば、それはグローバルに展開する経済活動を優先し、幾重にも間接化された高度な情報システムによって抽象化された人やモノを動かす社会に、無自覚に馴致させられることにほかないからである。むしろ、後者の「ケア」と結びつくことで、システムの支配に絡めとられない具体的な「他者」への配慮、生きた交通が可能になるのではないか。

最後に。ブロガーのアランは、人々に巣食う不安や恐怖を利用し、それに便乗して利益を得ようとたくらみ、いわば、他者の命を売名、金儲けの手段にしていると言えなくもない。それに対して、生の根拠を具体的な他者とのつながりのなかに見出す魂のバトンパスは、いかなる非常事態においても、他者を手段とするのではなく、むしろ自分の命を、他者を救うための手段として描いている。

このように、この映画のキャッチコピーは、「【恐怖】はウイルスより早く感染する」であったが、ウイルス／〈ウイルス〉の「恐怖」を単に描いているのではなく、その「恐怖」に抗う方向性が、他者を手段としない利他的な人間像、倫理の発露にあることを示し、今なおこの映画を見る私たち一人ひとりに、ラディカルな問題を投げかけているのである。

アニメ「竜とそばかすの姫」

——未来を拓く声

溝部優実子

はじめに——

二〇二一年初秋、細田守監督の「竜とそばかすの姫」を観た。グラフィックな映像は実に見事で、ヒロインの分身〈ベル〉の姿は麗しく、癒しの歌声が胸に響いた。聞けば、キャラクターデザインは、韓国気鋭のアニメーター、ジン・キムが、ネット空間のコンセプトアートは、イギリスの建築家エリック・ウォンが担ったという。

イントロダクションでは煌びやかなネット空間が展開するも、一転、物語は女子高校生の物憂い朝から始まる。ヒロインは高知の田舎に住む一七歳の内藤鈴。幼い頃に母を水難事故で亡くしてから、好きだった歌を歌えなくなり、鬱々とした日々を過ごしている。ある日、親友に誘われ、全世界で五〇億人以上が集うインターネット空間『Ｕ』に参加する。ここは、〈Ａｓ〉と呼ばれる自分の分身を作り、別の自分として生きることができる場所だ。そこでは、鈴はなぜか歌うことができた。〈ベル〉と名付けた〈Ａｓ〉は、美しい歌姫としてたちまち世界中に拡散し、人気を博すようになっていく。やがて彼女の初ライヴが開催されるが、その途中、〈竜〉と呼ばれる謎の存在が乱入し、舞台はぶち壊しになってしまう。〈竜〉は「『Ｕ』の正義と秩序を守る」と称する自警集団「ジャスティス」に追われる異端者だった。この事件をきっかけに、全世界のユーザーが〈竜〉の「オリジン」（現実世界での人物）探しに躍起になっていく。そんな中、鈴は〈竜〉の住処である〈城〉でそのナイーブな内面を知ることになり、ついに〈竜〉

の「オリジン」にたどりつく。〈竜〉は、弟と共に、父からの虐待に苦しむ一四歳の少年、恵だった。

しばしば指摘されるように、細田守はこれまでも家族の絆を描いてきた（「サマーウォーズ」（二〇〇九年）、「おおかみこどもの雨と雪」（二〇一二年）、「バケモノの子」（二〇一五年）など）が、「竜とそばかすの姫」も例外ではない。母を失うことから起動するこの映画は、ネット世界を媒介として、母との繋がりを取り戻す物語でもある。

1　不在の母

鈴の母は、増水した川の中州に取り残された女の子を救うために命を落とした。懸命に引きとめる娘の声を振り切り、濁流に入っていった母を、彼女は一〇年経っても理解することができていない。見捨てられた思いがわだかまり続け、明るさを失い、好きだった歌さえ歌うことが出来なくなった。父との関係もぎくしゃくしていて、長らく一緒に食事をしていない。理由は明かされていないが、母の死と無関係なはずはない。

一方、『U』で荒ぶる〈竜〉をアバターとしている恵についても、母は不在である。〈竜〉が住まう「城」には、女性の写真が飾られているのだが、丁度顔に当たるフォトフレームのガラス面が大きく壊されている。その写真は、恵のスマホの待ち受けと一致するものであり、〈竜〉と恵を照合する大切なツールとして物語内で機能している。恵がそれを待ち受け画面に設定していること自体が、母に対する深い執着を物語る。〈竜〉の背一面に刻印された傷は、父の暴力的な言動によるものであることが後に明かされるのだが、その後景に不在の母がいることは想像に難くない。

恵の父は、封建的な人物だ。高圧的に「正義」を振りかざす『U』の〈ジャスティン〉は、まさしく彼のカリカチュアだろう。細田は「コロナ禍を念頭に作ったわけではない」が、「結果的にそういう映画になった」（『キネマ旬報』二〇二一・八）と述べている。確かにこの父子関係は、コロナ禍で増加した児童虐待の問題を告発するものとなっていたと思う。

このような二人が、『U』で出会い、惹きつけられたのは必然であったように見える。共に母を失い、父との不和を抱えていたのだから。映画は、二人が互いを通して、その傷を乗り越えていくプロセスを追っていく。鈴は恵に対する慈しみを通して、亡き母を理解する。『U』の〈ベル〉が自分であることを証明するために、仮想世界での死ともいうべき「アンベイル」（現実世界での姿を暴露すること）を受け入れ、わずかな手掛かりから恵と弟の居場所を懸命に探す。その途上で、人を救うために行動する性情を自身の内に見出していく。

「行かないで、かあさん!!行かないで!!」
「だめだよ。行かなきゃあの子が死んじゃう」

濁流に入る前の母の声が鮮明に蘇った時、鈴は母の行動を初めて理解し、見捨てられた自己像から脱却することができる。
それに対して、恵はどうだろうか。彼の変容は、母に代わる存在を得たことで果たされたように見える。恵の父に顔を傷つけられ血を流しながらも、彼らを庇いきった鈴は、恵にとって紛れもなく、幻の母として映っただろう。「君の立ち向かう姿を見て、ハッとした。僕も立ち向かわなきゃいけないって思った。だから、闘うよ」——鈴の勇気と愛情が、恵を新たな境地に導いていく。

2　「美女と野獣」へのオマージュ

ヒロインの分身が〈ベル〉と名付けられたことでもわかるように「竜とそばかすの姫」は、ディズニー映画「美女と野獣」（一九九一年）のオマージュである。「僕のキャリアはいわば、「美女と野獣」をずっと形を変えて描いてきたようなところがある。」（『キネマ旬報』二〇二一・八）という言葉に明らかなように、細田守監督にとって、この映画の影響は大きい。原作の「美女と野獣（La Belle et la Bête）」は、一七四〇年、ガブリエル＝シュザンヌ・ド・ヴィルヌーヴ夫人によって発表された。その後、ルプランス・ド・ボーモン夫人によって子供向けに縮約され、一七五六年に出版されて以降、演劇や映画などでも幅広く変奏され続けてきた。この物語について、細田は「野獣は、人間の多面性を表す存在」であり、「「美女と野獣」という作品は、そういった多面性を抱えた人間がどうしたら変化していけるのか、そのプロセスを描く物語」（『キネマ旬報』二〇二一・八）と意味づけている。このコンセプトは「竜とそばかすの姫」に鮮明に表現されていよう。野獣に変えられた王子が、ベルの愛を得て魔法から解かれる道筋は、そのまま恵に踏襲されている。加えて、原作にはないベルの変容を焦点化してみせたのが、この映画の新味であろう。

　そもそも美女ベルはディズニープリンセスの中では異色なキャラクターである。旧来の女性像から逸脱した、本を好む女性であり、「変わり者」のレッテルが貼られていることもさることながら、鈴と同じく母がいない。ディズニープリンセスの中で、生母について言及がないのは、彼女一人だ。さらに注目すべきなのは、父の身代わりとして野獣の城に繋がれたことだろう。彼女は、娘でありながらも父を保護する存在なのであり、野獣に対しても、そのスタンスは引き継がれている。幼い時に母を亡くし、無慈悲な父によって養育されたという野獣に躾までほどこすベルは、母の代替として機能しているといえるだろう。鈴が恵を救ったのは、〈Ａｓ〉を〈ベル〉と名づけた時点で必然的であったように思える。しかしながら、美女ベルが、自己犠牲的なステレオタイプの〈母〉に留まったのに比して、鈴がそれだけに回収されない存在であることに注意する必要があろう。彼女には、濁流から少女を救った実母との同一性が確認されるからである。

3　強き母へのオマージュ

　水難事故の場面で、救助に向かうのがなぜ鈴の母なのか――そう思った人は少なくなかったのではないだろうか。川岸には、鈴の父をも含め、多くの男性がいたからである。伏線として、母が泳ぐ後ろ姿のショットが前もって差し込まれていたように、彼女は巧みな泳者であった。にもかかわず、彼女の行動の必然性が揺らぐのは、このような事態で想起される救助者が男性だからではなかったか。事故後のネットの心ない書き込みの数々にも、そのようなジェンダーバイアスが影を落としていることは否めまい。翻って考えれば、鈴の母の行動は、彼女がジェンダーバイアスに囚われていなかったことを意味しているのではないだろうか。彼女が短髪でユニセックスな風貌なのも無関係ではなかろう。そして、彼女との同一性を自覚した鈴もまた、母と同じ行動規範をもつ存在として描かれていると見るべきだろう。その証左は、虐待を犯す恵の父との対決場面に見て取れる。恵がただ耐え忍ぶ選択をしてきたのに比して、彼女は真っ向からの対立を選んでいる。

私はみじろぎもせず、強いまなざしのまま、父親を見据え続けた。
えぐられた私の左頬から、血がスッ……、と流れた。
あなたに、私の魂は、絶対に見下されやしない。

（細田守『竜とそばかすの姫』株式会社ＫＡＤＯＫＡＷＡ　二〇二一・六）

魂の尊厳をかけて暴力に対峙し、他者を守ろうとする姿は、美女ベルが纏った〈母〉の役割を超え、実母の強さに重なるものである。

おわりに

現在、現身の身体とは違う表象を選び、仮想空間に遊ぶ試みはすでに始まっている。「竜とそばかすの姫」の『Ｕ』は、次のような謳い文句で人々を誘う。

《『Ｕ』はもうひとつの現実》
《Ａｓはもうひとりのあなた》
《さあ、もうひとりのあなたを生きよう》

だが、『Ｕ』は現実と遊離してはいない。身に着けている附属品を介して、生体情報を読み取り、「Ｕ粒子」によって、〈Ａｓ〉が認証されるしくみだからだ。本人の生体情報がダイレクトに顕在化する『Ｕ』の〈Ａｓ〉の方が、その人の〈本質〉に近いといえるのかもしれない。つまり、『Ｕ』は、あくまで〝生身〟を基盤とした仮想空間なのである。その証拠に、鈴は『Ｕ』の美しき歌姫〈ベル〉となったことで、本来の歌う力を取り戻し、鬱屈した現実生活を前向きに変えた。そして、〈竜〉の「オリジン」である恵を虐待から救うことができた。もちろん、ネット社会における誹謗中傷やフェイクニュースなど、負の側面もとらえられていた。しかし、それらのリスクよりも、細田が描いたのは、仮想世界が現実世界と生産的にリンクしていく可能性だった。『Ｕ』に響くもう一つの声《さあ、世界を変えよう――》は、現実世界と仮想世界との向日的な往還関係によって出現し得る、未来への願いでもあるのだろう。

Ⅵ

フェミニズムの〝力〟

私的〈平成〉回顧録
——家族・スマホ・ジェンダーの視点から

小林美恵子

はじめに

和暦は日本だけのものである。現在では、天皇の在位期間を一つの元号としている。そんな節目は、外国には関係ないし、目に見える線引きもない。そんな括りはないのだと無視することもできる。が、〈平成〉（一九八九〜二〇一九）は、三〇年余りの中に激変があまりに集中した特異な一区切りとして、日本の国内ではやはり昭和の六〇余年と明確に異なる時間と感じられる。

世の中というものがいつ、なぜ、どのような経緯で変わるのか、同時代を社会人の一人として生きても把握は難しい。吉見俊哉が『〈平成〉時代』（岩波新書、二〇一九・五）で〈平成〉を多角的に分析・解説しており、これを手に取って初めて、そうだったのかと当時を俯瞰する思いを得た。吉見によれば、〈平成〉という時代は政治の挫折・金融大企業の崩壊・電機産業の衰退等が連鎖的に続いた「失敗の時代」であり、「失われた三〇年」であるという。激変と思っていた社会の動きは国家的規模での失敗の連続であり、喪失に見舞われた人々にとって、この時間は人生の空洞となっている。

今後も専門家たちの手によって、〈平成〉史というものが次々と開示されていくだろう。私にできることは、一市民としてのミクロな視点から、どう〈平成〉を生きたか、その感触を書き残すことしかない。〈平成〉の間、私は小中学生向けの塾や高等学校・短期大学・高等専門学校・大学に教員として勤め、児童・生徒・学生、その保護者とかなり広範囲に接し、それぞれの家庭の事情に立ち入る機会を持った。非正規労働者として複数の仕事を掛け持ちした期間も長い。予想もしなかった激動の毎日を生きながら、それが個人的な事情によるものなのか、世の中というものの影響によるものなのか、その判別のつけようもなく、沈まぬように漂い続けたというのが私の〈平成〉である。とりあえず溺れずに泳ぎ切った今、仕事や結婚、家族事情、それを取りまく情報社会やジェンダーの変化等、脳裏に残る「私の〈平成〉」を拾い集め、靄の中から自身の生きた三〇年間を取り出してみたい。

1 家族と仕事

内閣府のデータによれば、〈平成〉に入ってから世帯当たりの人数に大きな変化があり、二人以下の世帯数が三人以上の世帯数を上回ったことに注目が集まった。一人暮らしの単身世帯には、配偶者を亡くした高齢者、就職・進学等で親元を離れて以後自発的に一人の暮らしを選択する人、希望しているが結婚できない独身者、子供を持たずに離婚して一人、家庭は持ったが失業その他で家族と別れて一人等、様々な内情があろう。二人世帯として考えられるのは、事実婚同性婚を含む子供を持たない夫婦、一人親家庭の親子、子供が巣立った後の高齢夫婦、老親とその介護を担当する子供、成人しても経済的な独立がかなわない子供と老親、同棲カップル、友人とのルームシェアといったところだろうか。これらの中には、週末同居、近居、あるいは同居はしていなくとも頻繁に連絡を取り合い、心理的距離は近いという人々も含まれる。とはいえ、長く基本形と考えられてきた夫婦と子供からなる家族像、あるいは二世代・三世代同居という大人数家族像は確実に減少しつつある。何人で暮らそうが、それは個人の自由であるし、一人の暮らしで自由に自分らしく生きることを実現する人も少なくない。が、誰とも繋がりを持たずに生き抜くことは難しい。平常時はともかく、何らかの危機的状況を迎えたとき、脆く崩れてしまうのは、周囲との繋がりが乏しい層に集中する。

繋がりというものの多くを家族が担ってきたことは間違いない。家族以外の友人・同僚・近隣関係に支えを得られている場合、本人の資質や努力による部分が多く、自ら周囲と繋がろうとする姿勢を持たなければ、孤立に向かうほかない。学校や職場、地域コミュニティにおいて、挨拶を交わしたり、交流を持ったり、助け合ったり、対話をしたり、心を通わせ合ったりという繋がりを持つ機会が失われれば、人として必要な内面の潤いが失われていき、生きる力を失ってしまう。そのような意味では、まずはセーフティーネットとしての繋がり合える家族が身近にいない人々の日常が危惧される。むろん、単純に世帯人数で生活の安定性を確かめることはできないわけだが、同じく内閣府の自殺者数推移のデータによれば、平成一〇年代（一九九八〜二〇〇七）に自殺者数が大きく増え、二〇（二〇〇八）年を過ぎるまで約三〇、〇〇〇人超で推移している。これが世帯人数の減少期と時期的に重なることを思うと、関連を憂えずにはいられない。すでに指摘されていることだが、年間三〇、〇〇〇人とは、戦時下にある国のような死者数である。平成二〇年以後は緩く下降していったが、増加前の水準に戻った程度で、令和の今も大きな改善はみられていない。

〈平成〉を生きた人々は、果たして家族との間に、あるいは友人知人との間に、日々を支え合うような繋がりを構築できていたのかどうか。三〇、〇〇〇人という夥しい自殺者の数は、それが不十分であったことを物語る。弱体化した人の絆を補うものは何なのか。

私は〈平成〉の数年間、単身世帯用のマンションに暮らした経験を持つが、入居時、同フロアの別室に挨拶に行っても、ほとんどの入居者と会うことはできなかった。不在の場合もあったがそうでないこともあり、犯罪の多い世相を反映してか、見知らぬ他者として警戒されていることが察せられた。その後、エレベーターで会釈を交わす程度の交流はあったが、このような住居では、隣人の職業はおろか、名前さえも知らないで暮らすのだという実状を知った。その後は、自分自身も近隣との繋がりや情報交換をできるだけ断つことで安全を確保すべきと考えるようになり、それまで無縁と思っていた孤立感というものを、自らの手で作り上げていくような過程を味わった。同僚や離れて暮らす家族・友人との繋がりがなければとてもやっていけるものではなかったことを覚えている。
家族愛・友情・ご近所づきあいは昭和人が大切にしてきたものだが、〈平成〉を生きた人々はそれらと相いれない気質を持つように感じられる。昭和を美化する必要はないが、〈平成〉はこれらに代わる何かを作ることはできなかったのではないか。

働き方の変化も〈平成〉の最大の特徴である。学生のアルバイトや税制優遇措置の範囲内で働く主婦のパート労働が主流であったはずの非正規労働が、小泉政権の規制緩和政策の影響で、働き盛り世代の男性や新卒男女にまで広がっていった。当初、これからは多様な働き方を選べるのだという希望も伴われていたはずだが、その後どんどん増加していった非正規労働者たちは、企業の経営状態の調整弁として扱われ、雇い止めに遭いながら転々と短期就労を繰り返し、常に生活破綻の危険から逃れられない人々を生み出した。今では正規雇用を希望してもかなわず、それがゆえに結婚を望みながらも踏み出せないという若者を大量に生みだすこととなり、結婚率の低迷、少子化を経て、平成七（一九九五）年には六五歳以上の割合が一四パーセントを越える高齢社会、同二二（二〇一〇）年には二一パーセントを越える超高齢社会に突入した。

企業に依存して生きることが安心のすべてではない。自分で自分の働き方を選択することは生き方の選択に直結し、本来望ましいことのはずだ。それが生活維持の上で危険極まりない結果を招いてしまう。新型コロナウィルス感染症拡大下の様々な災い（以下コロナ禍）、すなわち失業・雇止め・倒産、そこから派生するホームレス化等から抜け出せない令和の現在も、このことに改善の兆しはない。

仕事を突然断ち切られることは、収入を得る道を断たれるという意味だけにとどまらない。人は労働の中に生きがいを見出すものである。周囲と繋がることが難しくなったこと、生きがいに直結していくような労働が得にくくなったこと、この二つの困難が同時に人々の身に降りかかったという意味で、〈平成〉には人の生きる力を脅かし、脆弱にする面があったと言えるだろう。

2　スマートフォン（スマホ）とゲーム

経済的に困窮していても、携帯・スマートフォン（スマホ）は持っているというのが〈平成〉の貧困だと聞く。それは貧困ではないではないかと言いたくなるが、高額な電子機器を持っているから貧しさの程度が軽い、とは言えない。現代では、スマホは情報を得る、周囲と繋がる、就職活動に必要な最低限の身分証明機能を果たす等、水や食料と同等のライフラインとなったからである。だからこそ、コロナ禍で失業し、スマホも持てない人が増えているという報道に、状況の深刻さを感じさせられる。〈平成〉に入ってから「個」と「孤」の時代が始まり、携帯電話とパソコンの普及がそれに拍車をかけたという指摘には、頷かざるを得ない。固定電話のみの生活は、子供に親の友人・知人と話す機会をもたらし、親に子供の交友関係を把握させ、良くも悪くもプライバシーの相互監視集団を作っていた。それが失われれば、家族の知らない隙間を生む。ダイレクトに個人と個人が連絡を取り合えることを「つながる」と呼ぶようだが、つながりたい人とは知らない人まで含めてつながっていける一方、つながりたくない相手とはつながらなくてよくなってしまった結果、人間関係は無責任で希薄になったように思う。

　スマホは国民全体に浸透しているとはまだ言えない。スマホを手にする年齢もまちまちだが、多くは高校入学時に手にするようだ。若い世代は、あっという間にこれを使いこなしていくが、高齢者はどうだろうか。個人差はあろうが、私は八〇代の両親に携帯電話での通話をやっと覚えさせたが、メールは無理だった。彼らは、ネットの世界に自分から入ることはしないし、入れない。ＱＲコードを示して「検索、検索！」と呼びかけるコマーシャルは、高齢者の目にはどう映るのだろうか。ハイスピードで変わりゆく時代の過渡期に立ち合ったがために、完全に切り捨てられた世代というほかないだろう。

　私自身も、世の中に全く入っていけない、わからないジャンルが増えたことを実感している。その最たるものが電子機器やオンライン上で行われるゲームである。若者に趣味を尋ねると、たいていは「ゲーム」と答える。さぞ楽しいのだろう。その年齢層を相手に教壇に立つ身なら、その魅力を理解しておくべきとも思うのだが、恥ずかしながら一度もやったことがない。それどころかゲームを否定的にみて、どうしたらやめさせられるかを考えることのほうが多かった。子供がゲームばかりして勉強もしないし家族とも話さない、夜通しゲームがやめられず昼夜逆転の生活をしているがどうしたらよいかといった保護者からの相談の件数が増加していたし、実際授業中にもゲームをやめられないほどの依存症状を見せるケースもあり、学校生活がすっかり壊れ、退学していくケースに立ち会うこともあった。コミュニケーション能力への悪影響も叫ばれていたし、少年犯罪の背景にはゲームで育ったことが脳によからぬ作用をもたらしたことが影響している等の記事を読んだこともあり、若干の薄気味悪ささえ感じていたというのが正直な私のゲーム観であった。が、コロナ禍の初期、オンライン授業が始まった時に、親切丁寧にやり方を指導してくれたのは、かつてゲーム小僧だったと思しき若い同僚たちである。ゲームに偏見を持っていた私には、〈平成〉のアンダーグラウンド的存在が令和を牽引する現象を目の当たりにするようで、新鮮な驚きに打ちのめされる思いを味わった。

3　ジェンダー・セクシャリティの変化

ジェンダーやセクシャリティの概念に大きな転換が生じたのも〈平成〉の大きな特徴である。ＬＧＢＴＱ、ＬＧＢＴＱＩＡ＋など、多様な性の呼称が登場する背景には、性自認に対する意識の高まりや、それを受け入れる土壌の広がりがある。性差はボーダーレスの一途をたどっているようだ。不用意に女性か男性かを問うような質問は、ジェンダー感覚の乏しさを露呈してしまう。その一方、では社会も同じ速さで理解や許容が進んでいるのかと言えば、それは決してそうではない。同性婚も、夫婦別姓も、女性管理職増員も進んでいない。

言葉には先行して世の中を変える力があり、「ハラスメント」、とりわけ「セクシャル・ハラスメント（セクハラ）」という言葉は、社会を変える上で大きな役割を果たした。この言葉が流行語となったのは平成元（一九八九）年、新しい時代の到来をはっきりと物語るワードだったのではないだろうか。今では「それ、セクハラですよ」という指摘がしやすくなり、ある程度には抑止効果を発揮している。が、本質的な領域においては、女性軽視・女性蔑視は解消されていない。

平成二九（二〇一七）年のフリージャーナリスト伊藤詩織氏によるレイプ告発事件の報道を読むと、被害女性に対する警察や報道の不当な扱いは、昭和五六（一九八一）年に落合恵子が『ザ・レイプ』[1]で告発したセカンドレイプのレベルとほとんど変わっていないことがわかる。この事件は「#MeToo 運動」に火をつけたと言われているが、根本的な社会の意識改革にはつながっていない。平成三〇（二〇一八）年の財務次官セクハラ疑惑事件では、財務大臣（当時）が問題として取り上げることさえせず、女性の声を無視する姿勢を露にした。

高島千代氏は、ジェンダー格差への対策が政策化しない背景に「女性を性的な対象・モノとしかみない意識とともに、意思決定の場に当事者がいないことがある」と指摘する（『Econo Forum21』二〇一九・四）。社会の意識を変えるには、現実を変えていくほかはなく、「意思決定の場」を多様化させることは不可欠だ。目指すべき次のターゲットは明らかにここであろう。意思決定の場には、常に多様な性の人々が参加すべきである。また、ジェンダーもこえて、年齢、障害の有無、国籍等も関係なく、あらゆる当事者たちが立ち会わねばならない。このような当事者選定が必須条件になった時、はじめて社会が変化を見せるはずだ。

おわりに

平成元（一九八九）年を指して「新しい形を模索し始める出発点、まさしく転形期の始まり」[2]とする指摘があるが、かつて〈神〉だった天皇が在位していた昭和期に比べ、〈畏れ多さ〉の度合いで言えばすっかり緩やかになった平成天皇の在位期間中に「失敗の博物館」（前掲吉見書）へと転じていったことをどう考えたらよいのだろう。自由を得た若者は多くの苦難も味わいつつ成長するものだが、緩やかさに見合う以上の苦難を味わった〈平成〉にも、この時代を経たからこその未来がやってくるといいのだが。

〈平成〉の間、「失われた一〇年」は「失われた二〇年」になり、二〇年は三〇年となり、今もって改善の気配はない。国というものはまるごと失敗の方向へ動くことがあり、傾き始めるとあとは歯止めが利かず、あまたの人々が人生を失うことになる。これが〈平成〉を生きて得た実感だ。新たな時代のキーワードは間違いなく「多様性」だと思っているが、これも定着するまでには長い茨の道を通らねばなるまい。

人生は一〇〇年時代に入った。自分を生かす術を身につけなければ、苦しみの時間も長くなる。私たちは本当に、自分とは何か、コロナ禍の試練の時代をどう生きるべきなのか、差し迫った問題として考えなければならない時に立っている。

注

1――初出は『小説現代』(一九八一・一〇)、加筆訂正を経て翌年四月に講談社より単行本化。
2――坪井秀人「転形期としての一九八九年と元号問題」(『昭和文学研究』第八〇集、二〇二〇・三)。

ハラスメントを乗り越えて

——救済としてのフェミニズム

小林裕子

新・フェミニズム批評の会には、佐多稲子研究会の仲間である長谷川啓さんに誘われて、ほとんど創立と同時に入会した。同じ頃一九九四年に長谷川さんの紹介で、埼玉県の私立大学の留学生別科に就職した。ここはフェミニズムの論客・水田宗子氏が学長や理事長を歴任する大学だったから、フェミニズムは私のその後の人生に深い影響を与えた、と言えるかもしれない。この頃の水田宗子氏のフェミニズム理論の冴えは水際立っていて、私は魅了された。当時は心酔していたといってもいいだろう。さらに一二年間にわたるこの大学での教員生活を通じて、私にとってフェミニズムは体感的に納得できるものになっていった。セクハラ被害も受けたし、教員会議の席で、女性の自分が別科長、事務長以下の幹部教員に反対する意見を述べることがどんなに周囲の（私以外はすべて男性）顰蹙を買うものか、肌身に染みて実感した。

九〇年代に入って、「セクハラ」という言葉は時に「フェミニズム」という言葉を伴って広まっていったが、この大学の短期大学部でも長谷川啓さんをはじめフェミニストの女性教員が中心となって、女子学生にセクハラ行為を働いた教授を辞職に追い込んだ。ただし自発的退職という形ではあったが。その女子学生は心理的打撃により、登校出来なくなるほどであったから、処分はむしろ軽すぎるほどだった。にもかかわらず、男性教授の中には、彼が退職に追い込まれたことに対し、厳しすぎる処分という声もあったという。セクハラという事象の受け止め方として、二〇二二年の現在からみれば隔世の感がある。

私の場合は、大学を辞めざるを得ない状況に追い込まれるのも怖かったし、そこまでに至らなくとも、くだんの男性教授に日常的に嫌がらせをされるのもいやだったので、公の場で果敢にセクハラと闘う勇気がなかった。そのため表に出さずにセクハラをやめさせるという方法を考えた。秘かに水田宗子氏に訴え、氏から加害者の教授に注意をしてもらうという方法をとったのである。私の期待通り、氏はこの時フェミニストとしての本分を全うし、被害者の私の非を全くとがめることなく、当該教授のセクハラ行為をやめさせてくれた。この一事に関しては、私は今でも水田氏に感謝している。

上野千鶴子（『不惑のフェミニズム』岩波書店　二〇一一・五・一七）によれば大学という環境は、セクハラやパワハラの起こりやすい条件がむしろ一般企業よりもそろっているという。教授の権力が強く上下関係が固定していること、「学部自治」「学科自治の名のもとでの相互不干渉という障害」があり、そのために採用人事などが少人数で行われ閉鎖的であること、さらに大学固有の問題として専門分野の細分化や、固定化などを挙げ、女性被害者はいったん「研究上の報復」を受けると職を失うだけでなく、「研究者としての将来をすべて失う恐れがある」と指摘している。こういう構造であるため、大学は組織内の流動性を欠き、上位の教授には反抗しにくく、したがってセクハラが起こりやすい構造になっている、と氏は指摘する。まさにその通りであろう。しかも大学は伝統的に男社会であり、セクハラという形の女の被害はしばしば無視されたのだ。

その上に私の場合は、さらに加えて〝留学生別科〟という特殊事情があった。当時教員は、他大学と同様終身雇用であったが、別科の専任教員は二年契約で、契約更新のたびに別科長の面接をパスする必要があった。更新するかしないかの条件は明確ではなく、いわば別科長と別科を担当するお仲間の二、三の教授連の合議によって決まるという方式がまかり通っていた。くだんのセクハラ教授はこの教授連のひとりで、別科教員に対して、常日頃から彼らの人事権を握っていると広言してはばからなかった。だから私は最悪の場合、クビを覚悟しなければ、セクハラ教授には逆らえないと思い込んでいたのである。

しかしそういう私にも強力な武器があった。一つは先述のように、水田宗子氏の存在である。フェミニズムの立場からセクハラを批判する氏が勤務校のトップであったことは、この問題のその後の扱い方に大きな影響を与えた。二つ目はまさにフェミニズム理論そのものが、私を鍛えてくれた。新・フェミニズム批評の会に入会し、多くのフェミニストたちとの議論を経て、彼女たちのフェミニズム理論に揺さぶられ、既成概念を打ち破られた。セクハラ問題では、特にその既成概念の転換をもたらした。セクシャル・ハラスメントにおいて女性の側の責任を問うことなく、男女の関係性を根本から組みかえる新たな世界観によって、セクハラが男性による犯罪であるという認識が確立されたのである。

たとえば女性がレイプされた場合、被害者である女性の側にも非難すべき点があったのではないかという偏見は、最近まで根強く残っていた。女性の側に過失が無くても、被害の事実そのものが当の女性の社会的尊厳を傷つけ、存在を貶めて家族からの孤立を招く結果になることさえある。一〇〇年以上前に書かれた田村俊子の「枸杞の実の誘惑」が今なお生々しく現代の読者に迫るのをみても解る通り、そうした偏見は女性の間にさえ根強かった。その偏見を打ち破るのにフェミニズム理論がどんなに有効であったか、計り知れない。もしも当時の私がそうした偏見に縛られていたら、私は自分の経験したセクハラ行為にもっと弱気な対応しかできなかっただろう。大学に就職する前に、新・フェミニズム批評の会に入り、フェミニズム理論のシャワーを浴びていたことは幸運だったと、つくづく思う。

私がセクハラ教授に対して強気になれた武器としてのフェミニズム理論は、某教授の第二段の攻撃でも効果を発揮した。この教授は、水田宗子常務理事の権威が直接には及ばない領域――家庭生活の領域を攻撃してきたのだ。当時私は宇都宮に住所があり、某教授いわく、近く宇都宮に出張するので、この機会に夫に面会したいと求めてきた。セクハラを受けた私には先述の通りフェミニズムという武器があったから過度な心配もせず、冷静に夫に相談して処理することが出来た。夫は面会を承知したが某教授は宇都宮には来なかった。それ以後ぱったり教授は私を誘うことを止めた。

私は貞節という道徳を守りたくて某教授の要求を拒んだわけでは無い。ただ、意に染まない行為の強制に抵抗したのだ。主体性を発揮した結果と言ってもいい。家父長制度の下における道徳は、ほとんどすべて根っこに男性支配と女性の屈従が存在する。つまり道徳は支配するものによって作られる。したがって、近年、男性と女性の関係性が昔と変わってきたのも、女性にのみ課せられてきた性規範が見直しを迫られてきたためにほかならない。処女性の尊重などはほとんど若い男女の意識にのぼらなくなった。こうした転換期の原動力となったのが、フェミニズムであることは、多くの人が認めるところだろう。

私の体験は一九九六年のことであるが、それ以後の状況の変化は目を見張るものがある。二〇二二年四月から、セクハラを含むパワハラの防止を目的とした改正労働施策総合推進法、いわゆるパワハラ防止法が施行されることになった。これにより、従来大企業にのみ義務付けられたハラスメント相談窓口の設置が、中小企業にも義務付けられた。それも企業内部ではなく外部機関の相談窓口を設けることが推奨されている。こうした制度上の改革と人々の意識の変化は互いに影響しあいつつ進むものだと思う。制度の改革が起爆剤になって女性の意識が変わり、意識の変化によって状況が変化する。近年の状況の変化と言えば、欧米における「#ＭｅＴｏｏ」運動の爆発的広がりは女性たちの意識革命の原因であり結果である。アメリカ・ハリウッドの女優たちの告発に端を発した運動に触発され、日本では伊藤詩織さんが山口敬之氏のセクハラ行為を告発した（『毎日新聞』二〇一七・一二・二七）。これに対し山口氏の反論が公表（月刊『Ｈａｎａｄａ』二〇一七・一二月）されたため、伊藤さんは事実関係を明らかにするべく訴訟に踏み切った。さらに二〇一八年三月に伊藤さんは国連で「ＭｅＴｏｏ」ならぬ「ＷｅＴｏｏ」運動を提唱した。

ところでセクハラとは何だろう。男女雇用機会均等法第一一条第一項によれば「事業主は、職場において行われる性的な言動に対するその雇用する労働者の対応により、当該労働者がその労働条件につき不利益を受け、または性的な言動により労働者の就業環境が害されることの無いよう、当該労働者からの相談に応じ、適切に対応するために必要な体制の整備その他雇用管理上必要な措置を講じなければならない。」とある。またセクハラは被害者に不安感や、不快感を与える行為であり、加害者の性的要求に応じない場合、解雇や契約更新拒否、減給、配置転換などの措置をほのめかすことも当然含まれる。甚大な被害を被った例を挙げてみよう。岡山地裁で争われた「労働者派遣会社事件」（二〇〇二・五・一五判決）とよばれるもので、加害者の専務は被害者の女性支店長に肉体関係を強要し、拒否されると、加害者側に味方した会社は女性支店長の支店長職を解任、減給処分を行った。女性支店長がこの被害を裁判に訴えた結果、裁判所は専務の不法行為を認め、女性支店長に慰謝料二百二十万支払うよう、専務に命じた。ちなみに同様の判例の場合慰謝料の額は、近年はるかに高額となっている。

　こうした判例の示す通り、セクハラ行為とはパワハラであり、強者による弱者への抑圧の一形態であろう。例えば男性同士の猥談やヌードポスターに眉をひそめる女性に対し「座を和やかにするためだよ」「ギスギスして嫌だね」と非難する。このような事例で忍耐させられるのは、女性に対する抑圧である、という認識が一般的になるには、フェミニズム運動の広がりが必要であった。一九七〇年代頃まで、こうしたことは会社では日常的に起こり得ることだった。しかし二〇二二年の現在は、さすがにリスクを覚悟する必要が生じたため、おそらくどの職場でも影を潜めているだろう。フェミニズム運動の継続的な活動が、セクハラ行為への抗議の嵐を呼び、二〇一九年には労働施策総合推進法（パワハラ防止法）の改正さえもたらしたからである。ただしこれには罰則や禁止規定がなく、ILOは二〇一九年、ハラスメントを法的に禁止するという条約を採択したが、日本は批准していない。この点で「日本の対策は遅れている」（『毎日新聞』二〇二二・三・二七）とも指摘されている。

　一九九〇年代にはフェミニズムへのバックラッシュが起こったが、今回はそうした反作用は起こりにくいような気がする。伊藤詩織さんがフェミニズム運動を批判する杉田水脈氏を訴えた裁判が敗訴になるなどの反作用はあったにしても、抑圧に気付いた女性たちはフェミニズム運動への攻撃に決して共感せず、これらの攻撃が自分たち女性全体に向けられたものであると理解するに至った。現在は性的言動に限らず、性別役割分担を当然と見なす意識から、お茶くみ、掃除などを女性に強制することもセクハラと見なされるようになった。これこそフェミニズム運動の成果に違いない。

加害者の男女を問わず、セクハラがなぜ被害者の人権侵害になるのか。多くの場合、被害者と加害者が対等の関係ではなく、被害者は自分の尊厳が傷つけられたと感じても耐えるしかなかったことが第一の理由、第二には性に関わることは何にも増して直接的に当人の尊厳にかかわる問題で、そこを侵害されることは何よりも当人にとって屈辱となるからだ。第三には被害者がその行為をセクハラと感じた時にそれがセクハラになるという定義づけにも明らかなように、被害者の主体性が決定的にものをいう問題だからである。女性の方は、セクハラによって自らの主体性を否定されたことで、モノ扱いされたと屈辱を感じる。そういう女性の屈辱感に気付かない男性の意識革命を促したのが、セクハラ反対の機運であり、フェミニズム運動の高まりにちがいない。

フェミニズム思想に接近し始めた時、私はそれを男性に対抗する武器としての思想、すなわちイデオロギーだと考えていた。しかしそれはフェミニズムの意味を誤解していたかもしれないと私は気づいた。男性のみを敵とする考え方では、現象を正確に把握することにはならないということは、現在多くのフェミニストが指摘することである。近年ベル・フックスの文章にふれて、その考えが理論化されるように思えた。フックスはむしろ、男性を敵とするフェミニズムは性差別的なイデオロギーを強化すると、警告を発しているのだ。

「敵としての男性」を強調することによって、女性と男性との関係性の改善に焦点を絞ることから、そして男性と女性が共に性差別主義の学び直しに取り組む方法から、関心がそらされてしまったことはあきらかである。」「女性と同じように男性も、性差別主義的なイデオロギーを無抵抗に受け入れるよう社会的に適合させられてきたのである」（『ベル・フックスのフェミニズム理論——周辺から中心へ』あけび書房　二〇一七・一〇・二）。と言い切るベル・フックスの主張は、性差別の本質を見抜き、理性的にその解決法を探るという意味で、信頼できるものに感じられた。

このように反差別いわば平等というものに信頼感を抱いている私は、新・フェミニズム批評の会の運営や、かずかずの論集の編集を、あくまでも平等をむねとして進めることにこだわった。最も気を使ったのは、会員への対応の仕方に差別を付けないということである。

新・フェミニズム批評の会の月例会では対等の立場で、会員の知名度や社会的地位にこだわらず、時に白熱した議論が交わされた。その成果の積み重ねはこの会が編集し翰林書房から刊行した論文集『樋口一葉を読みなおす』（一九九四年）、『青鞜』を読む』（一九九八年）、『明治女性文学論』（二〇〇七年）、『大正女性文学論』（二〇一〇年）、『昭和前期女性文学論』（二〇一六年）、『昭和後期女性文学論』（二〇二〇年）と、お茶の水書房から刊行した論集『〈3・11フクシマ〉以後のフェミニズム』（二〇一三年）等々となって結実した。各会員のフェミニズム批評の前線に立つ論文に接することによって学んだことは数限りない。特に佐多稲子の人と文学を研究生活の中軸に据えていたわたしにとって、佐多のように体験を私小説的に語る小説作法について考察を深めるうえで、先述の論集から多くの刺激と啓発を受けた。拙論「告白体というスタイル」（『青鞜』を読む』所収）はそうした私の関心のありようを示すものである。

私とフェミニズムとの関りを振り返ってみると、先述のように人生上の実践的な武器として役立ったが、それのみをもってフェミニズムをイデオロギーと決めつけるのは誤りであろう。さらにフェミニズムを文学研究に生かすという点では、私の場合まだまだ不十分である。新・フェミニズム批評の会の内包する理論上の、また表現上の豊かな底力を、自分の書くものに今後も生かしていきたいものだと、今あらためてしみじみ感じている。

富士見高原の三十年
――わたしのフェミニズム

吉川豊子

今年も地球上のいたる所で気候危機が確実に起きていることを誰もが認めざるを得ない年だった。大雨と土砂災害に悩まされた夏の日々が過ぎ、めずらしく秋晴れが続いた日の朝、晴れわたった空の向こうに富士山がくっきり浮かんでいる。赤蜻蛉がスイスイ泳いでいる。コスモスが満開となり、カラマツの黄葉に続いてドウダンツツジの紅葉が始まった。一面に白かった蕎麦畑が茶色に色づき、まもなく収穫の時を迎えようとしている。穏やかな秋の陽ざしと爽やかな秋風を例年になくしみじみ有難くおもう。

八ヶ岳の西南麓に広がる高原の町富士見。カラマツ林や湧水群など豊かな自然とともに、富士見駅ホームでは訪れる人々を島木赤彦、斎藤茂吉、若山牧水などアララギ派歌人の直筆拓本が迎えてくれる。堀辰雄、尾崎喜八、井伏鱒二、唐木順三、小川国夫、宮崎駿、そして田山花袋もが避暑地として愛した高原の素朴な別荘地。独り身だからゆるされた移住だったが、三十余年前、職場からクルマで通えるこの高原の町に家を建てたのは、隣の信濃境駅付近にある井戸尻遺跡の景観や考古館の縄文遺物に魅了されたためである。

国宝「縄文のヴィーナス」で有名な茅野市の尖石縄文考古博物館ほどではないが、考古学界では著名なこの縄文遺跡と井戸尻考古館を高良留美子さん、藤瀬恭子さん、関谷由美子さん達と一緒に一泊二日の合宿で訪れたのは今ではとても懐かしい思い出だ。この時の遺跡訪問が高良留美子さんのライフワークの一つである母系制の研究に拍車をかけるきっかけとなり、『花ひらく大地の女神』（二〇〇九年）『見出された縄文の母系制と月の文化』（二〇二一年）

など母系制社会の研究として実をむすばれたのではないだろうか。昨年惜しくも急逝された高良留美子さんのご冥福をお祈りしたい。

　わたし自身は、その後、富士見町在住の知人との交流のなかで、井戸尻遺跡付近の集落、乙事（おっこと）の三井家に江戸時代から伝わる「マリア観音」と出会い、近年、カクレキリシタンの研究を始めることになった。また、佐久穂町在住の在野の考古学者（長野県考古学会会員）で女性史や母系制社会の研究者でもあった島田恵子さんとの交流や、八ヶ岳南麓の森と水源をゴルフ場建設から守ったクリスチャンの佐藤つねさん、十年に及ぶこの裁判を富士見町高森区の住民代表としてたたかった高森草庵の押田成人神父など、信念を貫いて生きた人々との出会いと交流から多くのものを学び、彼らに支えられてわたしは富士見町で暮らしてきた。途中、甲府でのアパート暮しの十年間を差引くと正味二十年余の高原暮しだが、富士見町に住民票を移して以来の三十余年の歳月は新・フェミニズム批評の会の歴史に重なっている。本会の研究仲間とともに歩んできた自分の研究についても振り返らざるをえないが、ここではまず、わたしのライフワークの一つともいうべきフェミニズム運動の一端について語ることにしたい。

　二〇〇五年、当時の勤務校だった山梨県立女子短期大学が山梨県立看護大学と統合し、看護学部・人間福祉学部・国際政策学部の三学部からなる男女共学・四年制の山梨県立大学が誕生した。その遠因は一九九〇年代から始まった国公立大学の「法人化」（自由競争化）の大きな流れのなかにあり、同じ甲府市内にある山梨大学が法人化し山梨医科大学と統合して医学部を新設、さらに生命環境学部を増設した改組転換の動きに連動するもので、直接フェミニズム運動の成果ではなかったが、後述する通り、学内のフェミニスト教員による長年にわたるジェンダー格差解消のための教育活動や、開学以来継続されてきた地道な学内改革の成果であった。さらに付け加えるなら、山梨大学に在職していた働き盛りの知人をふくめ、当時、県内の国公立大学の改組転換の重責を担った同世代の教員の中には激務から病を得、命を落とす者も出たほど、法人化にともなう大学教育の改革・再編の業務は苛酷をきわめたものだったのである。

国文科・幼児教育科・生活科学科（旧家政科）・国際教養科というジェンダー化された学科／専門教育科目を共学可能な学部設置へむけて徐々に再編し、男女共学の四年制大学設立までに要した期間は二十年余。「国文学」の専門科目は撤廃され、国文科は国際コミュニケーション学科に改組転換した。村上春樹の主人公ならずとも「やれやれ」と溜め息を禁じ得ないが、こうした教育の再編・改革に要した労力・労働をフェミニズム・運動と位置づけることなしにわたし自身の人生とフェミニズムとの関わりを語ることはできない。

平塚らいてう研究家の米田佐代子さんが中心となって開講した「女性学」（のちに「ジェンダー論」と名称変更）はじめ、今では大学運営上当たり前になっている、地域の課題に応え「地域に開かれた大学」をめざす社会人開放講座の増設、また県の男女共同参画課や県立女性会館の運営に連動した男女共同参画アドバイザー養成講座の開設と国立女性教育会館で開催された夏期ワークショップへの参加など、学科を横断するフェミニスト教員と協働して取り組んだ「女子短大」改革の原動力は、わたし自身の場合、フェミニズム思想にとどまるものではなく、「一隅を照らす」（中村哲＠ペシャワール会）精神がなければ、「陸の孤島」とも、「ハイカラ」で「きれいに文化の、しみとおっているまち」（太宰治「新樹の言葉」）ともいわれた地方都市でのこうした教育活動を忍耐強く続けることはできなかったとおもう。

話が少し脇道にそれるが、今からかれこれ五十年前の山梨県の話である。横浜市出身の友人が当時甲府勤務だった男性と結婚し、第一子を甲府市内の産婦人科医院で出産した。病院に駆け付けた夫が病院長から掛けられた祝福の第一声に仰天したという。「おめでとうございます、お世継ぎがお生まれになりました!!」と、まことしやかに院長がいったためだった。当時、都会育ちの男性が耳を疑うような「お世継ぎ」という言葉が堂々とまかり通るほど、五十年前の山梨県は「武田信玄のお膝元」といった中世と地続きの封建的家父長制の〝残滓〟が蔓延する土地柄だったのである。

一九六六年に設立された山梨県立女子短期大学の開学当時の教育目標は山梨県内の「農村の花嫁」育成だった。

「女子学生亡国論」が一世を風靡した一九六〇年代のことである。貧しい県財政のなかでは、「女に学問（高等教育）は不要」の考え、つまり、性別役割分業論とセットの女子大学生不要論には根強いものがあった。その後、山梨県外からの入学志願者が増え、県外への就職希望者が増加すると、建学の精神に反するとの理由から県議会で短大廃学論がおこったというが、二十年前の四年制大学への移行期においても、県議会で短大廃学論の発言があった一方、学内では「女子短大」継続論の声も聞こえていた。女性の生涯にわたるキャリア形成のための男女共学・高等教育の機会均等への扉は、二十一世紀に入ってもなお閉ざされていたのである。

半世紀におよぶ地方公立女子短大の教育改革の道のりはこの国の多くの女性の生き様にかかわり、社会状況に連動している。つまり、二〇二一年度も世界一五六ヶ国中一二〇位という、先進国の中で最下位のジェンダー指数に示される通り、日本の女性のジェンダーをめぐる社会状況の改革は平坦なものではなかったし、今なお然りである。たとえば、保育士および幼稚園教諭養成課程の専門教育を男女共学化し、四大化によってこの分野の専門職を目指す男子学生の入学者増加を期待したが、男子の入学志願者数は低迷した。その原因には、保育士や幼稚園教諭の職場における低賃金と三十歳前後で頭打ちという「早期退職」を前提とした賃金体系など、保育所や幼児園の現場が多くのジェンダー格差にさらされている保育所不足の深刻な現実がある。これは看護職や介護職など、ケア労働の現場においても同様であろう。

わたし達が目指したのは職業選択におけるジェンダーの解消であり、結婚や性別役割分業に損われない女子のキャリア形成と経済的自立を底支えする高等教育の改革だった。さらに、保育と介護と看護、つまりケアの社会化とその充実へ向かって扉を大きく開くことだった。地方都市における高等教育や職業教育の充実は、男女ともに若年層の大都市流出を食い止め、農業はじめ地場産業の活性化と地方自治体の活性化につながる。大都市一極集中の生活スタイルを変えることは少子・高齢化社会にたいする有力な解決策なのである。

出産を望んだ者がいつでも安心して妊娠・出産し手厚い社会的支援をうけながら、ゆとりのある子育てができる社会、また実り多い老いの時間を高齢者が安心して迎えられる社会の実現のために、ケアの社会化とケア労働におけるジェンダーの解消、賃金格差の是正は不可欠の課題であるが、格差解消の動きは遅々としている。こうしたことからも社会における様々な格差の〝壁〟の打破と連動する教育改革にかかわるフェミニズムも道半ばなのである。

＊

ところで、今、富士見町では若い世代の家族ぐるみの移住が目立っている。増加するばかりだった空家の借り手が最近増えているという。気候危機の中での都会暮しの困難や、パンデミックによる在宅勤務の増加、失業・転職による住まいの移動の必要、あるいは多少の不便は我慢しても、子供たちをのびのびと育てるために、安全で自然豊かな高原の町に移住して来たのだろうか。町も移住者を歓迎し支援しているようだ。

こうした町の動きに連動してか、二〇二一年夏、富士見町の町長選挙史上はじめて女性の対立候補——四年間、環境省から長野県（副知事職）に出向していた自然保護と環境行政のエキスパート——が立候補し、白熱した選挙戦が展開された。四十代後半の女性立候補者は惜しくも僅差で敗北し、長野県や日本のジェンダー指数の実態をまざまざと見せつけられた結果ではあったが、選挙戦がきっかけとなって町に新しい風が吹き始め、富士見町へ最近移住したという四十代前後の女性たちと交流する機会に恵まれた。東京で編集者をしていた女性は、エコライフを実践するため洗濯機や掃除機などの電化製品を極力使わず子育てに奮闘中だという。夫婦で自然食品の販売を手掛けている三十代の女性は、清水の舞台から飛び降りる気持ちで茅野市出身の建築家藤森照信に小さな「御宿」の設計を依頼したところ、思いがけず承諾を得たという。藤森照信が描いた設計図をもとに「宿」を建て、民宿業をとおして〝地域おこし〟をすると張り切っていた。

彼女たちの話を聞いて、スローライフやエコライフが若い世代の人々にとってはもはや牧歌的な「理想の生き方」ではなく、高原の町への移住が、パンデミック、大地震など、大都市生活における生命の持続とエネルギー供給の危機的状況から脱出する〝切実な選択〟であることを実感したが、実はこの夏、隣の茅野市や少しはなれた岡谷市でも土砂崩れが発生し、今後、富士見町でも場所によっては大規模な土石流災害が発生する危険があることがわかっている。にもかかわらず、今、富士見町の標高千メートルを超す八ヶ岳山麓で東京ドーム半分をゆうに超える広大なソーラー発電所の建設計画がひそかに進められようとしているのである。建設を目論むのは外国資本、それとグローバルに資本提携する日本の大手金融企業、そして傘下のソーラー発電会社である。

クリーンエネルギー産業の誘致を歓迎する町長はじめ町の行政マンが大規模な森林伐採に易々と手を貸そうとしたが、富士見町独自の、環境保護に配慮した「太陽光条例」に基づいて開かれた住民説明会に参加した該当地区の区長がソーラー発電所の設置を認めず、住民の反対運動が予想されたためか、町の「環境保全条例」第26条の「土地取得前の事前協議」の規定を無効化しようとする「改正案」が二〇二一年の九月、町長によって町議会に提出された。しかし、こうした町政の不穏な動向を事前に察知した住民たちが良識ある町議会議員へ働きかけ、議会の傍聴に多くの住民が駆け付けた結果、町議会で「改正案」は否決され、さらに、「改正案」の作成に積極的に関わったとされる副町長の任期継続信任案も否決された。自然破壊や気候危機対策に真剣に取り組む富士見町住民の熱い心が町議会を動かしたのである。八ヶ岳南麓の森に大規模なソーラー発電所を建設しようとする企業活動を阻止しようとする住民運動が、今、富士見町に静かに広がってきている。

森林破壊によるソーラー発電所の建設計画の背景には、これまで村落共同体が保全に努めてきた里山が高齢化がすすむ地域住民の手によっては十分な管理ができなくなり、将来的には管理不能となることが予測される山間地や里山の危機的状況がある。農林水産業の「切り捨て」のうえに成立した一九七〇年代以降の高度経済成長と右肩上がりの経済政策が、第二次・第三次産業の企業活動を優遇し一極集中の都市生活を「発展」させたが、その代償として地方の村落が過疎化するとともに、CO_2排出量を爆発的に増大させたことは誰もがみとめるところであろう。

原子力発電も当初は化石燃料に替わるクリーンエネルギー産業として登場し、「クリーンエネルギー神話」は今なおこの国で一定の支持を得ている。が、十年前の東日本大震災による福島原子力発電所の爆発・崩壊から見えてきたものは、福島県はじめ東北地方の人々ばかりではなく、日本全国、さらに東アジアや地球全体を放射能の脅威にさらして非人間的なエネルギー産業が成り立っていた事実だけではなかった。発電所ばかりでなく、核廃棄物をふくめ、ゆたかな自然とおだやかなスローライフを営む地方の人々の生活を脅かし、海洋汚染の危険を冒して得た「クリーンエネルギー」によって恩恵を受けてきたわたし達の便利で快適な暮らしが、エネルギーを大量に消費しCO_2を大量に排出することによって、取返しがつかないまでに地球を汚染してしまった事実である。

近年、海水温の上昇によって世界中いたるところで起こっている大洪水や土石流災害、また大規模な干ばつや山火事、竜巻。さらに三年に及ぶパンデミックや世界的規模での「難民」の出現と貧困／格差の拡大は、「人新世」の両局面ともいわれている。二〇三〇年までに地球の温暖化（平均気温の上昇）を1・5℃以内にとどめない限り、こうした自然災害がさらに頻繁に起こり、人的被害が増大するばかりでなく、自然の生態系が破壊され、地球的規模での深刻な食料不足やエネルギーの争奪にかかわる「世界的紛争」も予感されている。

年々拡大する深刻な自然破壊と貧困／格差、さらに新たに見えてきた「冷戦」構造にさらされている二十一世紀の世界において、フェミニズムはどこに向かって何をすべきだろうか。新・フェミニズム批評の会とともにわたしはこれからも信州・富士見町で考え続けていきたい。

フェミニズム文学批評との出会い
——人と本との一期一会

真野孝子

私がフェミニズム文学批評を文学研究の核として学んできた約半世紀をふり返って見ると、人と本との出会いがいかに重要であり得難いものであったか、感慨深い。

私が高校生の時に出会った英語教師はフルブライト留学から帰国したばかりであった。彼女はベトナム戦争当時のアメリカでの留学生活の矛盾を授業中にサリンジャーに言及しながら吐露することがあった。この告白に少なからず動揺したが、それよりもボーヴォワールの紹介は私の人生にとって重大であった。『第二の性』は自分自身の価値観を大きく揺さぶったが、高校生の私にとっては内容理解が困難であった。彼女の自伝的小説『娘時代——ある女の回想』の方が我が身に引き寄せられて読むことができた。この小説の最後では、親友ザザの死と引き換えに彼女が既存の女性の生き方から自分自身を解放していく決意をするのであった。この終わり方をめぐって様々な意見を交わしたことが懐かしく思い出される。ボーヴォワールは冷たい人間だ、嫌いと言う者が多かった。私には分からなくて謎として記憶していた。

大学生時代には婦人問題研究会で将来への指針となる読書を経験した。高群逸枝の『女の歴史』、水田珠枝の『女性解放思想史の歩み』、マーガレット・ミードの『男性と女性』が特に印象深い。『男性と女性』の翻訳者である田中寿美子氏が私たちの研究会に助言者として参加してくださったのは僥倖であったと今更ながら思う。どのような助言であったのか忘却の彼方で残念であるが、その暖かい人柄と及びもつかない知性に圧倒されたことは記憶に刻まれている。また、彼女が戦時中の窮乏で子供を失うという悲しみを私たちに告白し、何か言葉では表現出来ないが、彼女のフェミニストとしての生き様を伝えてくれたのだと、今の私なら分かるのだ。しかし、当時はただ理解に及ばないばかりであった。水田珠枝氏とは、約四十五年後ある読書会で一緒になり、自分自身が一気に学生時代へと戻るようであった。彼女の新自由主義批判の鋭い意見に、いろいろな思いがない交ぜとなり胸がいっぱいとなった。彼女の女性解放思想は新自由主義批判によって、さらに革新的に発展していた。

大学生時代の読書は社会科学系の本が文学よりも多かったが、本格的に、いわゆる女の経験を重ねていくうちに文学との出会いが増えてきた。大庭みな子、干刈あがた等、フェミニズム文学批評のテキストとなるものである。当時はそのような対象のテキストとは知らずに夢中で読んでいた。中島美幸氏のフェミニズム文学批評の講座を受講したことが意識的にテキストを読むきっかけとなり、新・フェミニズム批評の会の本も知ることになる。『青鞜』を読む』、『樋口一葉を読み直す』を読み、フェミニズム批評の視点から文学批評を形成する新しさと既存の解釈を見直す価値観の転換に引き込まれていった。

アドリエンヌ・リッチ『女から生まれる』『血、パン、詩。』『嘘、秘密、沈黙。』との出会いは自分自身の実人生においても文学研究への志においても決定的であった。強制的異性愛、ロマンチックラブ・イデオロギーからの解放となり、精神的な自由を獲得する思いであった。リッチをフェミニスト思想家として知り始めたが、詩人としての彼女も知ると、彼女の詩と思想を追究するために、マスターコースでの勉学を開始した。指導教員のポール・マグラス先生は、『批評の解剖』のノースロップ・フライの系統であり、主としてマイノリティが英語で書いた文学を研究されていた。旧植民地であった国の女性の作品に多く触れたのが、マスターコースでのゼミであった。当時は「交差性」という言葉がなかったが、その概念的な考察は議論されていたと思う。私が一番に影響を受けたのが、ドリス・レッシングの『十九号室へ』だった。これはベティ・フリーダンの『新しい女性の創造』を小説化したように読むことができ、自分自身が当事者としての意識を持って研究することへのさらなる動機にもなった。『十九号室へ』を読み解いていくうちに、水田宗子先生の『ヒロインからヒーローへ——女性の自我と表現』にたどり着くのである。この本に出会ったことが、その後の全てを導いたと言えるだろう。

修士論文は、*Adrienne Rich: her Evolution in Poetics, out of Logocentrism into Multiple Subjectivity* というタイトルで、リッチの詩作品の初期から後期までを家父長制的イデオロギーの下での詩作からユダヤ系・レズビアン・フェミニストとして創作するようになる発展的変遷を書いた。論文を書く時にフェミニズム文学批評関連の文献が参照枠であったことはもちろんであるが、レイコフの *Metaphors We Live by* も詩と思想の関連性についての参考とした。メタファーの重要性は詩領域を凌駕して言語学、認識論においても思想においても重要である。また、クリステヴァなどフランス思想系のフェミニズムを、ゼミを通して知ったことも、自分自身の文学批評観におおいに影響があった。

リッチは一九二九年生まれであるが、日本の女性詩人たちに一九三〇年前後生まれで、女性詩において重要な働きをしている詩人たちが存在した。白石かずこ、吉原幸子らである。彼女たちが第二波フェミニズムを経験する前から詩においてフェミニズムのテキストとなるような創作をしていた。リッチらのアメリカ女性詩人たちも同様な詩の変遷をしている。そこで、水田先生の下で日本の女性詩人についても読み解いていきたいと考え、ドクターコースでの研究生活を始めた。この時点では、まさか学位取得まで一五年に渡るとは想像できなかった。

水田ゼミでは、まずモダニズムとは何かというテーマで研究発表が行われていた。そもそもモダニズムからポストモダニズムへと時代そのものが変わってしまったのかという大枠の問題提起の下、イプセンの作品、エリオットの『荒地』、佐川ちかの詩などを読んでいき、それと並行してゼミ生の執筆中の博論報告があてられていた。この博論報告は自分自身の執筆にも非常に役立つもので、テーマの立て方は言うに及ばず、研究方法、論文構成、文章スタイル、文献検索など、論文を書くということの全てを学んだと思う。水田ゼミでは、論文を指導していただいた先生方とも出会い、完成までの長きに渡るご指導には感謝の念に堪えない。さらに、ここで出会ったゼミ生の方々も、研究を続けていく上で、欠くことの出来ない同志となり、有り難さを感じている。

ドクターコースでの研究生活が始まってから四、五年は、ゼミ生として淡々と過ぎていった。そして、論文提出資格試験に合格して、いよいよ本格的に論文執筆に着手しようとしたときに、家族の介護、それに伴って体の不調も現れて、取りかかることが困難になってしまった。四年以上もゼミに顔を出すことも出来なくなってしまった。しかし、この間も、水田先生、ゼミ生からの連絡をいただいた。これは私にとって、日々の生活の中に埋没していくのに抗う糧となり、研究の道からどうにか外れないで戻ることが出来たのだった。

論文執筆を始めると、以前よりもテーマに対して自分自身との距離を近づけなければ、書き進めることが不可能であると思うようになってきた。危険かもしれないが、自分自身を安全な場所において他者のことを客観的に書くのが苦痛となっていた。フェルマンの*What Does a Woman Want*は、その打開となる。セクショナリティのトラウマは自分をも含めた普遍的なものであり、現代女性詩を読み解くにも重要な鍵であった。論文の構成は、トラウマの原風景、トラウマの原風景からの展開――トラウマの語り、トラウマの寛解――山姥の表象からなり、吉原幸子と白石かずこを軸として現代女性詩を読み解いた。

論文提出を目前にして、提出する大学を変更する事態になり大変な打撃であったが、中沢けい先生との出会いが打ち消してくれたと思う。中沢先生は作家であるが政治学を専攻したからか、社会の矛盾や不公正に毅然として立ち向かう方だった。文学には直接的に反映されるわけではないが、その根底には世界と切り結ぶ姿がある。この姿勢に文学の真髄を見た思いであった。中沢先生は女流作家という言葉が通用していた時代から文壇で活躍されていたので、この時代の文学者・作家についての言及には歴史の当事者としての重みがあり、私の知るよしもない生々しい作家の姿を垣間見た思いである。引き続き水田先生はじめゼミの先生方の指導も頂き、ついに学位取得まで到達したが、ひとつの区切りにすぎなく、現代では独立した研究者としての意味でしかないであろう。ここまでの執筆過程と人との出会いこそが私にとっての学位取得なのである。

現在では新・フェミニズム批評の会が研究の場のひとつとして貴重である。この場でも望外の出会いがあった。故高良留美子氏と『詩と思想』に特集された新川和江の詩について話し合う機会に恵まれたのである。改めて高良氏の思想性のある詩の批評を認識するとともに深く心にその言葉を刻み込んだ。ほとんどの詩の批評家が男性であること、そして、その限界性が「近代の傷」を直視不能にしているが、女性詩人たちは立ち向かう。フェミニズム文学批評はこの課題に取り組むべきと伝えてくださった。私にとって究極の一期一会である。

ボーヴォワールの『離れがたき二人』が二〇二一年に翻訳版が出たとき、半世紀もの前の疑問が解けたのだ。『娘時代』のザザは病死であったが、ボーヴォワールにとってはザザが親の決めた生き方から脱出出来ずに自らを放棄した死であり、自分の分身である彼女の死という代償によってボーヴォワールはサバイバルを果したのだった。

これからも人生においても文学においても一期一会があるだろう。私はそれを励みとしてフェミニズム文学批評に携わっていきたい。

女性学と私
——中国初の日本語による女性学授業を担当して

羅麗傑

1

恥ずかしながら、二〇一二年四月の博士課程入学まで私は女性学とは何のかかわりも持たない存在であった。いや、女性学とは一体どんなものなのかさえも分からないでいたのである。

私は一九七〇年生まれで、田舎育ちである。兄弟の中の四番目で、上には姉二人と兄一人がいる。私が生まれた時、父は男の子が欲しいという一心で、また女の子かと、大変失望してしまったという。七〇年代と言えば、中国の産児制限政策が八〇年代の基本国策となるまで、五〇年代の提案提出期と六〇年代のモデル実験期を経て、すでに「晩婚・晩産」「少生・稀生（出産間隔を延ばすこと）」、「優生・優育（優れた人材に育てること）」の提唱期に入っていた。まだ法律違反になっていなかったので、またもう一人、二歳年下の弟が生まれてきたわけである。田舎では、女の子ばかりいる家庭の夫婦、特に妻のほうは、「戸籍絶ちめ」と卑しめられ、非常に差別されていた。私も家庭の中でいるかいないかのような目立たない存在であった。大学まで両親は、私が何年生になったのかさえも分からなかったし、大学に受かった時、家が貧乏なせいもあって、行かせてくれようともしなかった。幸い、当時においては、割と高い教育を受けた一人の叔父が「家が貧乏にしろ、女の子だからにしろ、もう大学に受かったんだから、行かせてやったほうがいいよ」と言ってくれたおかげで、私は運よく大学へ進学できたのである。

こうして、無事に志望の外国語大学に入学でき、日本語を専門に勉強した私は、大学卒業後、そのまま大学の教師になった。それから日本との関係が徐々に深まっていき、何回か日本へ行くチャンスにも恵まれた。大学間の教員交流で、一九九八年に私は北海道の北星学園大学へ研修に行き、矢口以文教授（現代詩人、翻訳家、英米文学研究者）のもとで英米詩鑑賞について勉強した。中学から日本語しか習えなかった私には、英米詩の講義にはついていけなかった。講義に出てはいたものの、英語詩ではなく日本の現代詩及び現代詩人に関する本を読み始めたのである。その時、日本の現代詩人、谷川俊太郎の『二十億光年の孤独』や茨木のり子の『見えない配達夫』などの詩に触れ、今でもその時に覚えた新鮮感は忘れられない。両詩人のユーモラスで明るく、知的で想像力に富んだ詩風に深く感銘を受けた。高校時代から詩に憧れを持っていた私は、心の底でいつかチャンスがあれば、詩について勉強しようと思ったのである。

2

二〇一二年、この時がようやくやってきたのである。私は博士の学位を取るために、城西国際大学大学院人文科学研究科に入学した。なぜそのコースに入ったかというと、そのコースには、現代女性詩人・文学批評家の水田宗子先生がおられたからである。水田先生のご指導の下で、戦後第一世代女性詩人、茨木のり子と石垣りんについて研究を始めた。講義に出て初めて、先生が日本の女性学分野におけるパイオニアであることを知った。そして当時、同大学にはジェンダー・女性学研究所があり、そこに、北田幸恵先生、和智綏子先生、岩淵宏子先生、小林富久子先生、長谷川啓先生などの女性文学研究者が勢ぞろいされていた。水田先生のゼミをはじめ、諸先生方の講義に出ていくうちに私は、女性が家庭を守るべきだとか、やさしくふるまうべきだとか、色々な伝統観念に如何に縛られているのかが分かった。個人指導の時に水田先生に、「女とは何か」「羅さんはなぜ化粧をするのか」と聞かれて戸惑ったことを今でも忘れられない。女性学に関する古典を一冊一冊読み重ねていくうちに、私自身が大きく成長できたような気がした。自己意識が芽生えてきただけでなく、ジェンダー、セクシュアリティ、性別役割、異性愛などについて色々考えるようになった。また、性的マイノリティ、売春婦、離婚女性などそれまで偏見を持っていた存在や、良妻賢母、母性などの女性規範についても再認識することができたのである。自己と性、自己と他人、自己と社会など、色々切実な問題について深く考えさせられ、思考領域を一気に拡大されたりもして、世界が非常に広く見えてきたような気がしてならなかった。

　このような喜びを感じながら、詩の勉強に励んだ私は、二〇一八年の学位取得と共に、今まで教わってきた先生方と別れなければならなくなる時を迎えた。帰国後もフェミニズム文学批評を続けていこうと思っていた私は、その時、同じ道を歩む同士がいなくなるのではないかという寂しさに包まれていた。そんな中、岩淵先生が新・フェミニズム批評の会を推薦・紹介してくださったのである。帰国前に入会でき、月に一回の研究会に二回参加させていただいた。これもまた私にとって、大きなサプライズであった。

　博士論文作成のときに参考にさせていただいた書の著者の多くにお目にかかり、大変嬉しかった。それに研究会は毎回発表者を二人設け、一人ずつ、発表一時間と質疑応答一時間の形で研究発表する。論議が活発で面白い。年齢に関係なく、どのような新人でも意見を発表できる。どんなに未熟な考えであっても、そこで恥ずかしがらずに自分の考えが述べられる。笑われる心配はなく、そしてその場で直ちにご指導がいただける。これは私にとって何よりの魅力であった。毎回、先輩研究者が新人を育てる姿勢に感心すると同時に、皆さんの示唆に富む指摘から多く学ばせていただいている。特にこのコロナ禍での今日において、外国にいる私は、わざわざ日本へ行かなくてもオンラインで参加でき、非常に幸せを感じている。コロナ禍は我々人類にコミュニケーション手段の変革を促した。世界のどこにいようが、ネットさえあれば、リアルタイムで遠距離交流ができる。これはコロナ禍がもたらしてくれた勿怪の幸いと思っている。毎回、これを最新研究情報の獲得と、自己研究能力を培う大切な機会とし、毎月、その日の来るのを楽しみにしている。

3

今、私は中国の大学でフェミニズム文学批評という講義を持っている。講義開設にあたり、中国での女性学関連講義の開設状況について調べた。中国教育部で公表された大学リストによると、二〇二〇年六月三〇日まで、中国には普通高等教育機関大学が二七四〇校（大学一二五八校、専門学校一四八二校）と、成人教育大学が二六五校、計三〇〇五校あるという[1]。しかし、二〇二一年六月の時点で調べたところ、女性学という専門科目を持つ大学は四五校[2]しかなく、全国大学数のわずか一、五%未満であり、女性学は中国の大学ではまだそれほど普及されていないことが分かる。そして、私の講義を受講した後の学生一〇人にアンケートを実施したところ、「女性学やフェミニズムを聞いたことがあるか」について「聞いたことがある」と答えた人は五人、「ない」人は三人という具合で、「聞いたことがある」と答えた人でも誤解したり、フェミニズムの第一段階の参政権など権利獲得の段階にとどまっている理解が多かった。大学院生でさえこのような状態であったから、高い教育を受けていない人々への普及率はもっと低いと思われる。

と同時に、受講後の感想を書いてもらったところ、「思考領域の拡大を感じ、物事を見る目や世界に対する認識が深まり、より客観的、全面的に物事を考えるようになった」、「物事に対して偏見を持つのは多くの場合、自分の認識不足によるものだと分かり、新たに得られた認識は、これからの読書や様々なところに役立てたい」、「今まで女性はどのように生きてきたのか女性成長の難しさが分かり、以前当たり前のことと思っていたことが実はそうではないことが分かった」、「女性への差別は男性主導社会の仕組みであることと、女性自身も不平等的性差の擁護者であることは無視できない」、「女性の自己成長の追求は他人への依存よりはるかに大切で、女性は自分で仕事や趣味を持ったほうがよく、家庭だけでなく、自分のために生きることも大事だ」、「女性は伝統観念を打ち破り、他人の眼を気にせず、他人によって定義された生き方をするのではなく、自己を生きるべきだ」など、全員、女性学が非常に魅力あるものと受け止められていることが分かった。中国での普及状況とその魅力から判断すれば今後、中国では大いに発展する余地があると感じた。

　一方、中国では政策などの物事を決定する場では、女性代表の最低人数を確保されているが、女性の声が依然として少なくて弱い。女性は男性より就職しにくいなど、男女を差別する現実が依然多く存在している。また、女性自身も「女性だからそんなに頑張らなくてもいい。家族が大事だから」と思ったり、結婚適齢期を過ぎてまだ結婚していない女性、または離婚した女性はかわいそうに思われたり、自分でもコンプレックスを持っていたりする人も多くいるなど、女性を束縛する規範や伝統観念がまだ残存している。このようなジェンダー構造と意識の具体例を、ここでいちいち挙げるまでもないだろう。一番問題となっているのは、性差をはじめ、多くの差別があるにもかかわらず、我々が気づかないでいることである。それらを問題として意識に上らせ、現実社会を改善するために、女性学の学習が必要不可欠だと思う。

　それと、非常に個人的な考えではあるが、私は女性学は知識として学ぶより、人間の生存上、生きていく知として人としての教養として、一人ひとりみな身につけるべきと思う。というのは、これは自分をどう受け入れるべきか、人間はどのように生きていくべきかといった、人間なら誰でも直面する問題を探求する学問で、自分はもちろん、周りのすべてと調和的な関係を創り、よりよく生きていくための学問だと思っているからである。

　従って、女性学は、社会を構築したり、個々人の人生観、世界観、価値観などを樹立したりするのにも大いに役に立つものだから、社会全般にまで押し広める必要があると思う。

　このように、女性学という人生の知に触れ、日々喜びを感じている私は、今、教える立場に変わっている。もっと広範囲で深い女性学の専門知識が必要で、これからもたゆまずその研鑽に努め、自分の研究能力と物事を見る目を磨いていこうと思っている。もちろん今の私は、この奥深い学問の伝播者としてはまだ十分な知識や能力を持たないかもしれないが、せめてこの学問に触れた喜びを、すこしでもいいから、多くの人と分かち合えたらと願っている。

注

1――この統計は、香港、マカオ、台湾地域の大学が含まれていない。

2――大学生必備サイト（大学生必各网）：https://www.dxsbb.com/news/38640.html を参照。

大学進学サイト（高考升学网）：http://www.creditsailing.com/zypmdsj/955394.html を参照。

渋谷「じょあん」
——ゆるやかに人とつながりあった日々

漆田（土井）和代

はじめに

「ここに来ると、こんなことをしても生きていけると思える人たちに逢える！」

不登校のこどもの居場所作りに関わり、オカリナの輸入販売などしていた当時三〇代半ばだった男性のことばである。イギリスで得てきた修士号を生かす場がない人だった。これは二〇〇〇年代に入って間もない頃の話だが、今でもときどき思い出し、言い得て妙だったな、と感心してしまう。私が代表になって二七年渋谷で続けた「じょあん」という店は、今振り返ってみても、ずっとそんな具合にいろいろなものを許容する、ゆるいつながり方をした店だったような気がしてならない。カウンターの中に入る人たちも、多彩でユニークな生き方をする人が多かったと思う。

勝ち組・負け組とためらいもなく口にする時代になって久しい。スタンダードを外れたくないのが多数派なのはいつの時代も変わらない習いだが、いろんな少数派が未来は自分たちの指し示す方向にある、と言わんばかりに、今よりもっと堂々としていた時代があったと思っている。私たちもそんな片割れ。不遜だったのか、楽観的に過ぎたのか。他者・多様性への許容度の垣根も、今ほど高くはなかったのだろう、と思う。オルタナティブな主張が受け止められやすかった時代にスタートしていたのだとも思う。とともに、ある時から不定期に続けるようになった様ざまなイベントでも、そんな雰囲気を醸し出していたのだろう。それについては後で少し触れてみたい。そういえば、イベントの案内は、手書きしたハガキを版下にして軽印刷屋さんに発注し、あて名も手書きしていたことを思い出した。いつごろまでそんな手作業を続けていたのだろうか。すぐには思い出せない。これは携帯電話も、むろんパソコンもまだなかった時代にさかのぼるお話。女性たちや女性運動のつながり方に思いを馳せ、歴史の一コマを覗き見るつもりで、読んでいただければ幸いである。

1　女性が一人でも入れる店

ウーマン・リブの熱気が収まり女性学がもてはやされかけていた一九八一年に、渋谷道玄坂の百軒店の入り口近くに、三〇代から四〇代の女性四人でシフトを組んで「居酒屋じょあん」という、家庭料理とお酒も出す店をスタートさせた。ファミリー・レストランなどまだなかった時代、それどころか女性が一人で（グループでもだが）夜間気軽に入って飲食できる店が、まだほとんどなかった時代であった。当初は、女性が一人でリラックスして飲食できる店、というだけでもかなりのインパクトがあったのである。「じょあん」は「女庵」の含意はありつつも、漢字ではストレート過ぎて鼻白む。ひらがなやカタカナでも場所柄バーかスナックみたいに見えてしまう。カラオケは置かないことに迷いなく決めていた。それで、多少不本意ながら「居酒屋」と冠したが、「飲み屋」色が強く出てしまったかもしれない。が、練り直す時間ももうなかった。

同様なコンセプトを持った店としては、東京では新宿西口に、既に「鬼女の栖」（オニノイエと読む）が出来ていた。当時『女・エロス』というリブ系雑誌が出ていたことを思い出される方もあるだろうか。インパクトのあるそんな誌名を発案したのは、大手広告代理店勤務の舟本恵美さん、彼女が、元同僚の女性と二人（二人とも私たちとほぼ同世代）で始めた店である。「じょあん」を開店する前、私たちも見学に出かけている。

女性しか入れないではなく、男性も入れるフツーの店でよかったのだが、入れば必ず男性先客から声が掛り、望みもしない相手をさせられる煩わしさがあった。自分（たち）だけの時間を過ごしたいので断ると、さらに面倒なことになったりもした。そんなわけで、いわば女性のための居場所作りや女性同士のつながりを大事にしたいとスタートした店も少なくない。全国あちこちにそんな動きがあり、当時の「女の手帳」とか『女たちの便利帳』といったものを開けば、手弁当で集めたそうした情報が掲載されていた。各地の女性運動グループや、女性史など様々な研究会、発行するミニコミ誌、女性が女性のためにとはじめたお店などの情報があり、ゆるやかに女性たちをつないでいた。八〇年代当時はあまり意識しなかったが、世の中全体がまだざらついてもおらず、楽観的、そしてバブリーな時代でもあったのだろう。

「じょあん」の話に戻すと、店名はその後九〇年代半ばに「スペースじょあん」、二〇〇三年に「花のえん」と変えているが、古くからの「新・フェミニズム批評の会」のメンバーの方々の記憶に残るのは「じょあん」であると思われる。それで、この原稿も「じょあん」として書いていくことにする。店は二〇〇八年八月をもって閉じたが、途中リニューアルしつつも同じ場所でほぼ二七年、様々なイベントを重ねながら存在した、ある意味でヘンな空間であった。ついでながら、閉店後も活動を続け、今も看板を下ろさずにいる「女政のえん」というものもある。余裕があれば後で触れたいと思っている。

場所は道玄坂のディープな飲み屋街へと続く百軒店通りの入り口近く、通りを挟んだはす向かいには派手なネオンと呼び声も賑やかな有名ストリップ劇場があった。ＪＲ渋谷駅から六、七分だったが、バーやスナック向け貸店舗を想定して建てた、奥行きはあるが間口の狭い四階建てビルの三階の奥である。後から考えれば、通りすがりの人がふと入れるような立地ではなく、とても飲食店に向いていたとは言えなかったが、フルタイムで働く予定だった人（法人代表）の意向を尊重したとだけ記しておきたい。「鬼女の栖」のある新宿は遠慮するとして池袋あたりでと思っていたのが渋谷になり、ともかくも、不動産屋さん紹介の内装業者さんに頼み、カウンターと変形大テーブルを作ってもらい、二〇数席を用意して一〇月一日に開店した。

が、一年以上話し合って準備し、法人設立も終えて臨んだのに、出資者四人の気持ちは開店一か月もたたないうちにバラバラになっていた。フルタイムでシフトに入るのを前提にして話を進めてきた人（代表）と、もう一人が、こんなつもりではなかったと言い出していると知った。本当はラーメン屋をしたかったのだ、と。これは愚痴のようにして、アルバイトの五〇代の女性（腹の座った実に有能な主婦。開店一月前に友達の友達の姉、として紹介されたが、後々までどれだけ助けられたことか）に代表が漏らしていたらしい、あきれたと、後で話してくれた。コンシャスネス・レイジング（アメリカの第二波フェミニズム運動の中で考え出された、実践的なグループ学習の手法。女性が仲間との信頼を高めつつ自己主張をする仕方を身につけるためのトレーニングをしたり、話し合いの仕方を学ぶための技法。後述する河野貴代美さんが手ほどきをしていた）についても学び、理解を深めていたのではなかったのか。結局、それも中途半端だったということになるのかもしれない。既に開店のお披露目は済ませた後であり、体調が悪いという代表を支えようと、シフト以外の日にも私は仕入れた大荷物を背負い、毎日渋谷へ足を運んだ。代表はその後、一時仕事を休んで北九州の自家（夫と娘を残して家を出て来ていた）に帰っていたが、翌年戻ってきたところで、話し合いを持った。閉店か、私が代表を交代しての継続か、ほかに選択肢はなくなっていた。

　この代表交代は、私には想定外のことであり、以後何年も悶々と悩み続けることになったと言える。一五年余り勤めていた出版社を辞め、やっと自由な時間を手にしてものを書き始めたばかりの時機であったから。ちなみに、スタート時点の四人というのは、「あごら」という女性グループ（一応は全国組織で、雑誌『あごら』を発行していた）の中の東京・池袋を拠点にしていた小グループ（あごら・北東京）で出逢った仲間で、全員水商売には素人であった。ついでながら「あごら」はリブとは毛色の違う、主婦を中心とした人たちの集まりと外から見なされていたが、「主婦」を自認する人にも様々なあり方がある時代になりつつあったのだと思う。

　私が抱え込んだ鬱屈の話に、お付き合いいただくのはこのくらいにしておく。実はこの鬱屈が、様々なイベントを実現する上で、数年後それをプラスのエネルギーに変えていく方向にも働いたのだとわかる。限られた条件の中で選んだ「代償行為」であったと思うのである。

2　運動と女性学へのアンテナ

「じょあん」の代表となる前のことであるが、私は編集者として財団法人・東京大学出版会という専門書の出版社で働いていた。主に担当したのは、政治学を中心とした社会科学系分野であったが、地域研究などでは文学などにも分野が広がったし、時に単発で持ち込まれる文学研究書を担当する機会もあった。清水好子『源氏物語の文体と方法』（東京大学出版会、一九八〇）を担当する機会に恵まれたのは、そうした偶然のおかげだった。女性視点を生かした源氏研究のすばらしい成果であったが、むろん、後の「フェミニズム文学批評」の表だった主張など、どこにも直接法で書かれてはいない。

退職したのは一九七九年六月だが、数年前から幾人かの女性研究者を通して「女性学」については少しずつ耳にしていた。「女性学」という訳語はまだなかった。というより、新刊洋書のリストにはウイメンズ・スタディーズではなく、〝フェミニストの視点による女性研究〟という分類で掲載されていた時代だが、女性を視点とする研究動向と聞けば、それだけでピンとくるものがあった。国際女性学会東京会議（一九七八年）が、出来て間もないヌエック（国立女性教育会館）を会場に開かれることも偶然知った。私が担当していた本の著者のお宅にうかがっていたときの話題だった。著者のお連れ合いがロビン・レイコフに学んだ社会言語学者だったのだ。この時点では知らなかったが、レイコフは一九七三年に「英語とジェンダー」問題についての本を出版していた著名な学者である。国際女性学会東京会議には休暇を取って参加し、そこで水田宗子さんにお会いした。『ヒロインからヒーローへ――女性の自我と表現』（田畑書店、一九八二年）のかなめの部分がＰＲ誌『ＵＰ』に連載されたのは、それから間もなくであった。フェミニズム批評の嚆矢とされるこの本は、女らしさ神話とヒロイン像を論じ、その破壊へと向かわざるを得ない女性たちの自己表現の姿を、ジェンダー研究という概念もなかった時代の言葉で書いていて、用語も感慨深い。手書きの原稿を、本郷のお宅に足を運んで受け取った日々が懐かしい。

退職する前後の頃には、私も長短さまざまな文章を書き、頼まれれば編集の仕事などもしていたので、結構多忙で日々充実していたが、外から見たら私の書きものなどとても実績に数えられるようなものではなかった。むろんそれは自覚していた。が、そんな私を、退職後、大手出版社の女性史シリーズの書き手に加えてもらえるよう手配してくれた方があった。短い評伝のような文章を書くのがしごとで、四、五人のリストを挙げて何本か引き受けるよう促されたが、一つだけお受けし、後は辞退した。仲間内で店を開く相談も少しずつ始まっていたし、それによる負荷をどう予想したらよいか分からなかったからである。その一つというのが、女性博士第一号の安井コノで、文書資料はほとんどお茶の水女子大学女性文化資料センター（後に女性文化研究センターなどを経てジェンダー研究センターに発展する組織）が蒐集していた。母校でもあるし歓迎され、当時助手だった舘かおるさん（教育学）に会い、そこで開かれていた月一回くらいの研究会にも参加するようになった。平川和子さん（心理学）、田中和子さん（社会学）、棚沢直子さん（仏文学）、西山千恵子さん（アート）ほかの方々とはそこで知り合った。兼任教授で着任されていた原ひろ子さん（文化人類学）の方針で研究者、運動家他、誰でも参加できる交流の場が、日本女性学会とは無関係にすでにスタートしていたのだった。こうして編集者時代とは違う方面の若手女性研究者とのつながりを持てるようになったことは、物書きの実績づくりに役立ちはしなかったけれど、意味深いことだったと思う。

他にも、まだ勢いのあった『朝日ジャーナル』に、女性運動関連記事を取材して書けるよう紹介してくれた方もあった。編集者時代の著者筋からの厚意ある口添えのお陰とも言えた。その時は東京のリブ関係の人の紹介で、名古屋・京都、大阪で面白い活動をしている女性たちを紹介してもらい、取材して記事を書けたし、新しいつながりもできていった。このあと、せっついて次の仕事をもらうなど、物書きになるために必要なねばりが、私には不足していたのかもしれない。次に手がけたのが、雑文エッセイであり、これはうちわの同人誌に掲載したのでお金になるような仕事ではなかった。後に他の本に転載されたので思わぬところに引用されたりした。「婦人」「女」「女性」という女性の一般的な呼称をあらわす言葉がいろいろあり、その使い分け感覚が気になっていたので、幾つもの辞書の記述をつきあわせ、結果を整理して示し、辞書からもうかがえる女性の地位・立場を指摘したものであった。

さて一九八〇年六月に設立総会を迎えた日本女性学会には、設立準備段階から関わっていた縁があり、ニュースレターの二号から編集を担当することになった。当初会員は数十人規模でしかなかったが、入会受付や名簿管理など少ない人手で対応しなくてはならなかったため、幅広く雑事を引き受けた。この初期からの会員の方がたには当時オーストラリアにいた千種キムラ・スティーブンさん、ハワイ在住の、れいのるず・秋葉かつえさんがいて、個人的なお付き合いにも発展し、後年一緒に本を出したり、トークイベントに出てもらい、今に至る関係が続く。

「じょあん」を始める前からの関係としては、他にフェミニスト・セラピーを日本に伝えた河野貴代美さんに触れておきたい。河野さんは、国際女性年メキシコ会議で、あごらの代表斎藤千代さんと出逢い滞米生活を打ち切って帰国し、西新宿にあったあごら本部（斎藤さんはＢＯＣ出版部という会社の代表でもあった）を足場に日本での活動を始めていた。そこの小さな会議室を使って、「自己主張のトレーニング」というのを始めたので、私もそれに参加した。参加者たちはお互い親しい友人となり、何年か後の「じょあん」開店時に身内をバイトさんとして紹介してくれたりもしたのである。河野さんを中心としたカウンセリングルーム（フェミニストセラピー〝なかま〟）を立ち上げたのは一九七八年だったと思うが、そのトレーニング参加者たち数人が運営スタッフとして関わり、私もその一人だった。さらに、平川和子さんともう一人、信頼できる友人をカウンセラーとして紹介もした。二人は当初フェミニスト・カウンセリングに特別の関心があっての参加ではなかったかもしれないが、ずっと後年、シェルターの運営などの要となって行った人たちである。

3　「じょあん」トークショウのこと

長くなったが、以上のように、店を始める前もその後も、私は意識して人と人をつなぐこと、またつながれあうことが結構好きだったのだ。中でも広義の女性運動や女性学に関心のアンテナを張ってそれを続けていたのだと思う。間もなく始めるトークイベントのテーマと人選にも、それが良く表れることになる。

「じょあん」は全部あわせても二〇数席。そこに補助いすを入れて三〇数席にすることまでして対応することもあった。そんな小さなスペースで重ねたトークイベントは、優に一〇〇回を越えることになった。

第一回は八七年一一月で、テーマは「シングルライフとパートナー」。ゲストは棚沢直子さんと海老坂武さん。仏文つながりのお二人だが、夏の間フランスの家族と過ごす棚沢さんは渋谷住まいで、留守中の植木の水やりを頼まれて、親しくなった。お相手をお願いした海老坂さんは『シングル・ライフ——女と男の解放学』（中央公論社、一九八六）という本がその頃大評判だった。中年シングルという、ステレオタイプを外れたライフスタイルの肯定的な評価モデルとなった人でもある。

第二回も同じ一一月で、旧知の間柄の坂野潤治さん（近代日本政治史。日本史畑では珍しく、在外研究者との共同研究にも早くから意欲的だった）を千種キムラ・スティーブンさん（ニュージーランドに移り、当時日本に長期滞在中だった）にお引き合わせし、実現した。「大国日本の謙虚と傲慢」という題も相談して決めた。日本人の国際的な地位がどんなものか、自身の体験も交えたお話になった。旧南ア連邦出身のスティーブン氏も同席し、有色人種と結婚したということでオックスフォード大学にいた彼は南アに戻れなくなった話も出た。その後、南アで「名誉白人」扱いされるようになった日本人であるが、喜べない事情を知らされた。

江種満子さんと共編で『女が読む日本近代文学——フェミニズム批評の試み』（新曜社、一九九二）を企画し、執筆者が「じょあん」で初顔合わせをしたのは出版の二年ほど前であったか。休日の集まりだったが、全くの初対面同士が多かった。初期のころ、日本女性学会には日本文学系の会員がとても少なかった（独自スタイルを貫いていた初代代表幹事の一人・駒尺喜美さんを除けば）事情もある。大学時代からお付き合いのあった江種さんや、出版社の知人が引き合わせてくれた関礼子さん、女性学会の会員で英米文学や比較文学系の人（田嶋陽子さん、小林富久子さん、坂田千鶴子さん、千種さん）に声をかけてやっと実現したものだった。江種さんと親しい沼沢和子さんには、この日初めてお会いした。この本は、当時はまず考えにくい執筆者が一緒に出した本だったことと、上野千鶴子さん・小倉千加子さん・富岡多恵子さんによる鼎談本『男流文学論』（筑摩書房、一九九二）が、ほぼ同時に発売されたこと（お互い出版されるまで知らなかった）ともあって、日本文学を対象としたフェミニズム文学批評というものを、印象付けたと思っている。

この本の出版後、もう一冊、共著本として『男性作家を読む――フェミニズム批評の成熟へ』（新曜社、一九九四）を出版することが出来たが、多少顔ぶれに変化があった。これらの本に直接関係したイベントは関礼子さんの一葉についてのトーク位だったかもしれないが、以後、折々に執筆者の方がたと相談しながらトークイベントに登場していただいた。金井景子さんをお相手に小林富久子さんからトリン・T・ミンハについてのお話を聞く（「越境への誘惑」一九九七年）というような形をとることもあった。

ジェンダーやセクシュアリティに関するテーマも、先駆けて意識的にとりあげた。女装を自然に着こなす蔦森樹さんの登場が九二年、『「レズビアン」である、ということ』（河出書房新社、一九九二）の著者・掛札悠子さんは九三年、大阪の平野広朗さんに『アンチ・ヘテロセクシズム』（パンドラ、一九九四）でお願いしたのは九五年。性同一性障害については松尾寿子さんに紹介した出版社から『トランスジェンダリズム――性別の彼岸』（世織書房、一九九七）がでた翌九八年に、また世田谷区議上川あやさんのトークも二〇〇七年（これは次に述べる「女政のえん」トークの一環でもあった）に企画している。

4　女性と政治——「女政のえん」へ

女性と政治についてのトークは、第四回の三井マリ子さん（東京都議会議員）と大森弥さん（政治学・行政学）の「女と男の政治トーク」と題してのもの（一九八八年）が最初である。その後日本新党ができて間もない頃の、細川護煕さん（代表・参議院議員）と円より子さん（ニコニコ離婚講座主宰。参議院議員になる直前の頃か）に出ていただいて「日本新党に政治の未来と男女平等政策をきく」というのをしたことがある。司会・コーディネーターは中嶋里美さん（全国フェミニスト議員連盟代表・所沢市議）であった。細川さんはその数か月後には首相となったので、こんなトークが可能だったのは奇跡みたいな隙間の時間だったと思う。これは持込み企画であった。

その後機会があって、お名前だけは知っていた黒岩秩子さんに出逢うことが出来て、新しく「女政のえん」の企画が動き出すことになった。黒岩さんは、堂本暁子さんが千葉県知事選に出馬することになり、新党さきがけの繰り上げ当選で短期間参議院議員を経験した人。「女政のえんトーク」は、もっと女性の政治家を増やしたい、ということで、二〇〇六年から新たにスタート。この年だけで、土井たか子さん、赤松良子さん、三木睦子さんといったそうそうたる方々においでいただいて始めた。二〇〇八年八月に閉店したので、同年八月二日の上野千鶴子さんをもって一区切りとした。原則現職の方は外し、女性政治家として経験したことを率直にお話しいただいた。課題実現は未だし、閉店後もエクステンションとして外部に会場を借りて続けることになって行く。たとえば東大駒場のファカルティハウスなどで。

企画者六人（世話人と称する。女性四人、男性二人）体制でまわすことにしていた。だから、場所さえあれば身軽に対応できたのである。終わった後はお互いに自己紹介から始まるうちとけた交流会となるのが常だったが、会場が「じょあん」でなくなっただけ、という見方ができるかもしれない。議員や立候補を考えている人も混じっていたが、大半はそうではなかった。最近はコロナのこともあってずっとブランクだが。

さて、その外でのトークのうち二〇一二年暮れの潮谷義子元熊本県知事を始め首長経験者の方々の分だけをまとめて一冊の本にしたのが『首長たちの挑戦』（世織書房、二〇一六）である。潮谷さんの話を聞きながら、多くの参加者が涙を流した（水俣病や赤ちゃんポストの話）し、またそれを吹き飛ばすくらい大いに笑った。真っ当な政治とはこういうことなんだ、と深くうなずきあった。政治について空疎で矮小なイメージしか持ちにくくなっていた私たちにも、実に心地よいショックだった。他に堂本暁子元千葉県知事、上原公子元国立市長のものを収めている。

5　つなぎつながれて

話がかなり前後してしまうが、二〇二一年一二月に亡くなられた高良留美子さんには、何度も様々な形でお世話になっていたのに、どこにどう書いたらよいか、最後までうまくまとまらなかった。「高良留美子の世界」というトークに出ていただいたのが、一九九三年であり第一八回のこと、けれどその前に「詩を読む会」にも出ていただいていた。その第一回は、一九八九年二月二四日、大喪の礼の日であった。歌舞音曲自粛のムードがあり、街は静かで、記憶では雪が降っていたか、雪道を苦労して坂をあがってたどり着くような日で、ビル内の他店はどこも休業し、うす暗かった。大騒ぎこそしなかったが、申し合わせて集まった人たちだけで、粛々と、あるいは朗々と、自作詩を読み上げた。在日韓国・朝鮮籍の人、沖縄出身者など様々な背景を持つ人たち、巧拙は問わず自作詩を用意して聞いてもらう会であった。高良さんが最も著名な参加者であったのは言うまでもない。同席できたことを喜ぶ詩歴の長い参加者もいた。高良さんが、ご自身のルーツにも触れた小説『百年の跫音』（御茶の水書房、二〇〇四）を出版されたあと、その合評会をする際の会場を「じょあん」にしていただけたのはとても有難いこと。「新・フェミニズム批評の会」の皆様の貸切り席にしてお迎えしたのではなかったかと思う。その一年ほど前に「じょあん」はリニューアルして改名していたが、リニューアルしての存続に力をお貸してくださったお一人が高良さんであったから、忘れることが出来ない。継続するなら女性文化賞基金から特別支援金を、とまでのお申し出をいただいたのがきっかけとなったのである。さらに言うなら、二〇〇二年六月の坂田千鶴子さんの素晴らしいトーク「『乙姫』の文学史――浦島伝説から『舞姫』まで」が終わった後で、充実した会の余韻（一同、放心状態に近かった）に浸る中、私が近く閉店を予定しているという残念なご挨拶をしたことが直接関係していたと思う。その後の再建計画展開の一部始終は省かせていただくが、高良さんは坂田さんと個人的にも親しくて、お二人はその頃から見失われた「月の文化」の痕跡を求めることに意欲的になっておられた記憶がある。その後も坂田さんからお聞きしていたのは、朝鮮半島とつながる神話や伝説の系譜に目を向けることとの意味深さであった。高良さんの遺著『見出された縄文の母系制と月の文化』（言叢社、二〇二一）には坂田さんのお名前も記されていて、それが偲ばれる。この場を借りて、そんなことも付け加えさせていただききたい。

沖縄三線の会という人気イベントも十数回していた。私が以前沖縄・小笠原返還運動に関わっていたことがきっかけで、昔の知り合いから話を持ち掛けられてはじめた。その団体ではデモをする際に、三線を弾きカチャーシーやエイサーを踊りながら行進するのが習いだったが、団体は既に解散していた。指笛、三板（さんば。沖縄風カスタネット）、踊りと、毎回賑やかな会となり盛り上がった。「じょあん」で腕を奮ってくれた人はもともとかなりの達人として知られていたが、うち二人はその後あちこちに大きな三線教室を開いたり、大学の研究室で奏法を指導したりという立場になった。津軽三味線の会も十数回開いた。

アーユス仏教国際ボランティアの企画で、さまざまな宗派のお坊さんとNGOの一線活動家を組合せたトークや現代仏教に関わる問題を語り合う機会にしたいということで、場所を提供したこともある（一五回程。BBT＝ブラウン・ボトル・トークと称していたが、痛くてセンスの良い企画だと感心した）。葬儀業者さんも参加したりしていた。一般客は入れないというような厳しいやり方ではないので、承知で入って耳を傾けてもらえるならそれでよい、という姿勢が好もしかった。

振り返れば、人と人をつなぎ、またつながれることを結構楽しんできた日々であったように思われる。根っからの外向的・社向的人間とはいえない私には、店の仕事は分を超えて背負った過重なものであったが、結局、私流のつなぎつながれ状態でしのいできたのかもしれない。それで、渋谷のほんの小さなアジールを一時期つくりだせていたのだとしたら、よしとしなくてはなるまい。

　書くべきこと、書きたいことはまだまだあるのだが、やむを得ずこの辺りで終らせていただく。お名前を挙げて謝すべき方とか、遺漏・不調法があることなど、どうかお許し願いたい。

Ⅶ

高良留美子氏　追悼

辞世の句　　　2021. 11. 7（日）

行き病めど

生き充ちていま

ここに立つ

留美子

（ベッドサイドに残されていた大学ノートに鉛筆で記されていた）

高良留美子氏略歴

高良留美子（こうら・るみこ　一九三二年一二月一六日〜二〇二一年一二月一二日）

詩人・評論家・作家・女性史研究者。東京生まれ。東京藝術大学美術学部、慶應義塾大学法学部に学ぶ。『場所』（一九六二、第一三回Ｈ氏賞）、『仮面の声』（一九八八、第六回現代詩人賞）、『風の夜』（二〇〇〇、第九回丸山豊記念現代詩賞）など多くの詩集がある。小説に『百年の跫音　上・下』など。自選評論集『高良留美子の思想世界』（全六巻）、『岡本かの子　いのちの回帰』、『恋する女　一葉・晶子・らいてうの時代と文学』、遺著となった『見出された縄文の母系制と月の文化』などの評論、『高良とみの生と著作』（全八巻）、『誕生を待つ生命　母と娘の愛と相克』、『浜田糸衛　生と著作〈上・下〉』など編著書多数。『アジア・アフリカ詩集』などの翻訳もある。一九九七年、私財を投じて「女性文化賞」創設（二〇回まで担当）。元城西大学女子短期大学文学部客員教授。

高良留美子　詩選

〔選・解題〕渡辺みえこ

われわれの国で

われわれの国で　かれらは手を振って最後の飛行兵を送りだし
それから　帰るべきその母艦を沈めてしまう。
われわれの国で　かれらは旗を振って子供たちを田舎へ送りだし
それから　都市をその父や母と一緒に焼きはらう。
われわれの国で　かれらは少年たちと固い握手を交し
それから　かれらを死の特攻機に乗り組ませる。
われわれの国で　かれらは暖かい微笑で少年少女を工場に迎え
それから　ゆっくりとかれらを機械につくり直す。
われわれの国で　かれらは闘う者に武器を捨てさせ
それから　かれらの背中にそれを向ける。

詩集『生徒と鳥』（書肆ユリイカ、一九五八年）以後の未刊詩編。『高良留美子詩集　日本現代詩文庫43』（思潮社、一九七一年）。第二次世界大戦中に少女時代を過ごした高良氏の反戦詩の一つである。

われわれの国で　かれらは微笑しながらわれわれに握手をもとめ
それから　その手にもうひとつの武器を握らせる。

木

一本の木のなかに
まだない一本の木があって
その梢がいま
風にふるえている。

一枚の青空のなかに
まだない一枚の青空があって
その地平をいま
一羽の鳥が突っ切っていく。

一つの肉体のなかに
まだない一つの肉体があって
その宮がいま

詩集『見えない地面の上で』（思潮社、一九七〇年）。【初出】『現代詩手帖』一九六七年九月号。
大地とそこで育まれる草木と生き物が、循環し、未来へと継承されていくアニミズム思想として、木に寄せた希望が表現されている。

新しい血を溜めている。

一つの街のなかに
まだない一つの街があって
その広場がいま
かれらの行く手で揺れている。

海のなかにいる母のように

わたしの心が
もっと広くて　深いといい
海のように　海のなかにいる母のように
そうすれば　苦しんでいる子どもの
苦しみの　ひとかけらが
容れられるかもしれない
　苦しんでいる子どもの　苦しみは
この世にあってはいけないもの
そっと抱きとって　抱きしめてやりたい

詩集『仮面の声』（土曜美術社、一九八七年）。【初出】吉岡しげ美「いとしいものたちよ」（キングレコード K28A-433、一九八三年九月）。

「海」という漢字の中に「母」があり、「母：mère」というフランス語の中に「海：mer」があることは、これまでも詩に詠まれてきた。育み抱擁する大きく広い母性を持ちたいと願う詩だ。高良氏が、女性表現者たちに一九九七年から二〇年間贈り続けた「女性文化賞」も、その一つだろう。

わたしの心が
もっとゆたかで　柔らかだといい
海のように　海のなかにいる母のように
そうすれば　傷ついている子どもの
凍りついた涙の　ひとしずくが
溶かせるかもしれない
　傷ついている子どもの　凍りついたなみだは
　この世にあってはいけないもの
　そっとすくいとって　溶かしてやりたい

わたしの心が
もつとはげしく　荒れくるえるといい
海のように　海のなかにいる母のように
そうすれば　苦しんでいる子どもの
怒りといっしょに
荒れくるえるかもしれない
　苦しんでいる子どもの　つめたい怒りは
　この世にあってはいけないもの
　どこまでも　荒れくるわせてやりたい

海のなかに　母はいるのか
母のなかに　海はあるのか
わたしの心が
もっと広くて　深いといい……

産む

産むという漢字は
女が坐産をしているところを表したものだ　と
聞いたことがあったかなかったか
原子力発電所の建った村に
わずかにのこされた産小屋で
年老いた女が
繰り返してきたお産を語る
天井からたれ下がった一本の力綱
砂の上に向きあうように積み上げられた
二十四個のわらの小束
女はそのわら束にもたれかかり

詩集『仮面の声』（土曜美術社、一九八七年）。【初出】『新日本文学』一九八三年一一・一二月合併号。

『母性の解放』（亜紀書房、一九八五年）を出版し、産む、子育ての社会化を提唱している高良氏が、「その産道は／ついに原子力発電所までつづいていたのか」と、いのちを継承してきた女の歴史と、科学技術文明の現在を問うている。

綱をつかんで　からだを浮かした
日本海の鈍色《にびいろ》の波が岸辺を打ち
降りかかる雪が海に消える
産道に似た道が　村を横切る
女たちはそうやって産み
産みつづけてきたのに
道はいつもあらぬ方角につづいていた
人は道に行き暮れ
分かれ分かれにされ　迷い
暗い渦に巻きこまれる
人は帰るところを失い
立ちつくす

産むという漢字のなかにある生という字は
生まれてきた赤んぼうを表したものだ　と
聞いたことがあったかなかったか
肛門のところをかかとで押すと
赤んぼうがそっちの方へいきたがるのが
ふせげるんだよ　と
海からだけ光のはいる産小屋で

四人の子を産んできた女は語る
小屋の前には細い川が流れていて
女はそこで米をとぎ　御飯を炊く
　かっては産小屋を出る日
日本海の夜明けのなぎさで
波をかぶり　波をくぐった
　死の世界から　甦るために
女はそうやって産み
産みつづけてきたのに　その産道は
ついに原子力発電所までつづいていたのか
道の行方を見きわめてこなかったために
道は産む者と産まれる者を分かち
人は日暮れた道を一人たどらねばならない
女の産む姿を　一個の漢字のなかに
凝固したまま

＊坐った姿勢での伝統的なお産

高群逸枝『母系制の研究』との出会いから縄文の母系制の本を書くまで

高良留美子

一　高群逸枝『母系制の研究』と出会う――焼け跡に囲まれた家で

私が高群逸枝の著書と出会ったのは、ようやく切符が買えて縁故疎開先の新潟県塩沢から超満員列車に詰めこまれて帰ってきた、敗戦の年の一九四五年秋のことだった。私は今でいう中学一年生で、一三歳弱の年齢だった。それから四年半余り、私たち一家は父が神経症の医院を開業していた妙正寺川沿いの武家屋敷風の母屋と、病室用の小家屋の一つに住んだのだが、母屋の欅《けやき》張りの幅広い縁側のつきあたりの本棚に『大日本女性史母系制の研究』が入っていたのだ。下から二番目の棚だった。これも疎開先から戻ってきたものだ。川向こうにも家の左右にも焼け跡が広がり、五〇年六月に朝鮮戦争が始まる前の、日本が最も貧しい時代だった。

この本は今も私の本棚に入っているが、背表紙の厚みが四センチ半もあり、字が大きいのでとても目立った。しばらくこの縁側に食卓を置いていたため、父がつくり私たちが石臼で挽いた小麦粉や、進駐軍放出のメリケン粉のパンなどを食べながら、私は毎日この本を眺めていたことになる。

序文の徳富蘇峰は国家主義者として知られていた。しかし国家主義と母系制とは結びつかないので、あるとき本を開いてみた。すると日本に存在した母系制を研究した本だということが大体わかった。そのころ母の高良とみから、高群逸枝という人の猛烈な勉強ぶりの話を聞いた。母が「高群逸枝著書後援会」の会員であることを、のちに知った。

二　戦争にコミットした〝母〟への拒絶反応――〝逆コース〟の中で彷徨する

〈女であること〉の生理的・社会的事実に直面したのもこの時代だったが、私はその悩みを母系制と結びつけて考えることはしなかった。戦争中、母たちは〝靖国の母〟の美名のもとに利用され、動員されたのであり、日本の〝母性〟は戦争にコミットしたのだ。私は〝母〟と名のつくものに拒絶反応を起こしていた。実際の母との関係もよくなかった。

その後、朝鮮戦争がもたらした〝逆コース〟の中で、私は彷徨した。女には一人前になる道が基本的に閉ざされていることを感じながら、民主主義を実現したギリシアの女性や、ルネッサンスやフランス革命を経た西欧の女性の地位の低さを知って失望し、ギリシア喜劇『女の平和』を読み、大学では学生の雑誌『希望《エスポワール》』に参加して女性の問題などを討論した。

また女性論や女性史を一生の仕事にすることを密かに考えて、高群の本も含めて古今東西の女性論を読んだ。翻訳され始めていたボーヴォワール『第二の性』は、男の支配権の原因を体力的優位に求めているため、解放への目途がはっきりしないのが不満だった。強い体力を必要としない生産技術の発達と、せめて男と同じようになることによってしか女は〝解放〟されないことになりかねない。

しかし当時の私はまだ自分の立場をつくることができなかった。マルクス／エンゲルス『ドイツ・イデオロギー』とエンゲルスの『家族・国家・私有財産の起源』、ミシュレの『魔女』とグレーヴスの『ギリシア神話』、そして『ギリシア悲劇全集』が心と本棚に残った。

三　ウーマン・リブ運動が始まる――『高群逸枝とボーヴォワール』を書く

結婚、出産、子育て経験を経た一九七〇年ごろから、日本でもウーマン・リブ運動が始まり、高群逸枝やボーヴォワールが〝理想的な〟カップルを生きた女性として注目された。若い女性たちの集まる講座で、生き方も結構だが仕事の内容を研究するべきだと主張していた私は、亜紀書房の依頼を受けて『高群逸枝とボーヴォワール』（一九七六年）を書くことになった。

目の前の庭を眺めながら、私は百合丘の家にこもって原稿を書いた。買い物と夕食の下ごしらえはパートの方に頼み、ひと月余りのあいだ家から一歩も出なかった。そしてそれまでに感じ、考え、勉強したことのほとんどすべてをこの本に書きこんだ。編集の野中文江さんに渡すと、予想に反して原稿は印刷所へ直行した。

リブからフェミニズムへ、家族史・婚姻史の隆盛時代への過渡期に出たこの本は、女性たちにかなり読まれたと思う。

四　浜田糸衛と高良真木の「森の家」訪問――高群の長者制研究の意義を推測

高群逸枝はすでに一九六四年に世を去っていた。のちに知ったのだが、高群に師事していた女性運動家の浜田糸《いと》衛《え》は、私の姉の画家・高良真《ま》木《き》と共に、夕食持参でしばしば高群の「森の家」を訪れていた。二人は高群のお通夜にも参列している。

浜田に続いて高良真木が二〇一一年二月に死去すると、浜田と高良宛の手紙や、平塚・高群・浜田についての高良の記録を私が引きつぐことになった。二〇一九年刊の『浜田糸衛　生と著作』下巻（ドメス出版）に、私はらいてうの手紙四四通と高群の手紙一六通を収録した。そして解説の後半で、高群が最後の仕事『続招婿婚の研究』のために行なっていた長者制の研究の意義を、『火の国の女の日記』の記述などから推測した。

五　高群の母系制論は逆風の中に――日本には母系制社会があったに違いないと考えていた

一九七六年ごろから家族史や婚姻史の研究が盛んになり、高群の仕事も研究されていたが、まもなく加納実紀代や西川祐子による高群の戦争協力への批判が始まった。それは必要な批判だったが、やや行き過ぎた面もあったと思う。

高群の母系制論は、依然として逆風の中にあった。詳細は別稿にゆずるが、国際的にも国内的にも原始母系制論は否定されていたのだ。高群に最も近い立場にいた関口裕子も、日本における母系制社会の存在は認めていない。歴史学では双系制論が盛んになっていた。

しかし私は次にのべる理由と、自分なりに日本の基層文化を研究した結果、日本に母系制社会が存在したに違いないと考えていた。

アイスキュロスのギリシア悲劇『慈《めぐ》みの女神たち』では、母を殺して父の仇《かたき》を討った青年オレステスの裁判がアテナイのアテナ女神の社《やしろ》で行なわれる。母殺しを最大の罪とする古い母系の伝統と、父の仇を討つことを称揚する新しい父系制の立場との対決である。市民たちの審判は同数だったが、最後に父系制の立場に立つアポロン神が、〝腹は借り物〟的論理を展開してオレステスを弁護し、アテナ女神がそれを採用するのである。ギリシアに母系制が存在したことは明らかだと思われた。

いっぽう吉田敦彦は『ギリシア神話と日本神話』（みすず書房、一九七四）で、日本神話にギリシア神話の影響がみられるとのべている。これらのことは、母系制が何処からか、何らかの経路で日本に伝わっていたことを示しているのではないだろうか。

一九九四年、栗原弘の『高群逸枝の婚姻女性史像の研究』（高科書店）が出版され、高群への批判はその『招婿婚の研究』にまで及んだ。それは高群の研究への決定打となったようにさえ思われた。

六　ＤＮＡから母系集団が発見される――高群の直感が考古学的に根拠づけられた

その間、私は坂田千鶴子が始めた月の信仰文化の探求をしながら、日本人はどこからきたかという問題を考えていたが、あるとき篠田謙一『日本人になった祖先たち――ＤＮＡから解明するその多元的構造』（ＮＨＫ出版、二〇〇七）を読み、茨城県・中妻遺跡の人骨のＤＮＡから母系の集団が見出されたという事実を知った（北九州の弥生遺跡の人骨からも母系の集団が発見された）。本はすでに二〇一六年発行の第一七刷だった。

いっぽう春成秀爾は従来の方法で、縄文時代に妻方居住の可能性が高い時代が長かったことを明らかにしていた。現代の考古学によって、高群の直感が根拠づけられたといえるだろう。重要なのは、妻問婚などの諸現象を母系制の遺制と考えた高群の認識の正しさが明らかになったことである。

私は山田康弘『縄文時代の歴史』（講談社）も読み、思考と勉強を重ねて『見出された縄文の母系制と月の文化』を書いた。言叢社から二〇二一年六月に出版している。

七　縄文の母系制社会に個人の自由はなかった――高群における〈母性〉の理想化と〈他者〉の欠如

縄文土器には一つとして同じものがない。その点で制作者個々人の個性は自由に発揮されていたと考えられる。しかし土器の形式には時代や地域によって一定の決まりがあった。土器は女性が、石器は男性が作るといった男女の性別分業も厳密に定められていたようだ。

縄文の母系制社会には限界があり、個々人が自由意志で職業を選び、自分の可能性を追求する自由はなかったのである。現代社会が越えようとしているこの限界を、未来社会に持ちこすことはできない。

高群が共同体における個人の自由や自立の問題を考えていたことは疑いないが、その考察は充分だったろうか。『高群逸枝とボーヴォワール』での私の批判から、やや厳しすぎる指摘を除いて、いくつかの論点をあげたい。

「個々人の自由が保障されなければ、つまり職業を自由に選ぶことができなければ、真の女性解放はありえない。」

「共同体にたいする個人の自由は、歴史的一現象としての西欧個人主義と同一視してだけ考えられてはならない。」

「彼女のいう『自主性』（略）には、共同体にたいする個の自立の思想が、ふくまれていなかったとは思わない。しかし高群はこの問題をつきつめてはいない。」

「高群の女性のイメージも、つねに共同の母であることを中心として描き出されている傾向がある。」

「高群の思想は、たたかいのなかから生まれる個の自覚の論理や民主的な集団の論理を欠いているように思われる。」

これらのことは、高群における〈母性〉の理想化と〈他者〉の欠如と関連があると思う。

八　縄文の女性たちは土地を私有しなかった——生産手段の共有は未来社会の基礎

『ドイツ・イデオロギー』は、「要するに分業と私有財産とは同一のことを表現する言葉である」とのべている。たしかにギリシアでは、女性に代わって農業に従事した男性が農地を私有し、私有財産制度に基づく家父長制（父権制）社会を形成した。西欧社会はそれを受けついだ。

いっぽう縄文の母系制社会では、男性は農業に参加せず、もっぱら農業に携わった女性たちは農地を私有しなかった。その所有は共同体所有の枠内での占有にとどまったのである。だがこのことは、その後日本列島に渡来した天皇の種族が、共同体所有をまるごと国家所有に替えて、アジア的な専制国家による支配を実現することを可能にした。

現代の課題は、資本主義を成り立たせている生産手段や主要産業の私有制を、社会主義国が行なって失敗した国家所有ではなく、「民主的に共有されて管理される社会的な富」としての〈コモン〉[1]に替えることだと思う。それが自由意志による分業に基づく、高群の願った差別のない未来社会の基礎となるに違いない。

注

（1）マルクス・ガブリエル、マイケル・ハート他著『未来への大分岐——資本主義の終わりか、人間の終焉か？』集英社新書、二〇一九年。

【解題】

この論考は、高良留美子氏の歿後、およそ三ヶ月後に刊行された別冊『環』特集『高群逸枝 1894-1964　女性史の開拓者のコスモロジー』（藤原書店、二〇二二年二月二八日）に掲載されたものである。

日本の〝母性〟は、戦時中、〝靖国の母〟の美名のもとに利用されていたため、高良氏は、〝母性〟問題に踏み込むことに拒絶反応をおこしていたというが、戦後、〈高群逸枝〉との出会いから、母系制の研究に踏み込むことができたという。月の文化や生産手段の共有といった問題意識が、遺著『見出された縄文の母系制と月の文化』（言叢社、二〇二一年六月）に結晶化していくまでの、研究の志と道程が力強く語られている。

現時点において、刊行された最後のエッセイであり、「自然との共生・持続可能な社会・戦争のない平和・階級なき平等社会（部落差別のない社会）・そして地域の自治社会について、また未来社会にとって必要な性別分業の克服」を願って書かれた『見出された縄文の母系制と月の文化』の、良き〈ガイダンス〉ともなっている。

（岩見照代）

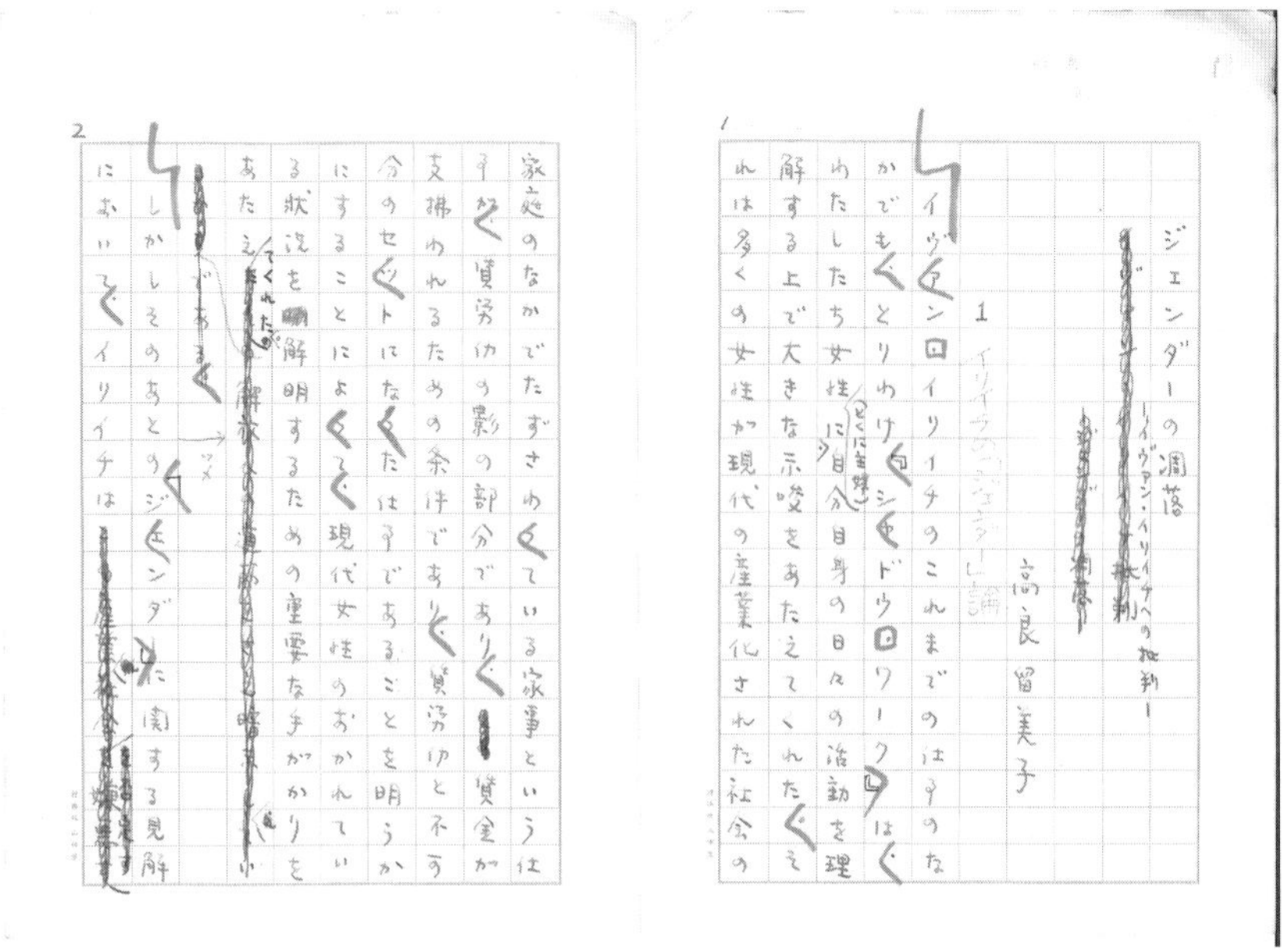
ジェンダーの凋落
—イヴァン・イリイチへの批判—
高良留美子
1　イリイチの「ジェンダー」論
イヴァン・イリイチのこれまでの仕事のなかでも、とりわけ『シャドウ・ワーク』は、わたしたち女性（とくに主婦）に、自分自身の日々の活動を理解する上で大きな示唆をあたえてくれた。それは多くの女性が現代の産業化された社会の
家庭のなかでたずさわっている家事という仕事が、賃労働の影の部分であり、賃金が支払われるための条件であり、賃労働と不可分のセットになった仕事であることを明らかにすることによって、現代女性のおかれている状況を解明するための重要な手がかりをあたえてくれた。
しかしそのあとの「ジェンダー」に関する見解においてイリイチは

高良留美子未発表論文

写真は、高良留美子氏の書斎に遺された未発表原稿の冒頭二頁分で、記載内容は左の通りである。

ジェンダーの凋落
——イヴァン・イリイチへの批判——

1　イリイチの「ジェンダー論」

イヴァン・イリイチのこれまでの仕事のなかでも、とりわけ『シャドウ・ワーク』は、わたしたち女性（とくに主婦）に、自分自身の日々の活動を理解する上で大きな示唆をあたえてくれた。それは多くの女性が現代の産業化された社会の家庭のなかでたずさわっている家事という仕事が、賃労働の影の部分であり、賃金が支払われるための条件であり、賃労働と不可分のセットになった仕事であることを明らかにすることによって、現代女性のおかれている状況を解明するための重要な手がかりをあたえてくれた。

しかしそのあとの「ジェンダー」に関する見解において、イリイチは（以下次頁に続く）

【解題】

全体では二〇〇字原稿用紙二九六枚、注三枚、うち二二三〜二二八頁が削除されているが、論文構成に変更はない。

本論考について、高良氏はＡ４版一枚に黒のペン字で記された次のようなメモを残している。

「フェミニズム運動の初期、１９７０年代はじめ、水田宗子編集で水田、上野千鶴子、高良が書き、田端書店から本を出すことを計画した」が、意見の相違があって刊行にいたらなかったことが記され、末尾に「２０２１・４・６（火）」と、日付が記載されている。執筆時期は、著者が七〇年代はじめと記しているが、上野氏は当時大学院生だったので、八〇年代だと思われる。注の新聞記事や、参考文献の出版時期は、八〇年代以降の本も多く、インクの色の違いや、訂正の仕方などからみても、幾度も読み返し晩年まで手を入れ続けていた論考であることがわかる。

高良氏は本論の冒頭部で、「これからは第三世界の人々や女性、被差別者の現実とつきあわせる中で、近代の諸価値をもう一度見直し、真に人間的な価値としてつくり直すことが必要ではないだろうか。そうした作業のなかから、女性の求めている自由とは何か、平等とは何かということがより歴史的な姿で次第に明らかになってくると思う」と書いている。このように、真に人間的な価値の問い直し作業は、遺著となった『見出された縄文の母系制と月の文化』（言叢社、二〇二一・六）の「あとがき」にまで、まっすぐにつながっている。同著「あとがき」を引用しておきたい。

アイヌ民族を含む日本人の、母系・母権社会の存在を軽視あるいは無視してきた自己認識の偏りをただし、個人の自由と〈多様な性〉の対《カップル》形成を尊重する、未来の〈共《コモン》〉社会への導きとなることを願っている。わたしは本書をもって女性の自由、平等、正義を求めるフェミニズム＝女性解放のたたかいに参加する。

（岩見照代）

資料

新・フェミニズム批評の会 三〇年のあゆみ

新・フェミニズム批評の会　刊行書籍総目次

『樋口一葉を読みなおす』（學藝書林　一九九四年六月）

〈作家〉一葉誕生のとき――初期作品をめぐって　菅　聡子
自死の自己表現――『別れ霜』論　藤田和美
封じられた言葉の行方――『うもれ木』の深層　岡野幸江
抵抗としての〈空白〉――『花こもり』試論　大河晴美
越境する女・お蘭――『やみ夜』論　北田幸恵
反転するモラル――『大つごもり』論　小林裕子
お力伝説――『にごりえ』論　岩見照代
無限の闇――『十三夜』　井上理恵
すれ違う物語――『わかれ道』論　山﨑眞紀子
無意識の加害者たち――『たけくらべ』論　高良留美子
恋の狂気が意味するもの――『裏紫』を読む　長谷川啓
一葉文学における新たな飛躍――『われから』論　渡辺澄子
文机の空間――メディアとしての一葉日記　関　礼子
樋口一葉略年譜・監修　井上理恵・北田幸恵・小林裕子・渡辺澄子／作製　岩田なつ・松田秀子
◉**編集委員**　井上理恵　北田幸恵　小林裕子　渡辺澄子

『『青鞜』を読む』（學藝書林　一九九八年一一月）

Ⅰ　『青鞜』の文学
知としての〈女〉の発見――小説　江種満子
告白体というスタイル――小説　小林裕子
女性の「精神的危機」が語るもの――小説　岩田なつ
革命的自己の表出――詩　中島美幸
「個人」への覚醒と「女」とのはざまで――短歌　阿木津英
〈華々しき〉女たち――戯曲　井上理恵
外国文学の受容と評価――翻訳　水﨑野里子
街頭に出た女たちの声――評論　北田幸恵

Ⅱ　『青鞜』のセクシュアリティ言説
揺らぐ家族神話　岡野幸江
「母性」をめぐる言説　松田秀子
『恋愛と結婚』（エレン・ケイ）とセクソロジー　吉川豊子
『青鞜』におけるレズビアニズム　渡辺みえこ
〈新しい女〉の探求――附録「ノラ」「マグダ」「新らしい女・其他婦人問題に就て」　長谷川啓
セクシュアリティの政治学への挑戦――貞操・堕胎・廃娼論争　岩淵宏子
女の職業と仕事意識　沼沢和子
成瀬仁蔵の女子教育思想と平塚らいてう　高良留美子
平塚らいてうと神秘主義　岩見照代

Ⅲ　メディアとしての『青鞜』
『青鞜』の表紙絵――イメージとしての「新しい女」　山崎明子
『青鞜』の揺籃――一九〇〇～一九一〇年代の女性雑誌　金子幸代
『青鞜』のメディア戦略　藤木直実
『青鞜』読者の位相　藤田和美
生田長江と『青鞜』――幻の演説をめぐって　池川玲子
『青鞜』運動史　渡邊澄子

◉編集委員　井上理恵　岩田ななつ　江種満子　岡野幸江　吉川豊子　渡邊澄子

『明治女性文学論』（翰林書房　二〇〇七年一一月）

Ⅰ　近代女性文学の出発　明治一〇年代～明治二〇年代前期
男女同権論の嚆矢——岸田俊子（志ゆん女）「同朋姉妹に告ぐ」　渡邊澄子
ヒロインの作られ方——三宅花圃『藪の鶯』から『八重桜』への展開　北田幸恵
〈欲望〉のかたち——木村曙『婦女の鑑』論　岩見照代
女性翻訳家の挑戦——若松賤子『小公子』　小長井晃子
水泡《みなわ》のことばを紡ぎ行く——小金井喜美子の文学　金子幸代

Ⅱ　一葉とその時代　明治二〇年代後期
語る言葉を失くすとき——樋口一葉『雪の日』の別れ　橋本のぞみ
〈異類婚姻譚〉の復活——北田薄氷の〈室内〉　関谷由美子
樋口一葉『ゆく雲』と日記のなかの日清戦争　高良留美子
「変り物」の行方——田澤稲舟『しろばら』論　矢澤美佐紀
瀬沼夏葉論——郁子と恪三郎とロシア文学と　杉山秀子

Ⅲ　社会へのまなざし　明治三〇年代
差別に抗う言葉——紫琴「移民学園」論　鬼頭七美
「金色夜叉」上演と岡田八千代の劇評　井上理恵
「自伝」という戦略——福田英子『妾の半生涯』　岡野幸江
〈女性作家〉としてのマニフェスト——野上弥生子「明暗」論　中島佐和子
社会性を孕む叙情——石上露子　松田秀子
〈弱者〉のまなざし——山川登美子の晩年の歌　小林とし子
生まれしままに——岡本かの子の初期短歌　沼沢和子

Ⅳ　多様な開花　明治四〇年代
日露戦後の物語——国木田治子「破産」　菅井かをる
反家庭小説の試み——大塚楠緒子『空薫』『そら炷続編』　岩淵宏子
水野仙子の原点——『徒労』『四十餘日』を軸として　溝部優実子
夫婦の寝室——森しげ「波瀾」「あだ花」のセクシュアリティ　藤木直実
「職業作家」という選択——尾島菊子論　小林裕子
〈家〉に敗れた恋愛——与謝野晶子『妹』　小林美恵子
一人称にても書く女——与謝野晶子・「人」と「女《おなご》」のゆらぎ　渡辺みえこ
思春期の少女のセクシュアリティ——田村俊子の『離魂』を読む　長谷川啓
明治女性文学関連年表　佐藤耕治

◉編集委員　岩淵宏子　岡野幸江　北田幸恵　関谷由美子　長谷川啓　渡邊澄子

『大正女性文学論』（翰林書房　二〇一〇年一二月）

Ⅰ　少女たちの飛翔
小寺（尾島）菊子の少女雑誌戦略——家出少女小説『綾子』の「冒険」　金子幸代
原田琴子短歌論——つばさを持つ〈少女〉　遠藤郁子
野溝七生子『山梔』——〈美しい魂〉の復活へ向けて　橋本のぞみ

Ⅱ　**同性の愛**
田村俊子と同性愛　長谷川啓
吉屋信子『屋根裏の二処女』――「屋根裏」を出る〈異端児〉たち　小林美恵子
宮本百合子『伸子』の素子――レズビアニズムの〈変態〉カテゴリー化に抗して　岩淵宏子
宮本百合子の「セクシュアリティ」と「文学」――『伸子』時代の湯浅芳子との往復書簡を読む　北田幸恵

Ⅲ　**貞操と性・恋愛と結婚**
生田花世の転換――貞操論争から『ビアトリス』まで　岡西愛濃
深尾須磨子論――解放された性の表象　羽矢みずき
三宅やす子『奔流』論――〈未亡人〉からの逸脱　矢澤美佐紀
野上弥生子の恋愛・結婚小説と、中勘助との恋――『青鞜』の裏の世界　高良留美子
鷹野つぎ・〈作家〉のまなざし――「悲しき配分」を中心にして　中島佐和子
網野菊「二月」――分離する〈母〉と〈娘〉　菅井かをる

Ⅳ　**挑戦と逸脱**
三ヶ島葭子論――月を生き、われを詠う　沼田真里
九条武子の挑戦――真実の我を求めて　小林とし子
水野仙子「神楽阪の半襟」から見えてくるもの　伊原美好

Ⅴ　**自己回復から自己実現へ**
素木しづにおける〈復讐〉と〈愛〉――「松葉杖をつく女」から「美しき牢獄」へ　山﨑眞紀子
神近市子『引かれものの唄』――汚名を逆手に取る戦略　小林裕子
高群逸枝『娘巡礼記』――〈文明化の過程〉の視座から　関谷由美子
岡本かの子「夫人と画家」――青い画の相克　近藤華子
宇野千代の出発期――「脂粉の顔」「墓を発く」とその後の活躍　藤木直実

Ⅵ　**社会への視点**
女優誕生――〈明治〉から〈大正〉へ、女が文化を変えた　井上理恵
伊藤野枝「転機」論――宿命の予感　渡邉千恵子
晶子における大正期の感想・評論活動　渡邊澄子
砂川捨丸『金色夜叉』『男女同権』におけるパロディとジェンダー　藤田和美

Ⅶ　**世界へ・世界から**
高良とみとその時代――〈女が書くこと〉の成熟にむけて　岩見照代
平林たい子の文学的出発――境界を越える力　岡野幸江
一九一〇年代の羅恵錫《ナ・ヘソク》の評論類と日本の言説――「欲望」と「欲心」をめぐる試論　江種満子
コラム　女性解放運動に関わる雑誌（松田秀子）／社会運動――「米騒動」を中心に（菊原昌子）／関東大震災と女性の生き方（森本真幸）
年表　設楽舞

◉**編集委員**　江種満子　岡野幸江　金子幸代　高良留美子　小林裕子　関谷由美子　渡邊澄子

『〈3・11フクシマ〉以後のフェミニズム――脱原発と新しい世界へ』（御茶の水書房　二〇一二年七月）

Ⅰ　**講演**
被爆を生きて　林 京子
Ⅱ　**衝撃のあと**
イノチの大切にされる国に　渡邊澄子
結婚指輪に想う——当事者として語り合う姿勢の大切さ　遠藤郁子
忍びよる恐怖——星新一「おーい　でてこーい」から見えるもの　岡西愛濃
脱原発へのはたらきかけ——個人的なことは政治的なことの原点である　中島佐和子
Ⅲ　**産む性・いのち・女**
不確かな着地点——生死のことを考えながら　漆田和代
「産む性」と原発——津島佑子を手がかりに　矢澤美佐紀
生と死と再生・循環する文明へ——文明史の転換　高良留美子
「チェルノブイリ・ハート」の衝撃——林京子の生命を見つめるまなざし　山﨑眞紀子
3・11後のフェミニズムに向けて　長谷川啓
「自然」は誰のものか　渡辺みえこ
Ⅳ　**女性表現から見えてくるもの**
異変を生きる——3・11〈フクシマ〉以後の女性文学　北田幸恵
原発事故と水俣病——石牟礼道子『苦海浄土——わが水俣病』から　岩淵宏子
〈3・11フクシマ〉と佐多稲子『樹影』　伊原美好
〈3・11〉以後、どのような言葉を立ちあげることができるのか——フェミニズム／ジェンダー批評、その射程　岩見照代
Ⅴ　**歴史を探る・地域からの発信**
ジェンダーでみる「近代」と「東北」——原発はなぜ福島につくられたか　岡野幸江
信州諏訪とフィリッピン・女たちの地域力——原発事故「彼らの物語」を「私たちの物語」に転換する　藤瀬恭子
映画『六ヶ所村ラプソディー』と女ヂカラ　江黒清美
聖域《サンクチュアリ》としての〈ゾーン〉——タルコフスキーの「ストーカー」に寄せて　渡邉千恵子
ニュージーランドの「非核法」と広島・長崎・福島　千種キムラ・スティーブン
Ⅵ　**メディアへの視点**
チェルノブイリからフクシマへ——メディアと文学の果たすべき役割に関する一考察　ヒラリア・ゴスマン
3・11は、ニュースを変えたか——NHK総合テレビ「ニュース7」を中心に〈二〇一一・二月一三日～四月一二日〉　内野光子
Ⅶ　**教育の現場から**
軽々しい言葉は使いたくない　小林裕子
3・11以後のジェンダー・女性学教育　藤田和美
平和の火を求めて——震災後の復興の陰で　森本真幸
黒澤明の映画『夢』と3・11——フクシマを告発する「夢」　金子幸代
詩
眠れ　二万四千年を　渡辺みえこ
その声はいまも　高良留美子
声明「脱原発」を訴える　新・フェミニズム批評の会
◉編集委員　岩見照代　岡野幸江　北田幸恵　高良留美子　中島佐和子　矢澤美佐紀　渡邊澄子

『昭和前期女性文学論』（翰林書房　二〇一六年一〇月）

Ⅰ　関東大震災以後のモダニズム

方法としての〈放浪記〉――林芙美子『放浪記』の時代　岩見照代

岡本かの子『帰去来』――関東大震災へのまなざし　近藤華子

宇野千代「老女マノン」までの軌跡――モダンガールとしての女給の肖像　藤木直実

『途上にて』――ナジモヴァの「サロメ」と「私」　溝部優実子

ささきふさ「春浅く」と「ある対位」――モダニズムとフェミニズムの視点から　江黒清美

岡本かの子とスポーツする女性たち　漆田和代

Ⅱ　プロレタリア文学――労働・闘争・抵抗

中本たか子〈前衛〉たらんとして――その密かなる抵抗「赤」・「鈴虫の雌」から『新しき情熱』へ　渡邉千恵子

平林たい子にみる〈愛情の問題〉――コロンタイの恋愛論とハウスキーパー問題を通して　岡野幸江

佐多稲子における戦前の女性労働争議の描かれ方――「女工もの五部作」を視座に　矢澤美佐紀

Ⅲ　帝国の〈外地〉と〈内地〉

一九四〇年前後の女性文学――宮本百合子・牛島春子・小山いと子における〈抵抗の諸相〉　北田幸恵

牛島春子『祝といふ男』と氷壺中国語訳『祝廉天』――「満州文学」の力学と実相　鄭　穎

川上喜久子――植民地の支配秩序を通じて問う言語と女性の主体性獲得の問題　乾　智代

森三千代の「東南アジア」小説――「国違い」「帰去来」の先駆性　小林富久子

女性作家のアジアへのまなざし――帝国主義日本の植民地・半植民地支配とその表象　長谷川啓

Ⅳ　戦争とジェンダー

戦争と女性文学　渡邊澄子

阿部静枝の短歌はどう変わったか――無産女性運動から翼賛へ　内野光子

野上弥生子「哀しき少年」論――少年が見た戦争　羽矢みずき

佐多稲子「分身」論――二つの祖国のはざまで　伊原美好

宮本百合子『杉垣』にみる反戦表現――国策にあらがう〈居据り組〉夫婦　岩淵宏子

真杉静枝の小説「深い靄」と女系の絆――福島から戦地へ　高良留美子

岡田禎子〈フェミニスト〉の翼賛――「正子とその職業」から戦時ルポルタージュ・戯曲へ　中島佐和子

Ⅴ　女性文学の成熟と展開

〈母性〉の歌領域を拓く――初期中河幹子の歌の再発見　阿木津英

辻村もと子の農民文学――自分を生きる女たち　菊原昌子

昭和初期の原阿佐緒――自立の歌への挑戦　遠藤郁子

大谷藤子「須崎屋」論――母子結合の夢の崩壊　小林裕子

吉屋信子『良人の貞操』論――邦子の築いた〈王国〉　小林美恵子

網野菊「妻たち」の位置　沼沢和子

矢田津世子の文学的中核――「痴女抄録」を中心に　山﨑眞紀子

コラム　戦時下のタカラジェンヌ（渡辺みえこ）／アナキズムと女性文学――八木秋子の場合（松田秀子）／「従軍慰安

V　近代幻想からの越境

「新・フェミニズム批評の会」発足のお知らせと参加のよびかけ

フェミニズム批評は、たとえば家族・性《ジェンダー》・エロスなど、既存の文学研究を脱構築するさまざまな視点をもたらし、いまや市民権を得た方法となろうとしている。

また、批評を支えるイデオロギーそのものも女性の解放ばかりでなく、男女両性の解放をめざす人間性復権の運動と考える段階にいたっている。

女性学的視点による日本文学の読み直しに始まった当初の目的から、いま必要とされてきているのは、作品の表現構造にそくした〈読み〉であり男女両性の文学体験を結びつける新しい〈批評〉であり、新しい〈文学史〉の構築である。

創立四〇周年になる日本文学協会の伝統と遺産をうけつぎ、古代・中世・近世・近代・国語教育といった枠組みを越え、日本文学〈研究〉の再検討を試みたい。「新・フェミニズム批評の会」を発足させるゆえんである。会員諸氏の積極的な参加と協力を心から期待している。

なお、この四月から月例会を予定しているが、詳細は本誌部会案内を参照していただきたい。

一九九一年三月

「新・フェミニズム批評の会」準備会

連絡先　〒202保谷市下保谷三—五—九　岩見照代
☎　〇四二四—二四—五九九八

声明　「脱原発」を訴える

二〇一一年三月一一日、東北地方で発生したマグニチュード九・〇の巨大地震は、津波による二万人近い死者・行方不明者をはじめ、無数の被災者を出した。そればかりか東京電力福島第一原子力発電所が起こした事故は、複数の炉心溶融によって、空や海、大地に大量に放射性物質を撒き散らした。そのため多くの被災者が強制的に故郷を追われ、福島県以外の地域にも、高濃度に汚染された場所が〝発見〟され続けている。今や子どもたちをはじめ、未来を担う世代の「内部被曝」が、深刻に懸念されている。

日本は、人類初の大量殺人核兵器・原子爆弾によるヒロシマ・ナガサキの悲劇を体験した唯一の国である。また一九五四年にビキニ環礁の水爆実験によって第五福竜丸が被災したにもかかわらず、「五五年体制」の成立と歩調を合わせて、政府・電力会社・原子力関連学会は、原子力発電所の「安全」を強調し、人の命よりも経済効率、さらには利権を優先させてきた。

事故直後はメディアまで「安全」神話に荷担し、政・官・産・学・メディアの癒着ぶりを露呈した。またこの事故は、首都圏と東北地方、都市と過疎地、巨大資本と被曝労働者の差別構造を可視化させた。安全・安価神話は崩壊し、原発事故は他国にまで被害を及ぼしはじめている。原発技術の輸出、武器輸出禁止の三原則緩和などはもってのほかである。

原子力は人間のみならず、あらゆる生物の生存を根底から脅かすものであり、原発と共存することは、地震国日本はいうまでもなく、いかなる国においても絶対不可能である。

私たちは、一九八六年にもチェルノブイリ原子力発電所の事故を経験した。原発の危険性を意識しながらもその建設を止めきれず、遂にこの度の甚大な事故をまねいてしまった。一日も早く、原発支配から脱却し、代替エネルギーの開発に智力を転換させよう。

文明史的転換点に立ち、私たち「新・フェミニズム批評の会」は、「会」の名において「脱原発」を訴える。

二〇一二年一月一四日

日本文学協会部会 新・フェミニズム批評の会

執筆者紹介（あいうえお順）

有元伸子（ありもと・のぶこ）広島大学教授。著書『三島由紀夫　物語る力とジェンダー　『豊饒の海』の世界』（翰林書房）、共編著『21世紀の三島由紀夫』（翰林書房）

岩淵宏子（いわぶち・ひろこ）日本女子大学名誉教授。著書『宮本百合子――家族、政治、そしてフェミニズム』（翰林書房）、共監修『［新編］日本女性文学全集　全12巻』（六花出版）

岩見照代（いわみ・てるよ）元麗澤大学教授。著書『ヒロインたちの百年――文学・メディア・社会における女性像の変容』（學藝書林）、監修・解説『戦前・戦中・戦後のジェンダーとセクシュアリティ　全25巻』（ゆまに書房）

上戸理恵（うえと・りえ）北星学園大学他非常勤講師。共著『〈戦後文学〉の現在形』（平凡社）、論文「「やおい」・「ボーイズラブ」（ＢＬ）研究における森茉莉評価の再検討――「月の光の下で」論」（『国語国文研究』第157号）

内野光子（うちの・みつこ）歌人・『ポトナム』同人。著書『斎藤史『朱天』から『うたのゆくへ』の時代』（一葉社）、論文「ＧＨＱの検閲下の短歌雑誌に見る〈天皇〉〈天皇制〉」（『論潮』15号）

漆田(土井)和代（うるしだ－どい・かずよ）元「じょあん」代表、世田谷区生涯大学専任講師。共編著『女が読む日本近代文学――フェミニズム批評の試み』（新曜社）、共著『昭和前期女性文学論』（翰林書房）

江口佳子（えぐち・よしこ）常葉大学准教授。訳書 フーベン・フォンセッカ『あけましておめでとう』（水声社）、論文「彷徨する女性の身体――ネリダ・ピニョン『受難の家』の考察」（『ジェンダー研究』第20号）

遠藤郁子（えんどう・いくこ）石巻専修大学教授。論文「佐藤春夫『更生記』――新聞ジャーナリズムの暴力性と女性」（『芸術至上主義文芸』40号）、著書『佐藤春夫文学研究――大正期を中心として』（専修大学出版局）

岡野幸江（おかの・ゆきえ）人間総合科学大学講師。著書『女たちの記憶――近代の解体と女性文学』（双文社出版）、著書『平林たい子――交錯する性・階級・民族』（菁柿堂）

小林裕子（こばやし・ひろこ）日本近現代文学研究者。著書『佐多稲子――体験と時間』（翰林書房）、著書『佐多稲子――政治とジェンダーのはざまで』（翰林書房）

小林富久子（こばやし・ふくこ）早稲田大学名誉教授。著書『円地文子――ジェンダーで読む作家の生と作品』（新典社）、著書『アメリカ女性作家――周縁から境界へ』（學藝書林）

小林美恵子（こばやし・みえこ）沼津工業高等専門学校教授。著書『昭和十年代の佐多稲子』（双文社出版）、共著『昭和後期女性文学論』（翰林書房）

近藤華子（こんどう・はなこ）フェリス女学院中学校・高等学校教諭。著書『岡本かの子――描かれた女たちの実相』（翰林書房）、共著『昭和後期女性文学論』（翰林書房）

千種キムラ・スティーブン（ちぐさ　きむら・すてぃーぶん）元カンタベリー大学（ＮＺ）教授。著書『『三四郎』の世界――漱石を読む』（翰林書房）、著書『『源氏物語』と騎士道物語――王妃との愛』（作品社）

永井里佳（ながい・りか）大東文化大学他非常勤講師。共著『昭和後期女性文学論』（翰林書房）、論文「本谷有希子『異類婚姻譚』試論」（『近代文学研究』第30号）

中島佐和子（なかじま・さわこ）日本近現代文学研究者。共著『〈3・11フクシマ〉以後のフェミニズム――脱原発と新しい世界へ』（御茶の水書房）、共著『昭和後期女性文学論』（翰林書房）

橋本のぞみ（はしもと・のぞみ）日本女子大学他非常勤講師。著書『樋口一葉　初期小説の展開』（翰林書房）、責任編集『[新編]日本女性文学全集　第7巻』（六花出版）

羽矢みずき（はや・みずき）明星大学教授。共著『昭和後期女性文学論』（翰林書房）、共著『日本の文学者36人の肖像』上巻・下巻（あすなろ書房）

藤木直実（ふじき・なおみ）日本女子大学他非常勤講師。共編著『〈妊婦〉アート論――孕む身体を奪取する』（青弓社）、共著『女学生とジェンダー――女性教養誌『むらさき』を鏡として』（笠間書院）

松田秀子（まつだ・ひでこ）元都立高校教員。共著『『青鞜』を読む』（學藝書林）、共著『明治女性文学論』（翰林書房）

真野孝子（まの・たかこ）近現代文学研究者。論文「茨木のり子の詩にみる独立精神性――天皇制への異議とハングルへの共感」（『ジェンダー研究』第14号）、「現代詩にみる山姥の表象：吉原幸子とその他の女性詩人」（『Proceedings of the AJLS20 2012Summer』第13巻）

溝部優実子（みぞべ・ゆみこ）日本女子大学他非常勤講師。共著『昭和後期女性文学論』（翰林書房）、解説「倉橋由美子」（『[新編]日本女性文学全集　第10巻』六花出版）

矢澤美佐紀（やざわ・みさき）法政大学他講師。著書『女性文学の現在――貧困・労働・格差』（菁柿堂）、責任編集『[新編]日本女性文学全集　第12巻』（六花出版）

山田昭子（やまだ・あきこ）専修大学他非常勤講師。論文「「見える」女と「見えない」女――竹西寛子「鶴」、吉屋信子「鶴」をめぐって」（『芸術至上主義文芸』46号）、論文「文字の美しさと少女の美――少女雑誌広告に見る文字指導の変遷――」（『ことばと文字』12号）

吉川豊子（よしかわ・とよこ）山梨県立大学名誉教授。編著『大人の本棚　吉屋信子』（みすず書房）、責任編集『[新編]日本女性文学全集　第3巻』（菁柿堂）

与那覇恵子（よなは・けいこ）東洋英和女学院大学名誉教授。著書『後期20世紀　女性文学論』（晶文社）、編著『大庭みな子　響き合う言葉』（めるくまーる）

羅　麗傑（ら・れいけつ）天津外国語大学日本語学院准教授。著書『戦後日本第一世代女性詩人――茨木のり子と石垣りんの表現空間』（天津出版伝媒集団　天津人民出版社）、論文「石垣りん作品にみる〈鬼ババ〉表象」（『比較メディア・女性文化研究』第6号）

渡邊澄子（わたなべ・すみこ）大東文化大学名誉教授。著書『日本近代女性文学論』（世界思想社）、著書『男漱石を女が読む』（世界思想社）

渡邉千恵子（わたなべ・ちえこ）淑徳与野中学高等学校非常勤講師。共著『昭和後期女性文学論』（翰林書房）、論文「生活革命への思想的磁場」（『有島武郎研究』第十三号）

渡辺みえこ（わたなべ・みえこ）元大学講師。著書『女のいない死の楽園　供犠の身体・三島由紀夫』（パンドラ）、著書『語り得ぬもの：村上春樹の女性表象』（御茶の水書房）

新・フェミニズム批評の会 創立30周年記念論集

〈パンデミック〉とフェミニズム

発行日　2022年10月28日　初版第一刷

編　者　新・フェミニズム批評の会©

発行人　今井　肇

発行所　輸林書房

〒101-0051 東京都渋谷区本町1-4-16

電 話　(03)6276-0633

FAX　(03)6276-0634

http://www.kanrin.co.jp/

Eメール●Kanrin@nifty.com

装　釘　須藤康子＋島津デザイン事務所

印刷・製本　メデューム

落丁・乱丁本はお取替えいたします

Printed in Japan. 2022.

ISBN978-4-87737-471-6